普通高等教育应用创新系列规划教材·经管基础课程系列

财务管理

主　编　李众宜　刘　超
副主编　王　琳　李　梅

科学出版社
北　京

内 容 简 介

本书以现代企业制度和市场经济运行规律为背景，全面地、系统地、综合地介绍了财务管理的基本理论和方法。主要内容包括：财务管理的基本概念及基础理论、货币时间价值与风险分析、筹资管理、项目投资管理、证券投资管理、营运资金管理、利润分配管理、财务预算、财务控制、财务分析等内容。在设计上，每章的开始设置了“案例导入”引入本章内容，每章的最后设置了“课后练习”等内容，便于读者学习，掌握现代财务管理的基本理论和方法，具备从事经济管理工作所必需的财务管理业务知识和工作能力。

本书可以作为本科院校和高职院校的财务管理专业、会计专业、工商管理专业等经济类和管理类专业学生的教材使用。

图书在版编目(CIP)数据

财务管理/李众宜，刘超主编．—北京：科学出版社，2014.8
普通高等教育应用创新系列规划教材·经管基础课程系列
ISBN 978-7-03-041465-6

Ⅰ.①财… Ⅱ.①李…②刘… Ⅲ.①财务管理-高等学校-教材 Ⅳ.①F275

中国版本图书馆 CIP 数据核字（2014）第 169208 号

责任编辑：兰 鹏 张 凯 /责任校对：郑金红
责任印制：阎 磊/封面设计：蓝正设计

科学出版社出版
北京东黄城根北街 16 号
邮政编码：100717
http://www.sciencep.com
北京中石油彩色印刷有限责任公司 印刷
科学出版社发行 各地新华书店经销
*
2014 年 8 月第 一 版 开本：787×1092 1/16
2016 年 1 月第三次印刷 印张：17 1/4
字数：409 000

定价：38.00 元

（如有印装质量问题，我社负责调换）

前　言

企业兴衰，财务为本。财务管理是现代企业管理的一个重要领域和专门学科。随着世界经济和信息技术的飞速发展，企业面临的是一个复杂多变、竞争激烈的全球化市场。竞争将成为企业生存和发展的重要机制。作为企业管理重要组成部分的财务管理，更是面临许多新情况和新问题，迫切要求在理论和实务上不断总结和发展。为了顺应这一历史趋势以及适应管理学科和经济学科相关专业财务管理教学的需要，在总结财务管理长期教学、企业财务管理实践经验的基础上，结合财务管理专业和会计专业培养目标和教学特点，教材组编写了本书。

本书从社会发展对应用型人才需要的实际出发，注重对学生的创新精神和实践能力的培养。针对财务管理和会计专业学生缺少社会实践经验、校外实习难以接触到核心的财务管理工作，作者在每章的开始设置了“案例导入”引入本章内容，在每章的最后设置了“课后练习”等内容，希望通过这些强化训练提升学生对理论的理解和应用能力。

本书结合了我国财务管理改革实践和应用型人才培养的目标，比较全面地介绍了财务管理学的基本理论，财务管理学实务操作的基本原则、内容及操作方法等知识。全书以财务管理环节为主线，共分十章，具体包括财务管理的基本概念及基础理论、货币时间价值与风险分析、筹资管理、项目投资管理、证券投资管理、营运资金管理、利润分配管理、财务预算、财务控制、财务分析等内容。内容新颖，体系完整，体现了低起点、厚基础、高要求的特点。同时，为了培养学生的职业技能，设计了“案例分析”“课后练习”，使学生在实战中学习什么是风险和收益、如何进行证券投资管理、利润如何合理分配等问题，进而培养学生独立思考问题和解决问题的能力。

本书由李众宜和刘超任主编，负责统审、定稿。参与编写的人员有：李众宜编写第一章和第二章，陈小梅编写第三章和第六章，陈凤编写第四章和第十章，李梅编写第五章和第七章，王琳编写第八章和第九章。

本书编写过程中，得到了山东英才学院经济管理学院领导及老师们的大力支持和帮助，在此谨表示诚挚的谢意。在编写过程中，借鉴和参考了国内外学者的相关研究成果、著作和教材，在此一并表示诚挚的感谢！

本书虽然经过反复推敲和斟酌、认真修改，但由于编者的水平有限，不足之处在所难免，恳请广大读者和同行们给予批评指正。

编者

2014 年 6 月

目　　录

第一章 总　　论

财务管理是现代企业管理的中心，随着市场经济的发展和资本市场的完善，财务管理在经济管理中扮演着越来越重要的角色。财务管理是企业管理中的价值管理，财务管理活动就是企业筹集资金、运用资金、分配资金的活动。通过本章的学习，期望读者对财务管理的全貌有初步的了解，为学习以后各章的具体内容打下基础。

【知识目标】

1. 了解财务管理的基本知识。
2. 掌握各种财务管理目标的内容。
3. 熟悉影响财务管理实现的因素。

【能力目标】

1. 能解释企业各项财务活动。
2. 能应用企业实际情况正确地选择财务管理的总体目标。
3. 能识别影响财务管理环境的各种因素。

【案例导入】

不同的理财方法对 Eastern Airline 与 Delta 公司的影响

1964 年，美国 Eastern Airline 航空公司股价为每股 60 多美元，而 Delta 公司股价只有 20 多美元。20 世纪 80 年代以后，Eastern Airline 公司股价每股不到 4 美元，而 Delta 公司股价则接近 50 美元。Delta 公司盈余和股息逐年稳定增长，公司员工都有一份稳定而待遇优厚的工作，而 Eastern Airline 公司在 1969 年以后就没有支付股息，并经常解雇员工，削减员工的薪金。

导致两个公司这种明显差异的因素很多，但公司的理财因素是其中最主要因素之一。首先，Eastern Airline 公司一直沿用传统理财思路，大量使用负债，而 Delta 公司主要运用权益资本融资。Eastern Airline 公司约有 12%业主权益资本和 88%负债。20 世纪 80 年代，美国市场利率急剧上涨，由 60 年代末的 6%上涨到 21%，极大地增加了 Eastern Airline 公司的资金成本，降低了公司的利润，但对 Delta 公司的影响很小。其次，燃料价格上涨近 10 倍，Eastern Airline 公司因沉重利息负担无法购买这种飞机。最后，20 世纪 70 年代航空业务萧条，Delta 公司努力扩展市场业务，并削减价格吸引顾客，但 Eastern Airline 公司却没有这样做。由于采用不同的财务管理方法，两个公司产生了巨大的差异，可见有效的财务管理对企业是至关重要的。

思考题：

（1）什么是财务管理？

（2）财务管理有哪些职能？

第一节 财务管理概述

一、财务管理的概念

财务管理是以企业理财为主体，以金融市场为背景，通过取得和有效运用资金使企业达到最优化的经济利益的管理工作。资金的取得是指融资活动，即筹措经营活动和投资活动所需要的资金。资金的运用是指投资活动，即将筹得的资金用于旨在提高公司价值的各项资本。

财务管理本质上就是资金管理，其基本构成要素是投入和运动着的企业资金。在企业的商品运动中，现金转变为非现金资产，非现金资产又转变为现金，这种周而复始的流转过程无始无终，不断循环，形成资金运动。企业的资金运动即财务活动，具体包括筹资活动、投资活动、营运活动、利润分配活动。

二、财务管理的职能

财务管理的职能是财务管理机制的应用所产生的效果，也称财务管理的内在功能，具体是指财务管理能够解决企业财务活动中的问题的能力。总的来讲，在市场经济条件下，企业财务管理的基本职能主要有以下五个方面。

1. 有效制订和实施企业筹资决策方案

企业财务管理的核心是适时、适量和低成本地筹集并有效运用各项资金，以确保企业一定时期经营目标的实现。所以，财务管理部门必须根据企业具体经营目标的要求，通过编制企业短期、长期的资金预算和相应计划来直接制订和实施企业的筹资决策方案。在制订企业筹资决策方案时，财务管理部门必须对企业经营和投资等各部门的资金需求量进行深入细致的调查和分析，既要尽可能地满足各方面合理的资金需要，确保企业经营和投资活动的正常开展，又要保证资金的合理和有效使用，不能造成资金的浪费。所以，制订科学的资金预算是确保正确筹资决策的前提条件。同时，财务管理部门在进行筹资决策时，必须对各种可能的筹资方式、筹资规模和时间、筹资成本和筹资后企业资本结构的变化等多种因素，进行综合比较和分析，选择最合理的筹资方案。

2. 合理投放和配置资金

有效地使用资金，从某种意义上讲要比筹集资金更难。因为这直接取决于企业的经营管理水平和投资项目本身的质量，而许多方面是财务管理部门无法控制的。财务管理部门所能做的是，将所筹集到的资金投放到那些最有投资价值的投资项目上去，这些项目可能是企业原有的经营项目的延伸和扩展，也可能是更具有价值的全新投资项目；另外，要对所投入的资金的结构和比例进行有效配置，保持企业资本结构和企业资产结构的合理性。

3. 控制经营成本，充分利用企业资金

企业经营成本的高低，是企业是否具有立足之本的关键。从企业的整体和长远发展来看，市场竞争的实质是企业间成本的竞争。一个成本管理混乱、费用开支庞大、成本利润率很低的企业，是不可能在激烈的市场竞争中获得成功的。企业财务管理的另一重要任务就是要帮助企业建立行之有效的成本管理和控制制度，制定合理的成本、费用的开支范围和定额预算标准，在整个经营过程中实施严格的成本控制，并定期进行成本考核，不断提高企业的成本管理水平。财务管理部门要对企业的各个生产和管理部门进行全面和深入的调查研究，制定合理的成本定额和费用开支标准，降低耗费，节约费用，尽可能地减少各种浪费，提高企业的盈利能力。同时，财务管理部门还应及时地分析和判断经营过程中与成本控制有关的反馈信息，不断调整和完善各项成本控制制度，采用有效的成本管理措施，进一步降低企业的各项经营成本，提高资金的利用水平。

4. 合理分配企业收益

合理分配一定时期的企业经营收益是财务管理的一项重要任务。所谓合理分配企业的收益，就是要将企业一定时期的经营收益，根据企业合理的分配政策，来确定多少收益应该分配给股东、多少收益积累在企业中，以利于企业未来更好地发展。在股份制企业中，这种分配方针也称为股利政策。企业财务管理部门要十分认真和慎重地制定合理的收益分配政策，不断提高企业的综合财务实力，确保企业具有长期稳定的发展能力。

5. 建立有效的财务管理制度，强化日常财务管理，实行有效财务监控和分析

针对不同企业的具体管理水平和管理要求，建立有效的全方位的财务监控体系来加强企业的日常财务监控和分析，这是现代企业财务管理最基本的也是最重要的任务之一。建立和健全企业的经济责任制度，配以严格的考核体系，是确保企业日常财务和监控工作能顺利进行的基本保证。企业应根据其经营管理的特点，由财务部门负责进行统一规划，分部门和分环节建立相关的责任中心，制定完备的预算制度，配以严密的费用申报和审批规程，并下达必要的经济指标，实施对各项成本、费用和财务收支等的全面审查和控制。要定期或不定期地进行财务分析，为不断改善企业的经营管理和财务管理指明方向。有效的财务监控制度，是确保企业正常和良性运作的根本保证，其实质是对企业整个经营过程中的各项财务活动和行为的一种理性约束。在整个管理过程中，财务管理部门应坚持“量入为出”和“权、责、利”相结合的基本原则，定期对企业和各部门的经营和财务状况进行分析，根据其不同的经营业绩，适时地调整有关预算标准和考核指标，并且要不断完善内部考核和奖惩制度，明确有关责任部门和人员的基本职责和相应权利，真正起到既控制又激励的作用。

三、财务管理的活动

随着企业再生产过程的不断进行，企业资金总是处于不断的运动之中，包括资金的筹集、投资、营运和利润分配四个方面的内容。

（一）筹资活动

筹资是企业为了满足投资与周转的需要，筹措资本的活动。其实质是企业根据其一

定时期内资金投放和资金运动的需要，运用各种筹资方式，从金融市场和其他渠道筹措、集中所需要资金的过程。

在商品经济条件下，企业想要从事经营，首先必须筹集到一定数量的资金，这也是企业资金运动的起点。企业的筹资有两种渠道：一是权益性质的资金，它是企业通过吸收直接投资、发行股票和以内部留存收益等方式从国家、法人、个人等投资者中取得而形成的自有资金，包括资本金、资本公积、盈余公积和未分配利润；二是负债性质的资金，它是企业通过银行借款、发行债券、利用商业信用和租赁等方式，从金融机构，其他企业、个人等债权人中取得而形成的借入资金，包括流动负债和非流动负债。

企业筹集到的资金，表现为资金的流入。与此相对应，企业偿还借款、支付利息和股息等，则表现为资金的流出。这些资金收付活动就是由于筹集资金而产生的财务活动。

（二）投资活动

企业在取得资金之后，将资金投入日常生产经营或特定项目的正常运转以获取收益。投资是指企业将所筹集到的资本投入使用的过程。根据投资方向不同，投资包括对内投资和对外投资。企业筹集资金的目的就是将资金用于生产经营活动中，以便取得盈利，不断使企业资金实现增值。企业把筹集到的资金投资于企业内部用于购置固定资产和无形资产等，便形成企业的对内投资；企业把筹集到的资金投资于购买其他企业的股票、债券或对其他企业进行直接投资，便形成企业的对外投资。无论企业对内还是对外投资，都需要支出资金；而当企业变卖对内投资形成各种资产或收回对外投资时，则会产生资金的收入。这种因为企业投资活动而产生的资金的流入和流出，便是由资金投放而引起的投资活动。企业投资活动的结构形成各种具体形式的资产及一定比例的资产结构。所谓资产结构是指资产内部流动资产与非流动资产之间的比例关系。企业在投资过程中，必须考虑投资规模，以提高投资效益和降低投资风险，选择合理的投资方向和投资方式。

（三）营运活动

企业在正常的经营过程中，也会发生一系列的资金收付。首先，在采购环节，企业要采购原材料或商品，为生产和销售活动做好准备；其次，在生产环节，要进行生产，同时发生各项车间费用和支付工人工资；再次，在销售环节，企业要把产品或商品销售出去，取得收入，回收资金；最后，如果企业现有资金不能满足企业经营的需要，还要采取短期借款方式来筹集所需资金。这些资金收付活动就是由经营活动而产生的财务活动。

（四）利润分配活动

企业将资金投放和使用后，会取得收入并实现资金的增值，即产生利润。收入补偿生产经营中的各种成本、费用、销售税金后若有剩余，将作为企业的息税前利润，即支付利息及缴纳所得税之前的收益。

息税前利润在支付债权人的利息以后，即税前利润；依法缴纳所得税后，即税后利润。税后利润是企业的净利润，是弥补亏损以及提取公积金、公益金之后，向投资者分配的利润。这个过程中的资金收付就是由利润分配而产生的财务活动。

上述四个方面的财务活动，就是财务管理的基本内容，即企业筹资管理、企业投资管理、营运资金管理和利润分配管理。

四、企业财务关系

企业财务关系是指企业在组织财务活动过程中与有关方面发生各种各样的经济利益关系。企业进行筹资、投资、营运以及利润分配等，会因交易双方在经济活动中所处的地位不同，各自拥有的权利、承担的义务和追求的经济利益不同而形成不同性质和特色的财务关系。

（一）企业与投资者之间的财务关系

企业与投资者之间的财务关系是指企业的投资者向企业投入资本金，企业向其投资者分配投资收益所形成的经济利益关系。

企业的投资者主要有以下四类：①国家；②法人单位；③个人；④外商。企业的投资者作为财产所有者代表，履行出资义务。他除了拥有参与企业经营管理，参与企业剩余利益分配，对剩余财产享有分配权等权利之外，还承担着一定的风险；企业利用资本金进行经营，实现利润后，应按出资比例或合同、章程的规定，向其所有者分配利润。企业同投资者之间的财务关系，体现着所有权的性质，反映着经营权和所有权的关系。

（二）企业与债权人之间的财务关系

企业同其债权人之间的财务关系主要指企业向债权人借入资金，并按借款合同的规定按时支付利息和归还本金所形成的经济关系。企业除利用资本金进行经营活动外，还要借入一定数量的资金，以便降低企业资金成本，扩大企业经营规模。企业的债权人主要有：①债券持有人；②金融机构；③商业信用提供者；④其他出借资金给企业的单位或个人。与投资者的地位不同，债权人获得的是固定的利息收益，没有参与企业经营管理和享受剩余收益再分配的权利。但是，债权人有按约定期限收回借款本金和取得借款利息等报酬的权利；在企业破产清算时拥有与其他地位相对应的优先求偿权。作为企业债务人，企业利用债权人的资金后，要按约定的利息率，及时向债权人支付利息，债务到期时，要合理调度资金，按时向债权人归还本金。企业同其债权人的关系体现的是债务与债权的关系。

（三）企业与被投资者之间的财务关系

企业与被投资者之间的财务关系是指企业以购买股票或直接投资的形式向其他企业投资所形成的经济利益关系。通常企业作为投资者按照投资合同、协议、章程的约定履行出资义务，以便及时形成被投资企业的资本金。被投资企业利用资本进行运营，实现利润后应按照出资比例或合同、章程的规定向投资者分配投资收益。随着经济体制改革的深化和横向经济联合的开展，这种关系将会越来越广泛。企业与被投资单位之间的财务关系是体现所有权性质的投资与受资的关系。

（四）企业与债务人之间的财务关系

企业与债务人之间的财务关系要是指企业将其资金以购买债券、提供借款或商业信用等形式出借给其他单位所形成的经济关系。企业将资金借出后，有权要求其债务人按约定的条件支付利息和归还本金。企业同其债务人的关系体现的是债权与债务关系。

（五）企业内部各单位的财务关系

企业内部各单位的财务关系是指企业内部各单位之间在生产经营各环节中相互提供产品或劳务所形成的经济关系。在实行内部经济核算制的条件下，企业的供、产、销各部门以及各生产单位之间，相互提供的产品和劳务要进行计价结算。这种在企业内部形成的资金结算关系，体现了企业内部各单位之间的利益关系。

（六）企业与职工之间的财务关系

企业与职工之间的财务关系是指企业向职工支付劳动报酬的过程中所形成的经济关系。企业要用自身的产品销售收入，向职工支付工资、津贴、奖金等，按照提供的劳动数量和质量支付职工的劳动报酬，并提供必要的福利和保险待遇等。企业与职工之间的财务关系是以权、责、劳、绩为依据的收益分配关系。

（七）企业与税务机关之间的财务关系

企业与税务机关之间的财务关系是指企业要按税法的规定依法纳税而与国家税务机关所形成的经济关系。任何企业，都要按照国家税法的规定缴纳各种税款，以保证国家财政收入的实现，满足社会各方面的需要。及时、足额地纳税是企业对国家的贡献，也是对社会应尽的义务。因此，企业与税务机关之间的财务关系反映的是企业在妥善安排税收战略筹划的基础上依法纳税和依法征税的权利、义务关系，是一种强制与无偿的分配关系。

第二节　财务管理目标

企业是盈利性组织，其运营的出发点和归宿都是获得利润。企业生产经营的目标总体来讲，即生存、发展和获利。不同层次的目标对企业财务管理提出了不同内容的要求。

一、企业总目标

（一）生存

生存是企业获利的前提条件，企业只有生存才能获利。企业生存的条件是：第一，以收抵支。企业只有在经营过程中做到收入大于支出，企业的生产经营活动才能够不断重复进行，否则，企业的生产活动将会因为收不抵支而难以为继，将迫使投资者退出生产经营活动。第二，到期偿债。企业如果负债经营，则必须保证债务的到期付息，到期还本，或者定期按照合约的规定偿还债务，否则，企业将不能偿还到期的债务，导致债权人申请企业破产。

因此，企业生产的威胁主要来自两方面：一是长期亏损，这是企业终止的内在原因；二是不能偿还到期债务，这是企业终止的外在原因。亏损企业为维持运营被迫进行偿还性融资，举新债还旧债，如不能扭亏为盈，迟早会因借不到钱而无法周转，从而不能偿还到期债务。盈利企业也可能出现“无利支付”的情况，主要是借款扩大业务规模，若冒险失败，为偿债则必须出售不可或缺的厂房和设备等，这会使生产经营无法继续下去。

企业要生存下去，对财务的要求就是要力求保持以收抵支和到期偿还债务的能力，减少破产的风险，从而使企业能够长期、稳定地发展下去。

（二）发展

企业不仅要生存下去，还要不断发展，增强竞争能力。企业的生产经营如“逆水行舟”，不进则退。在科技不断进步的现代经济中，产品不断更新换代，企业必须不断推出更好、更新、更受欢迎的产品，才能在市场中立足。在激烈竞争的市场上，各个企业彼消此长、优胜劣汰。一个企业如不能发展，不能提高产品和服务的质量，不能扩大自己的市场份额，就会被其他企业挤出市场。企业的发展对财务的要求就是要能够及时足额地筹集到发展资金，满足企业的研发和市场拓展对企业资源的需求。

（三）获利

企业生存和发展的最终目标是获利，只有获利的企业才有存在的价值。获利是最为有效的评价综合能力的指标，它不仅体现了企业的出发点和归宿，而且可以概括其他目标的实现程度，并有助于其目标的实现。为了实现企业的获利，就需要企业正确地进行投资，有效地使用资金，取得较高的投资回报率。

因此，在正常的生存前提下谋求企业的发展，在发展的前提下再去获利，这才是企业发展的良性循环。这就是财务管理和企业管理目标的一致性，也是财务管理工作的必要性和重要性之所在。

二、财务管理目标

财务管理的目标既要与企业生存和发展目标保持一致，又要直接、集中反映财务管理的基本特征，体现财务管理活动的基本规律。

（一）财务管理目标应具备的基本特征

企业财务管理的目标取决于企业生存和发展的目标，两者必须是一致的。企业财务管理目标应具备以下三个特征。

1. 相对稳定性

随着宏观经济体制和企业经营方式的变化，以及人们认识的发展和深化，财务管理目标也可能发生变化。但是，宏观经济体制和企业经营方式的变化是渐进的，只有发展到一定阶段以后才会产生质变；人们的认识在达到一个新的高度以后，也需要有一个达成共识、为人所普遍接受的过程。因此，财务管理目标作为人们对客观规律性的一种概括，总的来说是相对稳定的。

2. 可操作性

财务管理目标是实行财务目标管理的前提，它要能够起到组织动员的作用，要能够据以制定经济指标并进行分解，实现对职工的控制，进行科学的绩效考评，这样，财务管理目标就必须具有可操作性。具体包括：可以计量、可以追溯、可以控制。

3. 层次性

财务管理目标是企业财务管理这个系统顺利运行的前提条件，同时它本身也是一个系统。各种各样的理财目标构成了一个网络，这个网络反映着各个目标之间的内在联系。财务管理目标之所以有层次性，是由企业财务管理内容和方法的多样性以及它们相互关系上的层次性决定的。

（二）财务管理的目标类型

根据现代企业财务管理理论和实践，最具有代表性的财务管理目标主要有以下五种类型。

1. 企业利润最大化

利润最大化是指企业通过对财务活动和经营活动的管理，不断增加企业利润。企业利润也历经了会计利润和经济利润两个不同的发展阶段。利润最大化曾经被人们广泛接受，在西方微观经济学的分析中就有假定：厂商追求利润最大化。这一观点认为，利润代表企业新创造的财富，利润越多，则说明企业的财富增加得越多，越接近企业的目标。

利润最大化的优点是：①易于理解，比较直观。②易于计量考核。③讲究经济核算、加强管理和提高资产效率，有利于降低成本。④利润代表了财富，利润越大，企业创造的财富越多。

利润最大化目前越来越受到财务管理理论界的批评，缺点是：①没有明确利润最大化中利润的概念，这就给企业管理当局提供了进行利润操纵的空间。②不符合货币时间价值的理财原则，它没有考虑利润的取得时间，不符合现代企业“时间就是价值”的理财理念。③不符合风险—报酬均衡的理财原则。它没有考虑利润和所承担风险的关系，增大了企业的经营风险和财务风险。④没有考虑利润取得与投入资本额的关系。该利润是绝对指标，不能真正衡量企业经营业绩的优劣，也不利于本企业在同行业中竞争优势的确立。⑤没有考虑企业长期发展，注重短期利润，引发企业短期行为，忽视企业长期目标。

2. 股东财富最大化

这种观点认为，企业主要是由股东出资形成的，股东创办企业的目的是扩大财富，他们是企业的所有者，理所当然地，企业的发展应该追求股东财富最大化。在股份制经济条件下，股东财富由其所拥有的股票数量和股票市场价格两方面决定，在股票数量一定的前提下，当股票价格达到最高时，则股东财富也达到最大，所以股东财富又可以表现为股票价格最大化。

股东财富最大化与利润最大化目标相比，有着积极的方面。这是因为：①利用股票市价来计量，具有可计量性，利于期末对管理者的业绩考核。②考虑了资金的时间价值和风险因素。③在一定程度上能够克服企业在追求利润上的短期行为，因为股票价格在某种程度上反映了企业未来现金流量的现值。

同时应该看到，追求股东财富最大化也存在一些缺陷：①股东财富最大化只有在上市公司才可以有比较清晰的价值反映，对非上市公司很难适用。②股东财富最大化要求金融市场是有效的。由于股票的分散和信息的不对称，经理人员为实现自身利益的最大化，有可能以损失股东的利益为代价做出逆向选择。所以，股东财富最大化目标也受到了理论界的质疑。

3. 每股收益最大化

20 世纪 60 年代，随着资本市场的逐渐完善，股份制企业的不断发展，每股收益最大化逐渐成为西方企业的财务管理模目标。这种观点认为：应该把企业利润与投入的资本相联系，用每股收益概括企业财务管理目标。其观点本身概念明确，因为每股收益是一定时间内单位投入资本所获收益额，充分体现了资本投入与资本增值之间的比例关系，可以揭示其盈利水平的差异。

每股收益最大化的优点：①在一定程度上能够克服企业在追求利润上的短期行为。②反映了资本与收益之间的关系。

每股收益最大化的缺点：①没有考虑货币的时间价值，将不同时间点的每股盈余看成是等效的，缺乏合理性。②没有考虑每股盈余的风险问题。企业可以利用负债资本进行生产经营从而减少普通股数，增加每股收益，但负债经营有着较大的风险。

4. 企业价值最大化

企业价值最大化是指通过财务上的合理经营，采取最优的财务政策，充分利用资金的时间价值以及风险与报酬的关系，保证将企业长期稳定发展摆在首位，强调在企业价值增长中应满足各方利益关系，不断增加企业财富，使企业总价值达到最大化。企业价值最大化具有深刻的内涵，其宗旨是把企业长期稳定发展放在首位，着重强调必须正确处理各种利益关系，最大限度地兼顾企业各利益主体的利益。企业价值，在于它能带给所有者未来报酬，包括获得股利和出售股权换取现金。

相比股东财富最大化而言，企业价值最大化最主要是把企业相关者利益主体进行糅合形成企业这个唯一的主体，在企业价值最大化的前提下，也必能增加利益相关者之间的投资价值。但是，企业价值最大化最主要的问题在于对企业价值的评估上，由于评估的标准和方式都存在较大的主观性，股价能否做到客观和准确，直接影响到企业价值的确定。

以企业价值最大化作为财务管理的目标，具有以下优点：①该目标考虑了货币的时间价值和投资的风险，有利于统筹安排长短期规划、合理选择投资方案、有效筹措资金、合理制定鼓励政策等。②该目标反映了对企业资产保值增值的要求，从某种意义上说，股东财富价值越多，企业市场价值就越大，追求企业价值最大化的结果可促使企业资产保值或增值。③该目标有利于克服管理上的片面性和短期行为。④该目标有利于社会资源合理配置。社会资金通常流向企业价值最大化或股东财务最大化的企业或行业，有利于社会效益最大化。

企业价值最大化的缺点有：①企业价值计量方面存在问题。首先，把不同理财主体的自由现金流混合折现不具有可比性。其次，把不同时点的现金流一同折现不具有说服力。②不易为管理当局理解和掌握。企业价值最大化实际上是几个具体财务管理目标的综合体，包括股东财富最大化、债权人财富最大化和其他各种利益财富最大化，这些具体目标的衡量有不同的评价指标，财务管理人员无所适从。③没有考虑股权资本成本。在现代社会，股权资本和债权资本一样，不是免费取得的，如果不能获得最低的投资报酬，股东们就会转移资本投向。

5. 社会价值最大化

由于企业的主体是多元的，所以涉及社会方方面面的利益关系。为此，企业目标的实现，不能仅从企业本身来考察，还必须从企业所从属的更大社会系统来进行规范。企业要在激烈的竞争环境中生存，必须与其周围的环境相和谐，包括与政府的关系、与员工的关系以及与社区的关系等，企业必须承担一定的社会责任，包括解决社会就业、讲求诚信、保护消费者、支持公益事业、做好环境保护和搞好社区建设等。社会价值最大化就是要求企业在追求企业价值最大化的同时，实现预期利益相关者的协调发展，形成企业的社会责任和经济效益间的良性循环关系。

社会价值最大化是现代企业追求的基本目标，这一目标兼容了时间性、风险性和可持续发展等重要因素，体现了经济效益和社会效益的统一。

第三节　财务管理的环境

财务管理环境，或称理财环境，是指对企业财务活动和财务管理产生影响作用的企业内外各种条件的统称。环境构成了企业财务活动的客观条件。企业财务活动是在一定的环境下进行的，必然受到环境的影响。企业的资金取得、运用和收益的分配会受到环境的影响，资金的配置和利用效率会受到环境的影响，企业成本的高低、利润的多少、资本需求量的大小也会受到环境的影响，企业的兼并、破产、重整与环境的变化仍然有着千丝万缕的联系。所以，财务管理要获得成功，必须深刻认识和认真研究自己所面临的各种环境。

一、财务管理环境的分类

（一）按其包括的范围分类

按照财务管理环境包括的范围，可分为宏观财务管理环境和微观财务管理环境。

宏观财务管理环境是对财务管理有重要影响的宏观方面的各种因素，如国家政治经济形势、经济发展水平、金融市场状况等。宏观环境的变化一般对各类企业的财务管理均会产生影响。

微观财务管理环境是对财务管理有重要影响的微观方面的各种因素，如企业的组织形式、生产状况、产品销售市场状况、资源供应情况等。微观环境的变化一般只对特定企业的财务管理产生影响。

（二）按其与企业的关系分类

按照财务管理环境与企业的关系，可分为企业内部财务管理环境和企业外部财务管理环境。

企业内部财务管理环境是指企业内部影响财务管理的各种因素，如企业的生产情况、技术情况、经营规模、资产结构、生产经营周期等。相对而言，内部环境比较简单，往往有现成资料，具有能比较容易把握和加以利用等特点。

企业外部财务管理环境是指企业外部影响财务管理的各种因素，如国家政治、经济形势、法律制度、企业所面临的市场状况以及国际财务管理等。外部环境比较复杂，需要认真调查、收集资料，以便分析研究，从而提高其适应性。

（三）按其变化情况分类

按照财务管理环境变化情况，可分为静态财务管理环境和动态财务管理环境。

静态财务管理环境是指处于相对稳定状态的影响财务管理的各种因素，通常指那些相对容易遇见、变化性不大的财务管理环境部分，它对财务管理的影响程度也是相对平衡、起伏不大的。因此，这些环境无需经常给予调整、研究，而是作为已知条件来对待。财务管理环境中的地理环境、法律制度等，属于静态财务管理环境。

动态财务管理环境是指那些处于不断变化的、影响财务管理的各种因素。例如，在市场经济体制下，商品市场上的销售量及销售价格，资金市场的资金供求状况及利息率的高低，都是不断变化的，属于动态财务管理环境。在财务管理中，应重点研究、分析动态财务管理环境，并及时采取相应对策，提高对财务管理环境的适应能力和应变能力。

二、影响企业外部财务管理环境的主要因素

企业内部财务管理环境存在于企业内部，是企业可以加以控制和改变的因素。而外部财务环境，由于存在于企业外部，它们对企业财务行为的影响无论是有形的硬环境，还是无形的软环境，企业都难以控制和改变，更多的是适应。影响企业的外部财务环境有各种因素，包括政治、法律、经济、社会文化、市场、金融、科技、道德等许多方面。

1. 政治环境

一个国家的政治环境会对企业的财务管理决策产生至关重要的影响，和平稳定的政治环境有利于企业的中、长期财务规划和资金安排。政治环境主要包括：社会安定程度、政府制定的各种经济政策的稳定性、政府机构的管理水平和办事效率等。

2. 法律环境

财务管理的法律环境是指企业发生经济关系时所应遵守的各种法律、法规和规章。

国家管理企业经济活动和经济关系的手段包括行政手段、经济手段和法律手段三种。随着经济体制改革的不断深化，行政手段逐步减少，而经济手段，特别是法律手段日益增多，越来越多的经济关系和经济活动的准则用法律的形式固定下来。与企业财务管理活动有关的法律规范主要包括：①企业组织法规；②税收法规；③财务法规等。这些法规是影响财务主体的财务机制运行的重要约束条件。

3. 经济环境

经济环境是指企业在进行财务活动时所面临的宏观经济状况。主要包括：①经济发展状况；②政府的经济政策；③通货膨胀和通货紧缩；④金融市场；⑤产品市场；⑥劳动力市场等。经济发展的速度对企业有重大影响。随着经济的快速增长，企业需要大规模地筹集资金，需要财务人员根据经济的发展状况，筹措并分配足够的资金，用以调整生产经营。

4. 社会文化环境

社会文化环境是指人们在特定的社会环境中形成的习俗观念、价值观念、行为准则和教育程度以及人们对经济、财务的传统看法等。社会文化环境包括教育、科学、文学、艺术、新闻出版、广播电视、卫生体育、世界观、习俗，以及同社会制度相适应的权利义务观念、道德观念、组织纪律观念、价值观念和劳动态度等。这些直接影响企业的经营目标和投资方向，对企业理财目标有重大影响。

5. 市场环境

完善的市场体系包括资金市场、劳动力市场、技术市场、信息市场、产权交易市场等，各种市场都会对企业的生产经营和财务管理活动及其结果产生不同程度的影响。

6. 金融环境

金融市场与企业的理财活动密切相关。金融市场是企业筹资和投资的场所，金融市场上有许多资金筹集的方式，并且比较灵活。企业需要资金时，可以到金融市场选择适合自己需要的方式筹资。企业有了剩余资金，也可以灵活地选择投资方式，为其资金寻找出路，并且在金融市场上，企业可以实现长短期资金的转化。金融市场为企业理财提供有效的信息。金融市场的利率变动，反映资金的供求状况；有价证券市场的行市反映投资人对企业经营状况和盈利水平的评价。

7. 科技环境

科技发展的新成果产生新的财务管理方法和观点，科学技术的发展也影响财务管理技术方法的革新。

8. 道德环境

道德环境是指社会上人们逐渐形成或自觉遵守的观念、信念、道德规范等。道德环境深刻影响着财务管理者的职业素质和职业道德。

【案例分析】

青鸟天桥的财务管理目标

天桥商场是一家老字号商业企业，成立于1953年，天桥商场是全国第一面“商业红旗”。20世纪80年代初，天桥商场第一个打破中国30年的工资制，将商业11级改为新8级。1993年5月，天桥商场股票在上海证券交易所上市。1998年12月30日，北大青鸟有限责任公司和北京天桥股份百货有限公司发布公告，宣布北大青鸟通过协议购入北京天桥部分法人股股权。北大青鸟出资6000多万元，拥有了天桥商场16.76%的股份，北京天桥百货商场更名为“北京天桥北大青鸟有限责任公司”。此后天桥商场的经营滑落到盈亏临界点，面对严峻的形势，公司决定裁员，控制成本，以谋求长远发展。于是有了下面的一幕。

1999年11月18日下午，北京天桥商场里面很吵，商场大门也挂上了“停止营业”的牌子。11月19日，很多顾客惊讶地发现，天桥商场在大周末居然没开门，一位售货员模样的人说：“商场管理层年底要和我们终止合同，我们就不给他们干活了。”员工们不仅不让商场开门营业，还把商场变成了群情激愤的场所。1999年11月18日至12月2日，对北京天桥北大青鸟有限责任公司管理层和广大员工来说，是黑色的15天！在这15天里，天桥商场经历了46年来第一次大规模裁员；天桥商场被迫停业8天之久，公司管理层经受了职业道德与人道主义的考验，做出了在改革的道路上是前进还是后退的抉择。

经过有关部门的努力，对面临失业职工的安抚有了最为实际的举措，公司董事会开会决定，同意给予终止合同职工适当的经济补偿，同意参照解除劳动合同的相关规定，对283名终止合同的职工给予人均1万元，共计300万元左右的一次性经济补助。这次风波总算平息。这次停业让公司丢掉了400万元的销售额和60万元的利润。

思考题：

（1）从案例介绍的情况看，你能否推断该公司的财务目标？

（2）你认为青鸟天桥的最初决策是合理的吗？以后的让步是否合适？

（3）青鸟天桥案例给你什么启示？

资料来源：郝得鸿 . 2013. 新编财务管理 . 北京：科学出版社 .

【课后练习】

一、单项选择题

1. 财务管理的前提是(　　)。

A. 投资活动　　B. 筹资活动

C. 利润分配活动　　D. 经营活动

2. 作为企业财务管理目标，股东财富最大化与利润最大化目标比较的优点在于(　　)。

A. 考虑了资金时间价值因素　　B. 考虑了风险价值因素

C. 考虑了投入与产出的关系　　D. 在一定程度上克服了短期行为

3. 企业价值最大化目标强调的是企业的(　　)。

A. 实际投入资金　　B. 实际利润额

C. 预期获利能力　　D. 实际投资利润率

4. 为财务管理的目标，每股收益最大化与利润最大化目标相比，其优点在于(　　)。

A. 能够避免企业的短期行为

B. 考虑了资金时间价值因素

C. 反映了创造利润与投入资本之间的关系

D. 考虑了风险价值因素

5. 企业的财务活动是指企业的(　　)。

A. 货币资金收支活动　　B. 分配活动

C. 资金运动　　D. 资本金投入和收益活动

6. 在下列财务管理目标中，目前通常被认为比较合理的是(　　)。

A. 社会价值最大化　　B. 利润最大化

C. 企业价值最大化　　D. 每股利润最大化

7. 财务管理区别于其他管理的本质特点是(　　)。

A. 它是一种价值管理　　B. 它是一种劳动要素管理

C. 它是一种物质设备的管理　　D. 它是一种使用价值管理

8. 金融市场是以（　　）为交易的市场。

A. 货币　　B. 资本

C. 资金　　D. 货物

9. 甲、乙两个企业投入 100 万元的资本，每年获利均为 30 万元，甲企业全为现金，乙企业则全部为应收账款。两个企业的经营效果相同，得出此结论的原因是(　　)。

A. 没有考虑利润的时间价值

B. 没有考虑利润的获得和所承担的风险大小

C. 没有考虑所获得的利润与投入资本的关系

D. 没有考虑所获利润与企业规模大小的关系

10. 企业的筹资有两种渠道：一个是权益性质的资金，另一个是(　　)。

A. 负债性质的资金　　B. 集资性质的资金

C. 经营性质的资金　　D. 筹资性质的资金

11. 对于财务关系的表述，不正确的是(　　)。

A. 企业与受资者的财务关系体现所有权性质的投资与受资的关系

B. 企业与政府间的财务关系体现为强制和无偿的分配关系

C. 企业与客户之间的财务关系属于购买商品或接受劳务形成的关系

D. 企业与债权人之间的财务关系属于债务与债权关系

12. 下列属于企业资金营运活动的是(　　)。

A. 采购材料支付资金

B. 购入固定资产支付资金

C. 向银行借入一笔长期借款

D. 投资者投入一笔投资款

13. 企业支付利息属于由（　　）引起的财务活动。

A. 投资　　B. 分配

C. 筹资　　D. 资金营运

14. 下列关于财务管理的目标中，即反映了资产保值增值的要求，又克服了企业管理上的片面性和短期行为的有(　　)。

A. 企业利润最大化　　B. 每股利润最大化

C. 每股收益最大化　　D. 企业价值最大化

15. 在财务管理中，对企业各种收入进行分割和分派的行为是指(　　)。

A. 广义分配　　B. 筹资活动

C. 资金营运活动　　D. 狭义分配

二、多项选择题

1. 下列各项中，属于企业财务活动的有(　　)。

A. 筹资活动　　B. 投资活动

C. 资金营运活动　　D. 利润分配活动

2. 影响企业的财务管理的主要外部环境是(　　)。

A. 经济环境　　B. 法律环境　　C. 金融环境　　D. 自然环境

3. 企业价值最大化目标的优点为(　　)。

A. 考虑了资金时间价值和投资的风险价值

B. 反映了对企业资产保值增值的要求

C. 克服了短期行为

D. 有利于社会资源的合理配置

4. 以利润最大化为理财目标的主要弊病有(　　)。

A. 没有反映所得利润与投入资本额的关系

B. 没有考虑资金时间价值和风险问题

C. 利润的多少与经济效益的大小没有关系

D. 容易导致企业追求短期利益的行为

5. 公司可以从两方面筹资并形成两种性质的资金来源，这两种性质的资金分别是(　　)。

A. 发行债券取得的资金

B. 发行股票取得的资金

C. 公司的自有资金

D. 公司的债务资金

6. 下列各项中，属于企业筹资引起的财务活动有(　　)。

A. 偿还借款　　B. 购买国库券

C. 支付股票股利　　D. 利用商业信用

7. 下列各项中体现债权与债务关系的是(　　)。

A. 企业与债权人之间的财务关系

B. 企业与受资者之间的财务关系

C. 企业与债务人之间的财务关系

D. 企业与政府之间的财务关系

8. 假定甲公司向乙公司赊销产品，并持有丙公司债券和丁公司的股票，且向戊公司支付公司债利息。假定不考虑其他条件，从甲公司的角度看，下列各项中属于本企业与债务人之间财务关系的是(　　)。

A. 甲公司与乙公司之间的关系

B. 甲公司与丁公司之间的关系

C. 甲公司与丙公司之间的关系

D. 甲公司与戊公司之间的关系

9. 下列各财务管理目标中，考虑了风险因素的有(　　)。

A. 利润最大化　　B. 股东财富最大化

C. 企业价值最大化　　D. 相关者利益最大化

10. 在下列各项中，属于企业财务管理的法律环境内容的有(　　)。

A. 金融市场　　B. 公司法

C. 金融工具　　D. 税收法规

第二章　货币时间价值与风险分析

本章主要介绍货币时间价值和风险价值，这两个基本的财务管理观念对于筹资管理、运营管理和投资管理等都有重要影响。通过本章的学习，应当深入理解风险与报酬的相互制约关系及其实践指导意义。

【知识目标】

1. 理解货币时间价值的概念。
2. 掌握货币时间价值的计算方法。
3. 了解风险的含义及风险的种类。

【能力目标】

1. 能熟练地计算复利终值与现值。
2. 能熟练地计算年金的终值与现值。
3. 能够熟练运用各种衡量风险的方法。

【案例导入】

拿破仑的承诺

1797 年 3 月 28 日，法兰西执政者拿破仑在参观卢森堡第一国立小学时，受到该校师生的热烈欢迎。

在学校的欢迎大会上，拿破仑手举一束价值 3 路易的玫瑰花，激动地说道：“为了答谢贵校对我的盛情款待，我今天向贵校献上一束玫瑰花，并且向你们承诺，只要法兰西存在一天，每年的今天，我都会派人送给贵校一束等价的玫瑰花，作为法兰西与卢森堡两国友谊的象征!”

拿破仑慷慨激昂的演说，使全校师生激动不已。那束鲜红的玫瑰，就像跳动的火焰，在人们心中熊熊燃烧着……

可是，回国后的拿破仑很快就把赠送玫瑰花的承诺给忘得干干净净，与此相反，卢森堡第一国立小学的师生却把这一承诺深深地记在了心里。

第二年的 3 月 28 日，这所小学的师生们穿上节日的盛装，跳着欢快的舞蹈，准备迎接拿破仑派人送来的玫瑰花。可是，他们从清晨盼到天黑，也没有见到玫瑰花的影子。大家非常失望，孩子们眼含热泪，抽泣着问老师，拿破仑什么时候派人送玫瑰花来？老师们也不知该如何回答。

第三年的 3 月 28 日，师生们又从早盼到晚，但还是没有收到玫瑰花。

就这样，每年的 3 月 28 日，卢森堡第一国立小学的师生都会盼望着有人送来玫瑰花。尽管希望一次次地破灭，但他们依然相信拿破仑会实践他的诺言。

他们还把3月28日作为学校的纪念日，写进了校史。每年的新学期开学典礼上，校长都会在致辞时，热情洋溢地叙说当年拿破仑参观学校时许下的承诺。

沧海桑田，物换星移。两个世纪过去了，尽管拿破仑早已作古，但卢森堡第一国立小学的师生依然会在3月28日这一天，等待着玫瑰花的到来。可是，望眼欲穿的等待，每次都以希望破灭而告终。

将近200年的等待，将近200次的失望，第一国立小学的师生们这下真的生气了，他们要让法国政府给个说法！

1984年，卢森堡第一国立小学一纸诉状，将法国政府告上了国际法庭，他们向法国政府提出两点要求：一是从1798年起，用3个路易为本金，以5%的年息计算，清偿这么多年来的所有金额；二是在法国各大报刊上，公开承认拿破仑是个言而无信的小人。

接到国际法庭的传票，法国政府不敢怠慢，查阅了相关历史资料后，证实了拿破仑的确许下过赠送玫瑰花的诺言。他们计算了一下赔偿金额，结果让他们大吃一惊：原本3路易的一束玫瑰花，至今本息竟已高达1 375 596法郎！而在报刊上承认拿破仑言而无信的要求，法国政府表示更不可能接受。

经过反复斟酌，法国政府终于给出了一个令双方都满意的解决方案：①马上给卢森堡第一国立小学建一座现代化的教学大楼，这所小学的毕业生将来如果愿意到法国留学，一切费用将由法国政府提供；②以后无论在精神上还是物质上，法国政府将坚定不移地支持卢森堡的中小学教育事业，以弥补当年拿破仑的食言之过。

一场跨越了200年的等待终于画上了圆满的句号。从此，卢森堡第一国立小学的大门口竖立起了一座玫瑰花束的雕塑，雕塑的下方刻着“1797～1984”字样。每当人们从这座雕塑前走过，内心总是荡起层层涟漪，久久不能平息……

思考题：

拿破仑在1797年承诺的一束价值3个路易的玫瑰花，在经过近200年后3个路易本金如何变成了1 375 596法郎？需要用到货币时间价值的哪种计算公式？

第一节 货币时间价值的计算

一、基本概念

（一）货币时间价值

货币时间价值，是指资金经历一定时间的投资和再投资所增加的价值，具体表现在一定量资金在不同时间点上价值量的差额，也称为资金时间价值。货币是价值的表现形式，但货币本身并不能增值，只有当投资者将货币投入生产领域才是资本，才能带来价值的增值。资金在周转过程中会随着时间的推移而发生增值，是资金在投入、收回的不同时间点上的价值不同形成的价值差额。

由于货币时间价值的存在，今天的100元钱价值与将来的100元钱的价值不相等。

若把现在的100元钱存入银行，在银行存款利率为10%的情况下，一年后可以得到110元，100元经过一年的时间增加了10元钱，即10元就是100元资金的时间价值。在本例中，现在的100元不等于一年后的100元，而是等于一年后的110元，现在的100元比一年后的100元更值钱。

货币的时间价值有两种表现形式：相对数和绝对数，一般用相对数来表示。

(1) 用相对数表现的货币时间价值——时间价值率，即扣除风险报酬和通货膨胀后的社会平均资金利润率或平均报酬率等。在没有通货膨胀和风险的特定情况下，银行存款利率、贷款利率、各种债券的利率以及股票的股利，都是投资风险报酬率，它们就相当于时间价值率。

(2) 用绝对数表现的货币时间价值——时间价值额，是资金在生产经营过程中带来的真实增长额，即一定数额的资金与时间价值率的乘积。

(二) 时间轴

时间轴是时间价值最重要的分析工具，其为能够表示各个时间点的数轴。如果不同时间点上发生的现金流量不能够直接进行比较，那么在比较现金流量的时候，就必须同时强调现金发生的时点。如图2-1所示，时间轴上的各个数字代表的就是各个不同的时点，一般用字母 t 表示。

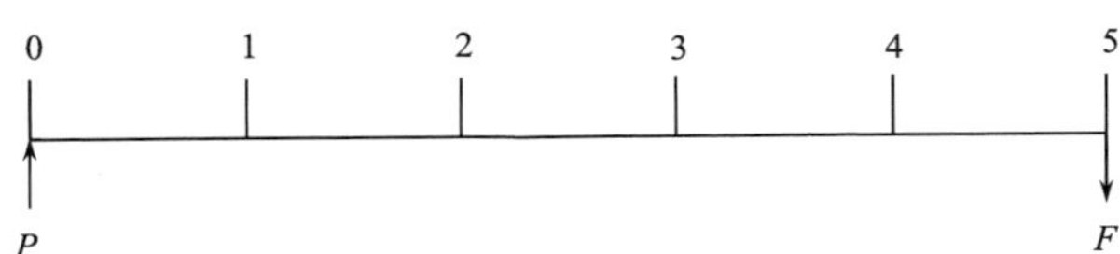

图2-1 货币时间价值轴

在时间轴上，需要注意以下三点。

(1) 在时间轴上各个间距相等，表示一定的时间段。时间轴上的数字0、1、2等代表时间点，时间点可以是1年，也是可以是半年或1个月等，可根据需要解决的问题而定。

(2) 0点代表现在即为现值点；除0点之外，每个时点数字代表的都是两个含义，即当期的期末和下一期的期初，如时点 $t=1$ 就表示第1期的期末和第2期的期初。

(3) 现金流数字前面的↑和↓代表现金流入或现金流出，其中↑表示现金流入，如收到的销售收入、收到的现金投资；↓表示现金流出，如初始投资、支付的设备货款等。

(三) 单利和复利

单利和复利是两种不同的利息计算方式。在单利情况下，本金计算利息，而利息不再计算利息；而在复利情况下，除本金计算利息之外，每经过一个计息期所得到的利息也要计算利息，逐期滚算，俗称“利滚利”。

（四）终值和现值

由于资金在不同时间点上具有不同的价值，不同时点上的资金不能直接比较，必须换算到相同的时间点上才能比较。计算时间价值时要确定计算起点是现在还是将来。现值和终值两个概念反映了现在和将来不同时点上的货币时间价值。

如果财务决策点是现在，一般以时间轴 0 点表示，这个时点上的值称为“现值”。现值又称本金，即现在（$t=0$）的价值，是一个或多个发生在未来的资金现在的价值，用 P（present）表示。现值贴近现在决策，是时间价值计算常用的价值计算点。现值计算点是相对的，是相对于该计算点之后的现金流而言。

“终值”是指未来（$t=n$）的价值，是指一个或多个现在发生或未来发生的资金相当于未来时刻的价值，用 F（future）表示。

（五）单一支付款项和系列支付款项

单一支付款项是指在某一特定时间内只发生一次的简单现金流量，如向银行借入的一笔到期还本付息的长期借款就属于单一支付款项的形式。

系列支付款项就是指在 n 期内多次发生现金流入或者现金流出。年金是系列支付款项的特殊形式，是指一定时期内每期等额收付的款项，如租金、折旧、保险费、房贷等通常表现为年金的形式。年金用 A（annuity）表示。按照每次收付发生的时点不同可以分为普通年金、预付年金、递延年金、永续年金。

二、终值和现值的计算

掌握货币时间价值的计算很重要，货币时间价值的计算最常见的是单一性支付款项和年金的终值、现值的计算。

（一）单一性支付款项的终值和现值的计算

1. 单利终值和现值的计算

1）单利终值的计算

单利终值是指单利计息时的本利和，即本金与未来利息之和。其计算公式为

$$F=P+I=P+P\cdot i\cdot n=P(1+i\cdot n) \tag{2-1}$$

式中，F 为终值；P 为现值；i 为每一期的利率；I 为利息；n 为计息期数。

【例 2-1】 将 10 000 元现金存入银行，年利率假设为 8%，1 年后、2 年后、3 年后的终值是多少？

1 年后的终值：$F=10\ 000\times(1+8\%)=10\ 800$（元）

2 年后的终值：$F=10\ 000\times(1+2\times8\%)=11\ 600$（元）

3 年后的终值：$F=10\ 000\times(1+3\times8\%)=12\ 400$（元）

2）单利现值的计算

单利现值是指在单利计息方式之下，未来某一时点上一定量的资金折合为现在的价值，即未来资金的现值价值。单利现值的计算同单利终值的计算是互逆的。单利现值的

一般计算公式为

$$P = \frac{F}{1 + i \cdot n} = F/(1 + i \cdot n) \tag{2-2}$$

【例 2-2】 某人 5 年后要归还 20 000 元的债务，如果现在准备在银行存一笔钱，用其本金和利息偿还 5 年后的债务，银行的存款利率为年利率 5%，单利计息，现在则需要存入银行多少钱才能使到期的本金和利息刚好偿还债务？

$$P = \frac{F}{1 + i \cdot n} = \frac{20\ 000}{1 + 5\% \times 5} = 16\ 000(\text{元})$$

2. 复利终值和现值的计算

1） 复利终值的计算

复利终值是指采用复利计息时，本金在某个时间点后的价值，又称本利和（图 2-2）。

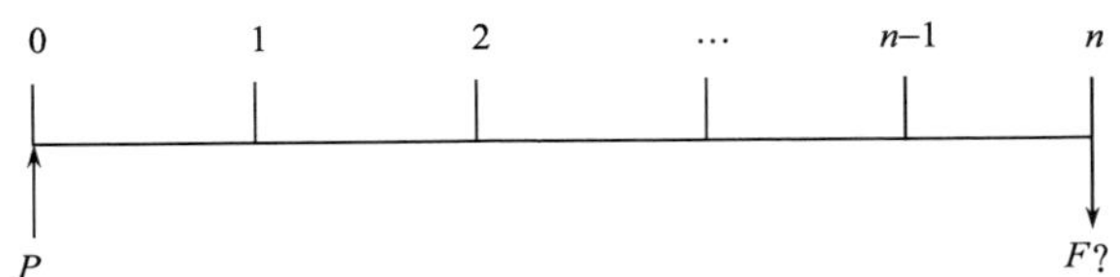

图 2-2　复利终值计算示意图

例如，公司将一笔资金 P 存入银行，年利率为 i，如果每年计息一次，则 n 年后的本利和就是复利终值。复利终值的计算公式为

$$F = P(1 + i)^n \tag{2-3}$$

式中，$(1+i)^n$ 通常称为复利终值系数，记为（F/P，i ，n），可以直接查阅复利终值系数表，复利终值的计算公式也可以写成

$$F = P(F/P,\ i,\ n)$$

【例 2-3】 将 10 000 元存入银行，利率假设为 10%，1 年后、2 年后、3 年后的终值分别为多少（图 2-3）？

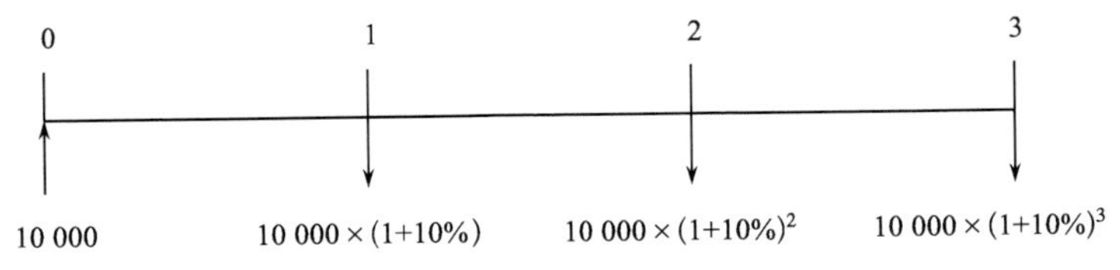

图 2-3　复利终值计算示意图

1 年后的终值：$10\ 000 \times (1 + 10\%) = 11\ 000$(元)

2 年后的终值：$10\ 000 \times (1 + 10\%)^2 = 10\ 000 \times (F/P, 10\%, 2)$

$= 10\ 000 \times 1.21 = 12\ 100$(元)

3 年后的终值：$10\ 000 \times (1 + 10\%)^3 = 10\ 000 \times (F/P, 10\%, 3)$

$= 10\ 000 \times 1.331 = 13\ 310$(元)

2）复利现值的计算

复利现值是指将未来某一特定时间收到或付出的一笔款项，按折现率 i 所计算的现在时点价值（图 2-4）。

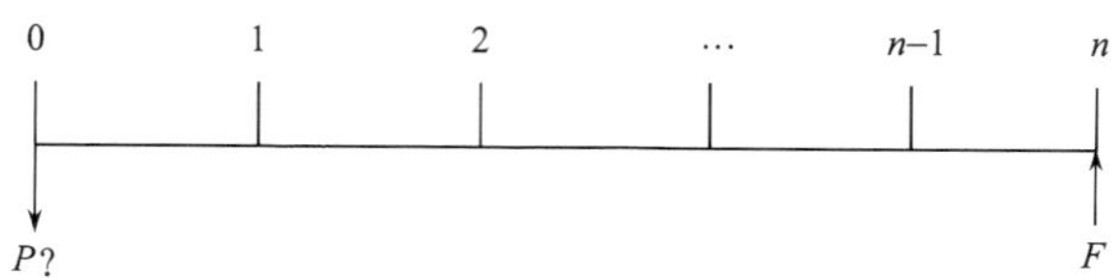

图 2-4 复利现值计算示意图

复利现值的计算同复利终值的计算是互逆的。其计算公式为

$$P=F(1+i)^{-n} \tag{2-4}$$

式（2-4）中的$(1+i)^{-n}$为复利现值系数，可用符号（P/F，i，n）表示，其数值可查复利现值系数表。

复利现值的计算公式可写成

$$P=F(P/F,\ i,\ n)$$

【例 2-4】 某学生想在 8 年后上大学一次性缴纳 10 000 元的学费，假设银行存款年息 6%复利，他现在需要往银行存入多少钱？

$$\begin{aligned}P=F(1+i)^{-n}&=10\,000\times(1+6\%)^{-8}\\&=10\,000\times(P/F,\ 6\%,\ 8)\\&=10\,000\times0.627\\&=6270(\text{元})\end{aligned}$$

【例 2-5】 某公司从金融机构借入 500 万，条件是 4 年后归还该机构 680 万元。同期银行贷款利率为 6%，试问该笔借款是否合适？

$$P=F(P/F,\ i,\ n)$$

$$500=620\times(P/F,\ i,\ n)$$

$$(P/F,\ i,\ n)=\frac{500}{680}=0.735$$

查复利现值系数表，当 $n=4$，$(P/F,i,n)=0.735$ 时，$i=8\%$。因为此笔贷款的实际利率为 8%，高于同期银行贷款利率（6%），所以此笔借款不合适。

（二）年金终值和现值的计算

年金是指在一定时期内每期等额收付的款项。年金有等额性、连续性、间隔期相同的特点。在经济生活中，年金的形式多种多样，如分期等额发生的折旧费、利息、租金、养老金、保险费、零存整取业务中的零存数均为年金的形式。

1. 年金的种类

按年金的收款、付款方式不同分为普通年金、预付年金、递延年金、永续年金。每期期末等额收付款项的年金，称为后付年金，即普通年金；每期期初等额收付款项的年金，称为预付年金，又称为先付年金；距期初若干期以后发生的每期期末等额收付款项的年金，成为递延年金；无限期连续等额收付款项的年金，称为永续年金。

（1）普通年金，即从第一期开始每期期末等额收付的年金，如图 2-5 所示。

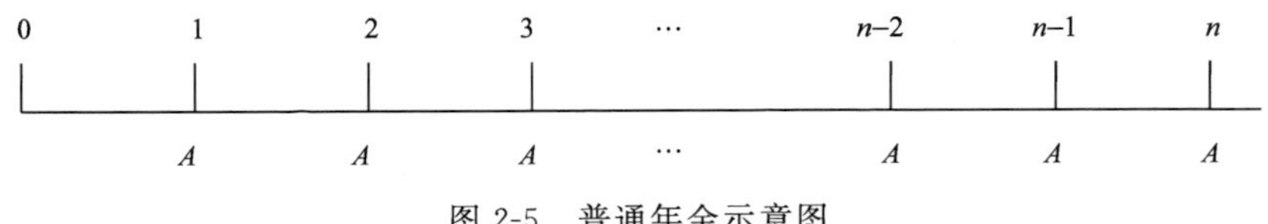

图 2-5　普通年金示意图

（2）预付年金，即从第一期开始每期期初等额收付的年金，如图 2-6 所示。

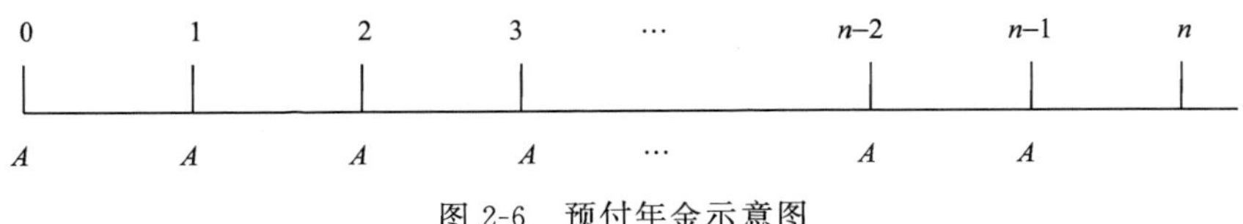

图 2-6　预付年金示意图

（3）递延年金，即从第二期期末或以后等额收付的年金，如图 2-7 所示。

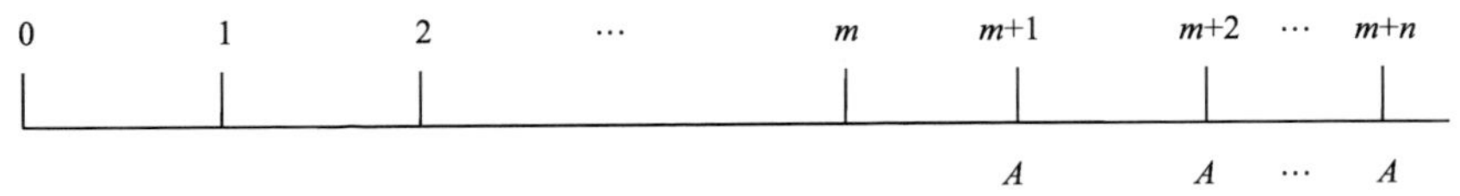

图 2-7　递延年金示意图

（4）永续年金，即从第一期开始每期期末等额收付的年金，如图 2-8 所示。

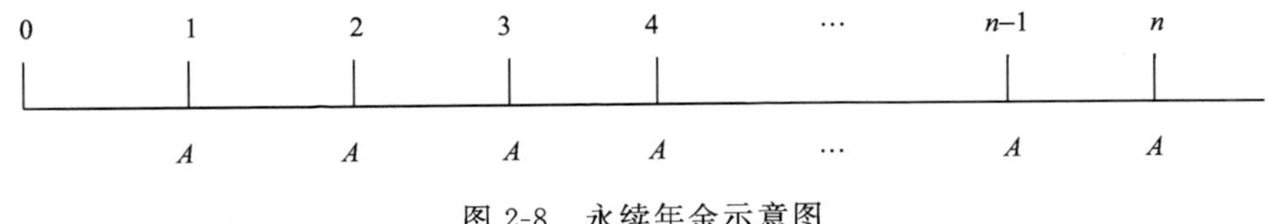

图 2-8　永续年金示意图

2. 普通年金的计算

每期期末等额收付款项的年金，称为后付年金，即普通年金。

1）普通年金终值的计算（已知普通年金 A，求终值 F）

普通年金的终值是指一定时期内每期期末等额收付款在最后一期所得的复利终值之和。其计算方法如图 2-9 所示。

由图 2-9 可知，年金终值的计算公式为

$$F=A\cdot(1+i)^0+A\cdot(1+i)^1+A\cdot(1+i)^2+\cdots+A\cdot(1+i)^{n-2}+A\cdot(1+i)^{n-1} \tag{2-5}$$

将式（2-5）两边同时乘上$(1+i)$得

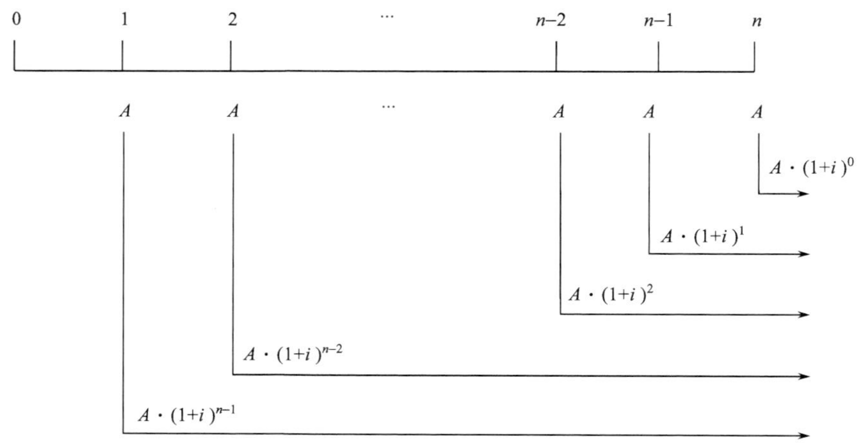

图 2-9　普通年金终值计算示意图

$$F(1+i)=A\cdot(1+i)^1+A\cdot(1+i)^2+A\cdot(1+i)^3+\cdots+A\cdot(1+i)^{n-1}+A\cdot(1+i)^n \quad (2\text{-}6)$$

将式（2-6）减去式（2-5）得

$$F\cdot i=A\cdot(1+i)^n-A=A\cdot[(1+i)^n-1]$$

$$F=A\cdot\left[\frac{(1+i)^n-1}{i}\right]=A\cdot(F/A,i,n) \quad (2\text{-}7)$$

式中，F 为普通年金终值；A 为年金；i 为利率；n 为期数；方括号中的 $\frac{(1+i)^n-1}{i}$ 数值通常称为年金终值系数，记做（F / A，i，n），可通过查询年金终值系数表得出。

【例 2-6】　某公司连续 5 年每年年末存入银行 10 万元，利率为 5%，计算第 5 年年末的本利和。

$$F=A\times(F/A,5\%,5)=100\ 000\times5.5256=552\ 560(\text{元})$$

2）年偿债基金的计算（已知普通年金终值 F，求年金 A）

计算年金终值一般是已知年金，然后求终值。但在生活中有时会碰到已知年金终值，求每年支付的年金数额，这是年金终值的逆运算，称为偿债基金的计算(图 2-10)。其计算公式为

$$A=F\times\frac{i}{(1+i)^n-1} \quad (2\text{-}8)$$

式中，分式 $\frac{i}{(1+i)^n-1}$ 称为偿债基金系数，记做（A/F，i，n），可以通过年金终值系数的倒数推算出来。

【例 2-7】　某人购房拟在 5 年后还清 100 万元的债务，从现在开始起每年年末等额存入一笔款项。如果银行存款利率为 10%，每年需要存入多少钱？

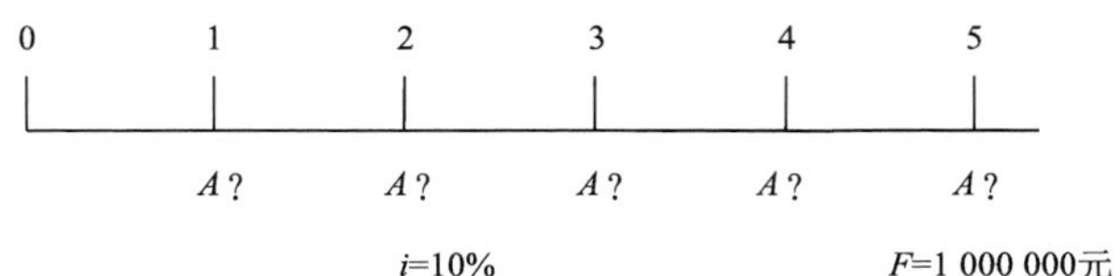

图 2-10　年偿债基金计算示意图

$$A = F \times \frac{i}{(1+i)^n - 1} = 1\ 000\ 000 \times \frac{1}{(F/A,\ 10\%,\ 5)} = 1\ 000\ 000 \times \frac{1}{6.105} \approx 163\ 800(\text{元})$$

即在银行利率为 10%时，每年存入 16.38 万元，5 年后可得 100 万，用以清偿债务。

3）普通年金现值的计算（已知普通年金 A，求现值 P）

普通年金现值是指一定时期内每期期末等额收付款项的复利现值之和。其计算方法如图 2-11 所示。

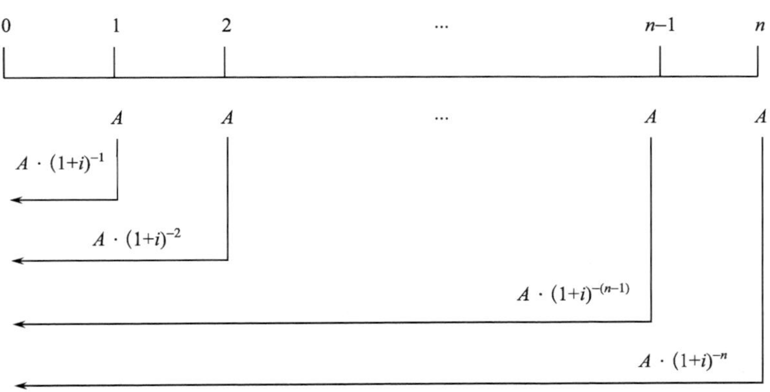

图 2-11　普通年金现值计算示意图

由图 2-11 可知，普通年金现值的计算公式为

$$P = A \cdot (1+i)^{-1} + A \cdot (1+i)^{-2} + \cdots + A \cdot (1+i)^{-(n-1)} + A \cdot (1+i)^{-n} \quad (2\text{-}9)$$

将式（2-9）两边同时乘上$(1+i)$得

$$P(1+i) = A + A \cdot (1+i)^{-1} + \cdots + A \cdot (1+i)^{-(n-2)} + A \cdot (1+i)^{-(n-1)} \quad (2\text{-}10)$$

用式（2-10）减去式（2-9）得

$$P \cdot i = A - A \cdot (1+i)^{-n} = A \cdot [1 - (1+i)^{-n}]$$

$$P = A \cdot \left[\frac{1-(1+i)^{-n}}{i}\right] = A \cdot (P/A,\ i,\ n) \quad (2\text{-}11)$$

式中，P 为普通年金现值；A 为年金；i 为折现率；n 为期数；$\frac{1-(1+i)^{-n}}{i}$称为普通年金现值系数，通过符号（$P/A, i, n$）来表示，可通过查询年金现值系数表得出。

【例 2-8】　某大学大一学生每年年末从学校得到生活补助 1000 元，为期 4 年，假设年利率为 8 %，如果学校在开学时就把 4 年的生活补助一次性发放给他，他应该一次性拿到多少钱？

$$P=1000\times(P/A,\ 8\%,\ 4)=1000\times3.31213=3312.13(\text{元})$$

4）年投资回收额的计算（已知普通年金现值 P，求年金 A）

普通年金现值的逆运算是年投资回收额的计算。年投资回收额是指约定年限内等额回收初始投入资本或清偿所欠债务的金额。年投资回收额的计算公式为

$$A=P\times\left[\frac{i}{1-(1+i)^{-n}}\right] \tag{2-12}$$

式中，$\frac{i}{1-(1+i)^{-n}}$为投资回收系数，记为（A/P，i，n）。年投资回收额与普通年金现值互为逆运算，投资回收系数和普通年金现值互为倒数。

【例 2-9】 某人以分期付款形式购置一套商品房，需向银行贷款按揭 50 万，准备 20 年内每年年末等额偿还，银行贷款利率为 5%，计算每年应归还的款项是多少？

$$\begin{aligned}A&=P(A/P,\ i,\ n)\\&=500\,000(A/P,\ 5\%,\ 20)\\&=500\,000\times\frac{1}{(P/A,\ 5\%,\ 20)}\\&=500\,000\times\frac{1}{12.4622}\\&\approx40\,121.33(\text{元})\end{aligned}$$

3. 预付年金的计算

预付年金是指每期期初等额收付款项的年金，也称先付年金。

预付年金与普通年金的区别在于收付款的时点不同，普通年金在每期期末收付款，而预付年金在每期期初收付款，收付款时间如图 2-12 所示。

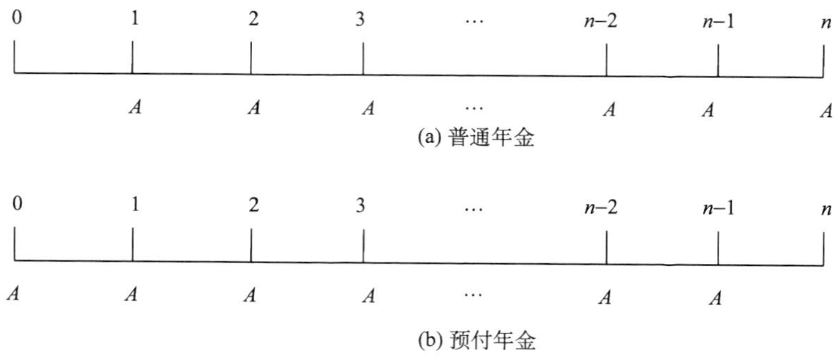

图 2-12 普通年金和预付年金对比图

从图 2-12 可以看出，n 期的预付年金与 n 期的普通年金收付款次数是相同的，只是收付款的时点不一样。如果计算年金终值，预付年金要比普通年金多付一年的利息，如果计算年金现值，则预付年金要比普通年金少折现一年。因此，在普通年金的现值、

终值基础上，乘以（$1+i$）便可得到预付年金的现值与终值。

1）预付年金终值的计算（已知预付年金 A，求终值 F）

预付年金的终值是各期期初收付款项的复利终值之和，如图 2-13 所示。

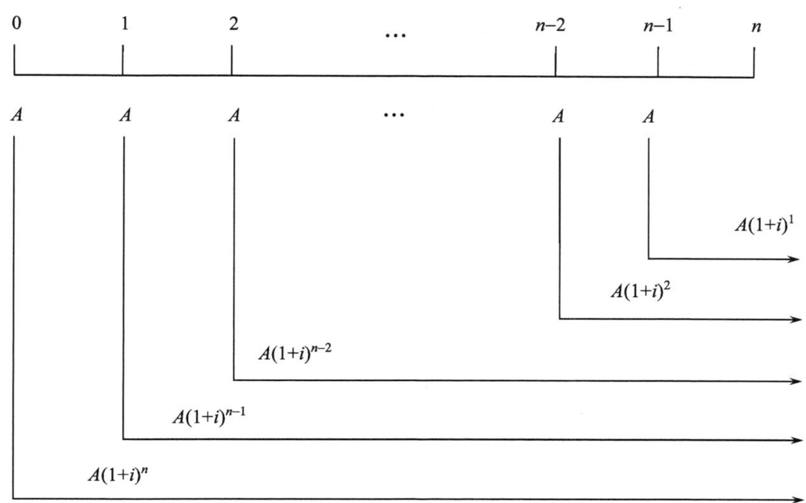

图 2-13　预付年金终值计算示意图

预付年金终值的计算公式为

$$F=A(1+i)^1+A(1+i)^2+\cdots+A(1+i)^n$$

式中各项为等比数列，首项为 A（$1+i$），公比为$(1+i)$，根据等比数列的求和公式可知

$$F=\frac{A(1+i)[1-(1+i)^n]}{1-(1+i)}=A\cdot\frac{(1+i)-(1+i)^{n+1}}{-i}=A\cdot\left[\frac{(1+i)^{n+1}-1}{i}-1\right] \tag{2-13}$$

式（2-13）中的$\left[\frac{(1+i)^{n+1}-1}{i}-1\right]$是预付年金终值系数，它是在普通年金终值系数$\left[\frac{(1+i)^n-1}{i}\right]$的基础上，期数加 1，系数减 1 所得的结果，通常记做［（F/A，i，$n+1$）-1］。

【例 2-10】 若现在以零存整取方式于每年年初存入银行 10 000 元，银行存款利率为 4%，第 5 年年末的终值是多少？

$$\begin{aligned}F&=10\,000\times[(F/A,\ 4\%,\ 5+1)-1]\\&=10\,000\times(6.632\,98-1)\\&=56\,329.8(\text{元})\end{aligned}$$

2）预付年金现值的计算（已知预付年金 A，求现值 P）

预付年金的现值是各期期初收付款项的复利现值之和。其计算公式为

$$P=A+A(1+i)^{-1}+A(1+i)^{-2}+\cdots+A(1+i)^{-(n-1)}$$

式中各项为等比数列，首项为 A，公比为 $(1+i)^{-1}$，根据等比数列的求和公式可知

$$P=\frac{A\cdot[1-(1+i)^{-n}]}{1-(1+i)^{-1}}=A\cdot\frac{(1+i)[1-(1+i)^{-n}]}{i}=A\cdot\left[\frac{1-(1+i)^{-(n-1)}}{i}+1\right] \tag{2-14}$$

式（2-14）中的 $\left[\frac{1-(1+i)^{-(n-1)}}{i}+1\right]$ 是预付年金现值系数，它是在普通年金现值系数的基础上，期数减 1，系数加 1 所得的结果，通常记做 [（P/A，i，$n-1$）+1]。

【例 2-11】 某人 5 年分期付款购买笔记本电脑，每年年初付 1000 元，银行利率为 10%，则该分期付款相当于一次性付款多少？

$$\begin{aligned}P&=1000\times[(P/A,\ i,\ n-1)+1]\\&=1000\times[(P/A,\ 10\%,\ 5-1)+1]\\&=1000\times(3.169\,87+1)\\&=4169.87(\text{元})\end{aligned}$$

4. 递延年金的计算

递延年金是指第一次收付款发生时间不在第一期期末，而是间隔若干期后才发生的系列等额收付款项，是普通年金的特殊形式。假设年金为 1000 元，递延年金的支付形式如图 2-14 所示。

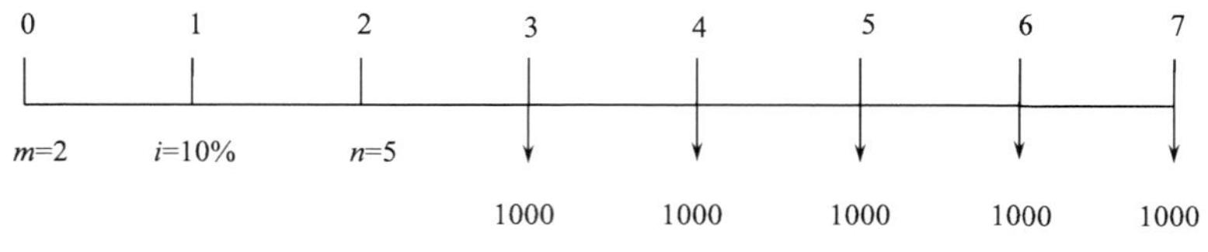

图 2-14 递延年金的支付示意图

从图 2-14 中可以看出，前 2 期没有发生支付，一般用 m 表示递延期数，图 2-14 中 $m=2$。第一次支付在第 3 期期末，连续支付 5 次，即 $n=5$。

1）递延年金终值的计算（已知递延年金 A，求递延年金终值 F）

将发生递延年金的第 1 期设为时点 1，则用时间轴表示的递延年金与普通年金完全相同。递延年金终值的计算方法与普通年金终值的计算方法相似，只是发生的期间 n 是发生递延年金的实际期限，如图 2-15 所示。

其计算公式为

$$F=A\times(F/A,\ i,\ n)$$

【例 2-12】 某公司从第 5 年年末开始连续支付 6 年，每次支付 1000 万元，用于偿还购买土地款，年利率为 8%，则在第 10 年年末，它能取出多少本息？

$$F=1000\times(F/A,\ 8\%,\ 6)=1000\times 7.336=7336(\text{万元})$$

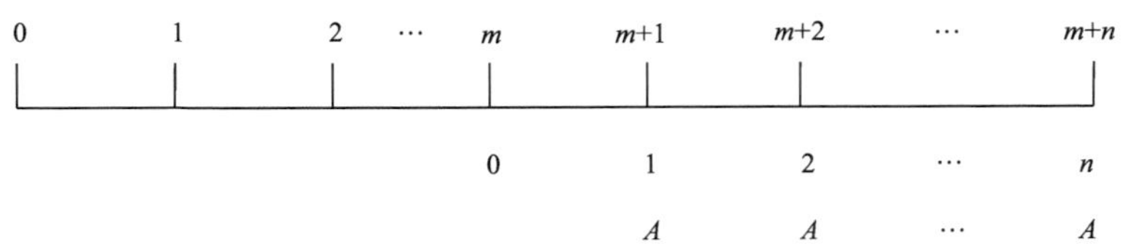

图 2-15　递延年金的计算示意图

2）递延年金现值的计算

递延年金现值的计算方法有两种。

方法一：扣除法。①计算出（$m+n$）期的年金现值。②计算 m 期的年金现值。③将计算出的（$m+n$）期扣除递延期 m 期的年金现值，得出 n 期年金现值。

计算公式为

$$P=A\cdot\left[\frac{1-(1+i)^{-(m+n)}}{i}-\frac{1-(1+i)^{-m}}{i}\right]$$
$$=A\cdot[(P/A,\ i,\ m+n)-(P/A,\ i,\ m)] \tag{2-15}$$

式（2-15）是先计算出 $m+n$ 期的普通年金现值，然后减去前 m 期的普通年金现值，即得递延年金的现值。

方法二：分段法。①把递延年金看成 n 期普通年金，计算出递延期末的现值。②将已计算出的现值折现到第 1 期期初。

计算公式为

$$F=A\cdot\left[\frac{1-(1+i)^{-n}}{i}\right]\cdot(1+i)^{-m}=A\cdot(P/A,\ i\ ,\ n)\cdot(P/F,\ i,\ m) \tag{2-16}$$

【例 2-13】　某人年初投资一个项目，计划从第 5 年开始每年年末取得 50 000 元收益，投资期为 10 年，银行年利率为 5%。计算此人年初投资多少钱才能达到预期收益？

（1）$P=A\cdot[(P/A,i,m+n)-(P/A,i,m)]$
$=50\ 000\times[(P/A,5\%,10)-(P/A,5\%,4)]$
$=50\ 000\times(7.7217-3.5460)$
$=208\ 785$(元)

（2）$P=A\cdot(P/A,i\ ,n)\cdot(P/F,i,m)$
$=50\ 000\times(P/A,5\%\ ,6)\times(P/F,5\%,4)$
$=50\ 000\times5.0757\times0.8227$
$\approx208\ 788.92$(元)

5. 永续年金的计算

永续年金是指无限期连续等额收付款项的年金，如优先股股利，只要该企业不被清算，这种股利总会支付下去，因此，很难确定它的最后期限。

由于永续年金持续期无限，没有终止时间，所以没有终值，只有现值。永续年金可视为普通年金的特殊形式，即期限趋于无穷大的普通年金。其现值的计算公式可由普通年金现值公式推出：

$$P=A\cdot\frac{1-(1+i)^{-n}}{i}=A\cdot\frac{1-\frac{1}{(1+i)^{n}}}{i}$$

当 $n\to\infty$ 时，$\frac{1}{(1+i)^{n}}\to 0$

$$P=\frac{A}{i} \tag{2-17}$$

【例 2-14】 某人持有某公司的股票，假定每股每年的股利为 2 元，若他想长期持有，在利率为 10%的情况下，请对该股票投资进行估价。

$$P=\frac{A}{i}=\frac{2}{10\%}=20(\text{元})$$

6. 折现率的推算

（1）一次性收付款项折现率的推算。对于一次性收付款项，在已知 F，P，n 条件下，根据其复利终值（或现值）的计算公式可得折现率的计算公式为

$$i=(F/P)^{\frac{1}{n}}-1 \tag{2-18}$$

（2）永续年金贴现率的推算。当已知 P 和 A 时，可根据永续年金现值的计算公式得出折现率的计算公式为

$$i=\frac{A}{P}$$

（3）普通年金折现率的推算。普通年金贴现率的推算比较复杂，无法直接套用公式，必须利用有关的系数表，有时要用插入法加以计算。

普通年金终值和现值的计算公式为

$$F=A\cdot\left[\frac{(1+i)^{n}-1}{i}\right]=A\cdot(F/A,i,n) \tag{2-19}$$

$$P=A\cdot\left[\frac{1-(1+i)^{-n}}{i}\right]=A\cdot(P/A,i,n) \tag{2-20}$$

将式（2-19）和式（2-20）变形可相应的得到以下的公式

$$F/A=(F/A,i,n) \tag{2-21}$$

$$P/A=(P/A,i,n) \tag{2-22}$$

式（2-21）和式（2-22）的右边分别是普通年金终值系数和普通年金现值系数。若 F，A，n 已知，利用式（2-21），查普通年金终值系数表，找出系数值为 F/A 的对应的 i 即可；若 P，A，n 已知，利用式（2-22），查普通年金现值系数表，找出系数值为 P/A 的对应的 i 即可；若找不到完全对应的 i，则可以运用插值法求得。用插值法求 i 的基本步骤如下。

第一，根据普通年金现值的计算公式，可推算出年金现值系数 α。

$$P/A=\alpha$$

第二，根据年金现值系数表，在表中 n 所在的行上找到与 α 最接近的两个上下临界系数值，设为 β_1，β_2（$\beta_1>\alpha>\beta_2$），其对应的折现率分别为 i_1，i_2，假设贴现率 i 同相关系数在较小范围内相关，因而根据临界系数和相应的贴现率，其公式为

$$i=i_1+\frac{\beta_1-\alpha}{\beta_1-\beta_2}(i_2-i_1) \tag{2-23}$$

【例 2-15】 某企业年初借款 200 万元，银行要求其每年年末提出还本付息的金额为 40 万元，需要 9 年还清，则试算借款利率为多少？

根据题意，已知 $P=200$，$A=40$，$n=9$，则 $\alpha=P/A=200\div40=5$。

查 $\alpha=5$ 的普通年金现值系数表，在 $n=9$ 一行上无法找到恰好为 5 的系数值，于是找大于和小于 5 的临界系数值，分别为 $\beta_1=5.3282$，$\beta_2=4.9164$，同时分别读出临界利率为 $i_1=12\%$，$i_2=14\%$。则

$$\begin{aligned}i&=i_1+\frac{\beta_1-\alpha}{\beta_1-\beta_2}(i_2-i_1)\\&=12\%+\frac{5.3282-5}{5.3282-4.9164}(14\%-12\%)\\&\approx13.59\%\end{aligned}$$

7. 期数的推算

期数的推算，其原理和步骤同折现率的推算相似。现以普通年金为例，说明已知 P，A 和 i 的情况下期数 n 的推算。

【例 2-16】 某企业一次性借款 1500 万，若在年利率 10%的情况下，每年年末提出 300 万元作为偿债基金，需要多长时间才能提足偿债款项？

$$\alpha=P/A=1500\div300=5$$

查年金现值系数表，在 $i=10\%$一行上无法找到恰好为 5 的系数值，于是找大于和小于 5 的临界系数值，分别为 $\beta_1=5.3282$，$\beta_2=4.9164$，同时分别找到 4.8684 和 5.3349，其对应的临界期间为 7 和 8，然后根据假设 n 为实际年限，利用插值法得出

$$n=7+\frac{5-4.8684}{5.3349-4.8684}(8-7)\approx7.28(\text{年})$$

第二节　风 险 分 析

一、风险的概念

所谓风险就是指在一个特定的时间内和一定的环境条件下，人们所期望的目标与实际结果之间的差异程度。风险产生的产生的原因是信息不对称进而导致决策者不能控制未来事物的发展过程。风险具有多样性和不确定性。这种不确定性包括发生与否的不确定、发生时间的不确定和导致结果的不确定。

二、风险的分类

（一）按照风险的起源与影响分为市场风险与公司特定风险

1. 市场风险

市场风险是全社会普遍存在的风险，是指政治、经济和社会环境等公司外部因素的不确定性产生的风险。例如，战争、经济衰退、利率调整、公司法的变化、利率调整、税率调整等带来的风险。市场风险涉及所有公司，是无法通过多元化投资来分散的，因此，又称为不可分散风险或系统风险。

2. 公司特定风险

公司特定风险是指由决策失误、投资失败、管理不当等特定的因素仅影响个别公司的风险，不是每个企业都面临的风险。例如，新产品开发失败、诉讼失败、质量不合格、食品不安全等带来的风险，它来自个别公司内部。特定风险可以通过投资的多元化来予以分散，通常是可分散风险或非系统风险。

（二）按形成的原因分为经营风险和财务风险

1. 经营风险

经营风险是指因生产经营行为而给企业收益带来的不确定性，通常用息税前利润的变动程度（标准差、经营杠杆等）描述经营风险的大小。经营风险是公司商业活动中固有的风险，主要来自客观环境的不确定性，具体表现在以下四个方面。

（1）市场销售，主要包括市场需求、产品销量、市场价格的变动等。

（2）产品成本，主要包括原材料成本、员工工资、管理成本的变动等。

（3）技术，主要包括研发成本、技术的更新、技术的落后等。

（4）其他，主要包括其他外部环境的变化。

2. 财务风险

财务风险又称筹资风险，是指由于举债而给公司收益带来的不确定性，通常用净资产收益率（return on equity，ROE）或者每股收益（earning per share，EPS）的变动（标准差、财务杠杆）描述财务风险的大小。这种风险主要来自于利率、汇率的变化的不确定性以及公司负债比重的大小。在全部资金来源中，借入资金所占的比重大，企业的负担就重，风险程度也就会增加；借入资金所占的比重小，企业的负担就轻，风险程度也就减轻。确定合理的资金结构，既能提高资金的盈利能力，又能防止风险加大。

三、风险的衡量

由于风险具有普遍性和广泛性，所以正确地衡量风险就十分重要。风险是可能值对期望值的偏离，因此利用概率、期望值、离散程度来计算与衡量风险的大小，是一种最常用的方法。

（一）概率

在现实生活中，某一事件在相同的条件下可能发生也可能不发生，既可能出现这种结果又可能出现那种结果，这种事件称为随机事件，随机事件发生的可能性一般用概率表示。概率是用百分数或小数来表示随机事件发生的可能性及出现某种结果的可能性大小的数值。必然发生事件的概率为 1；必然不发生事件的概率为 0；其他事件的概率介于 0 和 1 之间。概率越大，该随机事件发生的可能性越大；概率越小，该随机事件发生的可能性越小。把事件所有可能的结果都列出来，且每一结果都给出概率，就构成了概率分布。

概率分布有两种情况：离散型分布和连续型分布。

1. 离散型分布

离散型分布的特点是概率分别在各个特定的点上，如表 2-1 和图 2-16 所示。

表 2-1　投资项目出现概率分布表

投资项目	概率 P_i	投资收益率/%
甲	0.25	40
乙	0.45	30
丙	0.3	15

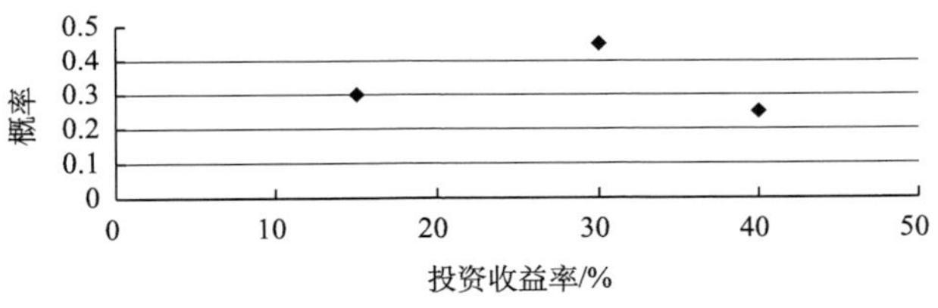

图 2-16　离散型概率分布图

2. 连续型分布

连续型分布的特点是概率分别在连续图像的两点之间的区间上。如果曲线表现为对称的钟形曲线时叫做连续型正态分布，如图 2-17 所示。

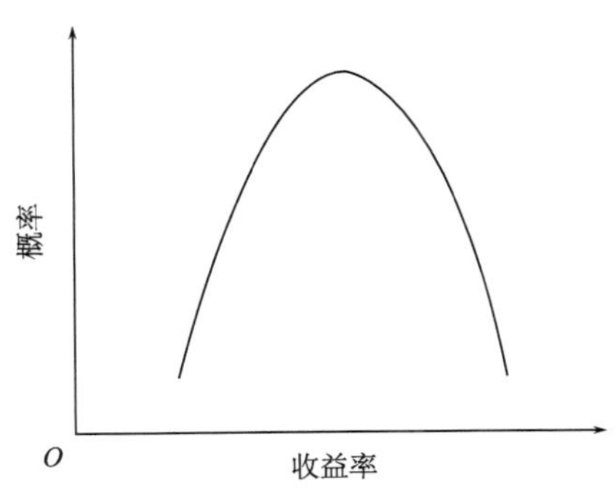

图 2-17　连续型正态分布图

（二）期望值

期望值是一个概率分布中的所有可能结果与各自概率之积的加权平均值，反映投资者的合理预期，通常用符号$\overline{K}$表示，其计算公式为

$$\overline{K} = \sum_{i=1}^{n} K_i P_i$$

式中，P_i 为第 i 种可能结果的概率；K_i 为第 i 种可能结果的报酬率；n 为可能结果的数目。

期望收益反映预期收益的平均化，在各种不确定性因素影响下，它代表着投资者的合理预期。

【例 2-17】 某企业有甲、乙两个投资项目，甲项目是一个高科技项目，该领域竞争很激烈，如果该项目做得好，将会占领很大的市场份额，取得高额利润，否则利润会很小甚至亏损。乙项目是一个必需品生产项目，销售前景可以准确预测出来。假设未来的经济情况有三种，即繁荣、正常、衰退。销售两个投资项目的收益率及其概率分布情况如表 2-2 所示。计算两个项目报酬的期望值。

表 2-2 项目概率分布及预期报酬率资料

经济情况	发生概率	甲项目预期报酬	乙项目预期报酬
繁荣	0.3	90%	20%
正常	0.4	15%	15%
衰退	0.3	−60%	10%
合计	1		

$$E_{甲}=0.3\times 90\%+0.4\times 15\%+0.3\times(-60\%)=15\%$$
$$E_{乙}=0.3\times 20\%+0.4\times 15\%+0.3\times 10\% =15\%$$

（三）离散程度

所谓离散程度是随机变量脱离其期望值变动的幅度，它是用以衡量风险大小的指标。例如，一个投资项目，它的随机变动越是集中在期望值附近，即它的离散程度越低。如果一个项目的随机变量脱离期望值越远，实现期望值的可能性也就越小，项目的风险程度也就越高。

离散程度可以用方差、标准差和标准离差率三项指标来表示。

1. *方差*

方差是表示随机变量与期望值之间的离散程度的一个数值。方差用 δ^2 表示，其计算公式为

$$\delta^2=\sum_{i=1}^{n}(k_i-\overline{k})^2\times p_i \tag{2-24}$$

方差越大，反映实际收益与预期收益的偏离程度越大，分布越分散，风险越大；方差越小，反映实际收益与预期收益的偏离程度越小，分布越集中，风险越小。因此，方差的大小反映风险的大小。

【例 2-18】 根据例 2-17 资料，比较甲、乙方案的风险大小。

$$\delta_{甲}^2=\sum_{i=1}^{n}(k_i-\overline{k})^2\times p_i=(90\%-15\%)^2\times 0.3+(15\%-15\%)^2$$
$$\times 0.4+(-60\%-15\%)^2\times 0.3=33.75\%$$

$$\delta_{乙}^2 = \sum_{i=1}^{n}(k_i - \bar{k})^2 \times p_i = (20\% - 15\%)^2 \times 0.3 + (15\% - 15\%)^2 \times 0.4 + (10\% - 15\%)^2 \times 0.3 = 0.15\%$$

以上计算结果可以看出，项目甲的方差大于项目乙的方差，因此，项目甲的风险大于项目乙的风险。

2. *标准差*

随机事件分布的离散程度有时也用标准差来表示。标准差也叫均方差，是方差的算术平方根，用δ表示。方差越大，标准差越大，投资项目的风险越大；方差越小，标准差越小，投资项目的风险越小。标准差的计算公式为

$$\delta = \sqrt{\sum_{i=1}^{n}(k_i - \bar{k})^2 \times p_i} \tag{2-25}$$

【例 2-19】　根据例 2-17 资料，求项目甲和项目乙的标准差。

$$\delta_{甲} = \sqrt{0.3375} = 58.09\%$$

$$\delta_{乙} = \sqrt{0.0015} = 3.873\%$$

可以看出，项目甲的标准差大于项目乙的标准差，因此，项目甲的风险大于项目乙的风险。由于项目甲与项目乙的预期收益一致，在决定投资方案时，需要比较两者的风险，项目甲的风险大于项目乙的风险，所以，选择项目乙进行投资。

3. *标准离差率*

标准差作为反映可能值与期望值偏离程度的一个指标，可用来衡量风险，但它也是一个绝对值，不是一个相对值，只适用于在期望值相同条件下风险程度的比较，对于期望值不同的决策方案，则不适用。对于期望值不同的决策方案的比较则需要用标准离差率来选择项目方案。标准离差率的计算公式为

$$V = \frac{\delta}{\bar{k}} \tag{2-26}$$

式中，V 为标准离差率；δ 为标准差；$\bar{k}$为预期报酬率。

标准离差率是一个相对数，在期望值不同时，标准离差率越大，表明可能值与期望值的偏离程度越大，结果的不确定性越大，风险也越大。反之，标准离差率越小，表明可能值与期望值的偏离程度越小，结果的不确定性越小，风险也越小。

【例 2-20】　根据例 2-17 资料，求甲、乙两个项目的标准离差率，并进行方案选择。

$$V_{甲} = \frac{\delta_{甲}}{\bar{k}} = \frac{58.09\%}{15\%} = 387\%$$

$$V_{乙} = \frac{\delta_{乙}}{\bar{k}} = \frac{3.873\%}{15\%} = 25.82\%$$

从以上计算结果中看出，甲、乙两个项目的期望收益率相同，都是 15%，但是风险系数不同。因为两个项目属于不同行业。甲项目的风险要比乙项目的风险大得多，从

变化系数看，甲项目对单位风险收益率所要承担的风险是 3.87，而乙项目获得同样的收益率只需要承担 0.2582 倍的风险系数，乙项目比甲项目好。

对于多方案的决策，决策者总的原则是选择低风险高收益的方案，具体有以下四种情况。

（1）若 n 个方案的期望值基本相同，应选择标准差（率）小的方案。

（2）若 n 个方案的标准差（率）基本相同，应选择期望值大的方案。

（3）若甲方案的期望值大于乙方案，且标准差（率）小于乙方案，应选择甲方案。

（4）若甲方案的期望值大于乙方案，且标准差（率）大于乙方案，应将甲方案期望值高于乙方案的程度与甲方案标准差（率）高于乙方案的程度进行比较，若前者高于后者，通常选择甲方案。

四、风险与收益

一般而言，人们不喜欢风险，在投资时千方百计地规避风险，可是人们还总是去做风险大的投资项目，如炒股、投资新项目。这是因为一个投资项目的收益往往是与风险相伴而生的，而且往往高风险的项目伴随着高收益，低风险的项目必然是低报酬，因此风险报酬是投资报酬的组成部分。

风险报酬是指投资者冒着风险进行投资而获得的超过货币时间价值的额外收益，也称为风险价值。它的表现形式可以是风险报酬额或风险报酬率。风险报酬额是投资者因冒风险进行投资而获得超过货币时间价值的那部分额外报酬；风险报酬率是投资者因冒风险进行投资而获得超过货币时间价值的那部分额外报酬率，即风险与原投资额的比率。在财务管理中，风险报酬通常用风险报酬率来计量。

如果不考虑通货膨胀，投资者冒险进行投资所希望得到的投资报酬率是无风险报酬率与风险报酬率之和（图 2-18）。即

$$\text{投资报酬率} = \text{无风险报酬率} + \text{风险报酬率} \tag{2-27}$$

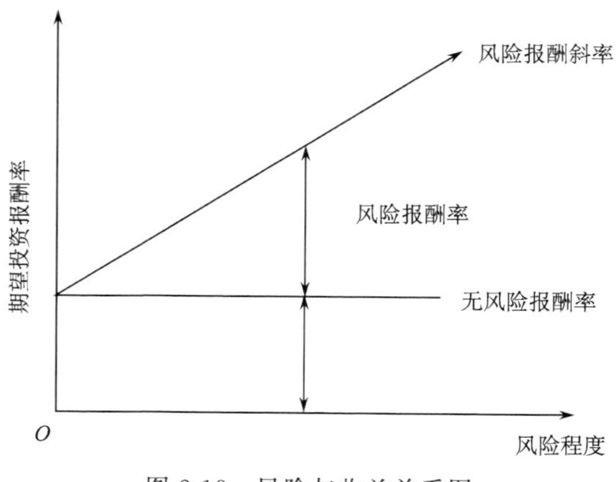

图 2-18 风险与收益关系图

无风险报酬率即为货币的时间价值，是在没有风险状态下的投资报酬率，具有预期

报酬的确定性，报酬率大小与时间长短成正比，一般可用政府债券利率或银行存款利率表示。

风险报酬率是风险价值，是超过货币时间价值的额外报酬，具有预期报酬的不确定性，与风险程度和风险报酬斜率的大小有关。其计算公式为

$$风险报酬率=风险报酬系数\times风险程度 \tag{2-28}$$

风险报酬系数是指将标准离差率转化为风险报酬的一种系数。风险报酬系数的确定，有如下三种方法：①根据以往的同类项目加以确定；②由企业领导或企业组织有关专家确定；③由国家有关部门组织专家确定。

风险报酬系数的大小在很大程度上取决于公司对风险的态度。如果大家都愿意冒险，就会将风险报酬系数定得较小；反之，如果大家都不愿意冒险，就会将风险系数定得高些。

风险程度用标准离差率计量。

【例 2-21】 利用例 2-20 的数据，假定公司的风险投资报酬系数为 0.2，无风险报酬率为 5%，计算甲、乙两个项目的期望报酬率。

甲项目期望投资报酬率＝5%＋0.2×387%＝82.4%

乙项目期望投资报酬率＝5%＋0.2×25.82%＝10.16%

【例 2-22】 假如某项投资的风险报酬率为 6%，目前政府债券的利率为 5%，在不考虑通货膨胀的情况下，计算该项投资期望的报酬率。

期望报酬率＝5%＋6%＝11%

【案例分析】

1994 年 10 月的一天，居住在瑞士田纳西镇的居民们，听到了一个难以置信的消息，全镇居民欠下了一群投资者高达 1250 亿美元的债务，这些投资者已经向布鲁克林法庭起诉，被告是破产多年的田纳西镇的一家小银行——内部交易银行，原告们要求田纳西镇赔偿他们的经济损失。若这些人的诉讼成功，意味着全镇居民今后只能以最廉价的食品来维持余生了。

田纳西镇巨额负债的问题来自于 1966 年的一笔存款。斯蒂林·格兰威尔·黑根不动产公司在内部交换银行存入 6 亿美元的维也纳石油与矿藏选择权。存款协议要求银行按每周 1%的利率支付利息，银行第二年就破产了，1994 年 10 月，纽约州布鲁克林的高级法院做出判决：从存款日到田纳西镇对该银行清算之间的 7 年里，田纳西镇以每周 1%的复利计算，而在银行清算后的 21 年中，按 8.54%的年利息率计算。

思考题：

（1）若利率每周为 1%，6 亿美元增加到 10 亿美元需要多长时间？增加到 100 亿美元需要多长时间？

（2）若利率每周为 1%，6 亿美元 1 年后的价值是多少？28 年后的价值是多少？

（3）该案例给予我们关于复利、复利计算期和复利率的启示是什么？

资料来源：道格拉斯·R. 爱默瑞，约翰·D. 芬尼特 . 2000. 公司财务管理（上）. 北京：中国人民大学出版社 .

【课后练习】

一、单项选择题

1. 在利息不断资本化的条件下，货币时间价值的计算基础应采用(　　)。

A. 单利　　B. 复利

C. 年金　　D. 普通年金

2. 复利现值与复利终值的关系是(　　)。

A. 有关　　B. 无关

C. 互为倒数　　D. 相互排斥

3. 每期期末收入或支出的等额款项称为(　　)。

A. 普通年金　　B. 复利终值

C. 期初年金　　D. 预付年金

4. 下列各项中，代表预付年金现值系数的是(　　)。

A. $[(P/A, i, n+1)+1]$　　B. $[(P/A, i, n+1)-1]$

C. $[(P/A, i, n-1)-1]$　　D. $[(P/A, i, n-1)+1]$

5. 某一项年金前 2 年没有流入，后 5 年每年年初流入 1000 元，则该项年金的递延期是（　　）年。

A. 4　　B. 3　　C. 2　　D. 1

6. 一定时期内每期期初等额收付的系列款项为(　　)。

A. 预付年金　　B. 永续年金

C. 递延年金　　D. 普通年金

7. 某人持有一张带息票据，面值为 1000 元，票面利率为 5%，90 天到期，该持票人到期可获得利息为（　　）。

A. 50 元　　B. 500 元　　C. 12.5 元　　D. 20 元

8. 货币时间价值通常被认为是没有风险和没有通货膨胀条件下的(　　)。

A. 利息率　　B. 额外收益

C. 社会平均资金利润率　　D. 利润率

9. 与年金终值系数互为倒数的是(　　)。

A. 年金现值系数　　B. 投资回收系数

C. 复利现值系数　　D. 偿债基金系数

10. 某企业年初借得 50 000 元贷款，10 年期，年利率 12%，每年年末等额偿还，已知年金系数 $(P/A, 12\%, 10)=5.6502$，则每年应付金额约为（　　）元。

A. 8849　　B. 5000　　C. 8896　　D. 28 251

11. 下列各项年金中，只有现值没有终值的年金是(　　)。

A. 普通年金　　B. 现付年金　　C. 永续年金　　D. 递延年金

12. 某人拟在 5 年后用 20 000 元支付孩子的学费，银行年复利率为 12%，此人现在应存入银行(　　) 元。

A. 12 000　　B. 13 432　　C. 15 000　　D. 11 349

13. 多个方案比较，标准离差率越大的方案，其风险(　　)。

A. 越大　B. 越小　C. 二者无关　D. 无关判断

14. 甲方案的标准离差率是 2.11，乙方案的标准离差率是 2.14 ，如果甲、乙方案的期望值相同，则甲方案的风险（　　）乙方案的风险。

A. 大于　B. 小于　C. 等于　D. 无法确定

15. 财务管理中的风险按照形成的原因分类，一般可以分为（　　）和财务风险。

A. 检查风险　B. 固有风险　C. 经营风险　D. 筹资风险

二、多项选择题

1. 每期期初收款或付款的年金称为(　　)。

A. 普通年金　B. 预付年金

C. 先付年金　D. 递延年金

2. 每年年末收入或付出相等款项的年金称为(　　)。

A. 普通年金　B. 预付年金

C. 递延年金　D. 后付年金

3. 风险按其内容可分为(　　)。

A. 财务风险　B. 经营风险

C. 确定性风险　D. 不确定性风险

4. 影响资金时间价值大小的因素主要包括(　　)。

A. 单利　B. 复利

C. 资金额　D. 利率和期限

5. 在财务管理中，经常用来衡量风险大小的指标有(　　)。

A. 标准差　B. 边际成本

C. 风险报酬率　D. 标准离差率

6. 计算复利终值所必需的资料有(　　)。

A. 利率　B. 现值

C. 期数　D. 利息总额

7. 无风险报酬的特征是(　　)。

A. 预期报酬具有不确定性　B. 预期报酬具有确定性

C. 预期报酬决定投资时间长短　D. 预期报酬按市场平均收益衡量

8. 递延年金的特点有(　　)。

A. 最初若干期没有首付款项　B. 最后若干期没有首付款项

C. 其终值计算与普通年金相同　D. 利息总额

9. 一定量的复利现值是(　　)。

A. 随期数的增加而增加　B. 随利率的提高而降低

C. 随期数的缩短而增加　D. 随利率的降低而减少

10. 影响货币时间价值大小的因素主要包括(　　)。

A. 单利　B. 复利

C. 资金额　D. 利率和期限

三、计算题

1. 某企业有本金10 000元，按年利率5%计算，10年期的单利终值和复利终值各是多少？

2. 甲某3年后需用的资金总额为10 000元，则在单利计息情况下，目前需存入的资金为多少元？

3. 某公司向银行借款200万，年利率为10%，借款期为3年，按复利计算，那么3年后该公司应该向银行偿还的本例和是多少？

4. 某项目预计5年后可获得收益500万，按年折现率8%计算，问这笔收益的现值是多少？

5. 张先生每年年末存入银行5000元，年利率6%，5年后的终值为多少？

6. 某项目在4年建设期内每年年末向银行借款50万，借款年利率为10%，问项目竣工（第4年年末）时应该支付给银行的本利和是多少？

7. 租入设备一台，每年年末支付租金5000元，年利率8%，5年期，其现值为多少？

8. 假定你持有一张面值1000元，票面利率10%，每年年末付息一次，期限5年的公司债券。若市场利率变为6%，你将以何种价格出售手上的债券？

9. 某企业向金融公司借得一笔款项，预计10年后还本付息总额为200万，为归还这笔贷款，拟在各年年末提取相等数额的款项以备还款，若银行的借款利率为8%，请确定年偿债基金额。

10. 某公司现在借到1000万的贷款，要按年利率8%在10年内均匀偿还，那么该公司每年应支付的金额是多少？

11. 每年年初向银行存入3000元，利率为5%，第5年年末年金终值是多少？

12. 某公司拟购置一房产，房产承销商提出两种付款方案。

（1）从现在起，每年年初支付20万元，连续支付10次，共200万元。

（2）从第5年开始，每年年初支付25万元，连续支付10次，共250万元。假设公司的最低报酬率为10%，你认为公司应该选择哪种方案？

13. 租入大型仪器设备一台，租期3年，每年年初支付2万元租金，利率为10%，其现值是多少？

14. 某企业于1998年投资兴建，由于施工延期5年，于2003年正式投产，自投产之日起，每年收益50万元，按年利率8%计算，则10年收益于1998年年初现值系数为多少？

15. 某企业持有A公司优先股2000股，每年可获得优先股股利3000元，如利率为8%，则该优先股历年股利现值是多少？

16. 某企业拟购买一台以旧换新设备，新设备价格比旧设备价格高12 000元，但每年可以节省费用4000元，若利率为10%，请计算新设备应至少使用多少年对企业才有利？

17. 某生物学会准备存入银行一笔基金，预期以后无限期每年年末取出利息20 000元用以支付年度生物学奖学金，若利率为8%，则该生物学会应于年初一次性存入的款项为多少？

18. 某人年初存入一笔现金，从第 3 年年末起，每年取出 2000 元，至第 8 年年末全部取完，银行存款利率 8%，问最初时应该一次性存入多少钱？

19. 某公司有一笔付款业务，由甲、乙两种付款方式可供选择。甲方案：现在支付 15 万元，一次性结清。乙方案：分 5 年付款，1～5 年各年年初分别支付 3 万、3 万、4 万、4 万、4 万，年利率 10%，按照现值计算，选择最优方案。

20. 某企业于第 1 年年初借款 10 万元，每年年末还本付息额均为 2 万元，连续 7 年还清。要求确定借款利率。

21. 公司拟给一个手机产品项目投资 900 万元，投资项目 A 和项目 B 的可能收益及其概率分布如表 2-3 所示。

表 2-3　项目概率分布及预期报酬率

项目 A		项目 B	
概率	收益/万元	概率	收益/万元
0.05	800	0.25	200
0.90	1000	0.50	1000
0.05	1200	0.25	1800

（1）计算投资项目 A 和项目 B 的预期收益率、方差、标准差和标准离差率，并进行最优方案选择。

（2）如果项目投资风险收益系数是 5%，计算项目 A 和项目 B 的风险收益率。

第三章　筹资管理

筹集资金是企业理财的起点。企业资金来源有两个方面：一是权益资金；二是负债资金。不同的筹资方式和渠道各有其特点和适用性。本章主要介绍筹资的目的和分类、筹资的渠道和方式、资金需要量的预测方法，以及权益资金和负债资金的各种筹集方式的优缺点。

【知识目标】

1. 了解企业筹资的目的和分类。
2. 理解各种筹资方式的优缺点。
3. 资本成本的计算。
4. 经营杠杆和财务杠杆的计算。
5. 最佳资本结构的确定。

【能力目标】

1. 能解释企业各种筹资渠道。
2. 能根据企业所承担的风险类型，选择适合企业的筹资方式。
3. 能运用适应的方法确定最佳资本结构，提升企业价值。

【案例导入】

古人曰："借鸡下蛋。"古人尚且知道这个道理，现代公司的经营者就更应该明白其中的玄妙了。我们这里讲的"筹资"与"借鸡下蛋"还是有一定区别的，"借鸡下蛋"是指借别人的钱为自己谋利，而公司的筹资广义上讲既包括自有资金的筹集，也包括借债。通过整合别人的资源变成一个给自己下蛋的"鸡"，发挥我们的智慧让这些"鸡"多下蛋、下好蛋。当然这种用不是那种白用，是用合情、合理、合法的方法去做的，当看到这些"鸡"通过我们的有效运作为我们源源不断创造财富时，我们也终于明白了脑袋决定口袋，思路决定出路，我们找生意就是找思路、找资源，找到这些了，我们也就找到合适的生意了。

筹资成功的案例

1966 年，麦克罗从麦氏兄弟手上买下麦当劳的全部股权时，麦氏兄弟开出了 270 万美元的"天价"。麦克罗当时是绝对无法靠自己的实力支付这笔费用的，但他大胆决定向约翰·布里斯财团借贷 270 万美元，一举买下了麦当劳，尽管约翰·布里斯财团开出了十分苛刻的借贷条件：分期付款，期限为 6 年，到期共需支付本息 1200 万美元。1972 年，麦克罗不但从所有麦当劳连锁店的总销售额中提取资金还清了全部贷款，而且6年中麦当劳所赚取的利润高达30亿美元之巨。

筹资不成功的案例

韩国大宇集团成立于1967年，在随后的30年里，通过政府政策的大力支持、银行的信贷扶持及海内外的大规模购并，发展成为直逼韩国最大企业——现代集团的一个世界知名企业。然而自1997年亚洲爆发大规模金融危机后，该企业逐渐衰落，并最终于1999年11月1日宣告解体。

1997年韩国爆发金融危机后，其他集团均开始收缩规模，但大宇集团不管不顾，坚持自己的原则行事，认为只要通过增加销售额，提高产品出口来提高经营利润率，就能挽救企业，使之躲过大危机带来的影响。因此，在其他企业均将经营重点放在调整财务结构、减轻债务负担的时候，大宇集团则继续大规模发行企业债券，结果债务负担日渐沉重。1998年，大宇集团发行的公司债券高达7万亿韩元（约58.33亿美元）。事实上，因亚洲各国均不同程度地受金融危机影响，出口普遍困难，随后经济发展又步入低谷期，大宇集团的销售额和出口率并不能达到预期目标，其经营利润率也并不能相应提高。1998年第4季度，大宇集团的债务危机就已出现端倪，在各方援助下才避免了债务灾难。此后，在严峻的债务压力下，大宇集团虽然做出了种种努力，但已回天无力。1999年7月中旬，大宇集团向韩国政府发出求救信号；7月27日，大宇因延迟重组，被韩国4家债权银行接管；8月11日，大宇出售两家财务出现困难的公司；8月16日，大宇与债权人达成协议，在1999年年底前出售盈利最佳的大宇证券公司、大宇电器、大宇造船及大宇建筑公司等，保留汽车项目资产。该协议实际上意味着大宇集团已濒临破产边缘。由于大宇集团的一些支柱产业或盈利比较好的项目均已出售，所以在随后的几个月内经营更加陷入困境，最终不得不走向解体。

第一节 筹资管理概述

一、企业筹资的概念

企业筹资是指企业根据其生产经营、对外投资和调整资本结构的需要，通过筹资渠道，运用筹资方式，筹措所需资金的财务活动。筹集资金是企业资金运动的起点，是决定资金规模和生产经营发展速度的重要环节。企业筹资决策涉及筹资渠道与方式、筹资数量、筹资时机、筹资结构、筹资风险、筹资成本等方面。其中，筹资渠道受到筹资环境的制约，外部的筹资环境和企业的筹资能力共同决定了企业的筹资方式；筹资数量和筹资时机受到企业筹资战略的影响，反映了企业发展战略目标；筹资结构受制于企业所处的发展阶段，决定着财务风险的大小。企业筹资应当有利于实现企业顺利健康成长和股东财富最大化。企业筹资政策必须在宏观筹资体制的框架下做出选择，因此受到国家金融制度安排的约束。

任何企业在生存发展过程中，都需要始终维持一定的资本规模，由于生存经营活动的发展变化，往往需要追加筹资。例如，有的企业为了增加经营收入，降低成本费用，提高利润水平，需要根据市场需求变化，扩大生产经营规模，调整生产经营结构，研制开发新产品，所有这些经营策略的实施通常都要求有一定的资本条件。企业为了稳定一定的供求关系并获得一定的投资收益，对外开展投资活动，往往也需要筹集资本。例如，有的企业为了保证其产品生产所必需的原材料的供应，向供应厂商投资并获得控制权。企业根据内外部环境的变化，适时采用调整企业资本结构的策略，也需要及时地筹集资本。例如，有的企业由于资本机构不合理，负债比率过高，偿债压力过重，财务风险过高，主动通过筹资来调整资本结构。企业持续的生产经营活动，不断地产生对资本的需求，这就需要筹措和集中资本；同时，企业因开展对外投资活动和调整资本结构，也需要筹措和集中资本。

二、企业筹资的分类

（一）按照资金的来源渠道不同，可将筹资分为权益筹资和负债筹资

权益筹资或称为自有资金筹集，是指企业通过发行股票、吸收直接投资、内部积累等方式筹集资金。企业采用吸收自有资金的方式筹集资金，一般不用还本，财务风险小，但付出的资金成本相对较高。

负债筹资或称为借入资金筹资，是指企业通过发行债券、向银行借款、融资租赁等方式筹集的资金。企业采用借入资金的方式筹集资金，到期要归还本金和支付利息，一般要承担较大风险，但相对而言，付出的资金成本较低。

（二）按照是否通过金融机构，可将筹资分为直接筹资和间接筹资

直接筹资是指筹资者直接从最终投资者手中筹措资金，双方建立起直接的借贷关系或权益资本投资关系的筹资形式。直接筹资的工具主要是商业票据、股票、债券，如企业直接发行股票和债券就是一种直接筹资。直接筹资的优点在于：①资金供求双方在数量、期限、利率等方面受到的限制比间接筹资多；②直接筹资的便利程度及其融资工具的流动性均受金融市场的发达程度的制约；③对投资者来说，直接筹资的风险比间接筹资大得多，需要直接承担投资风险。

间接筹资是指资金供求双方通过金融中介机构间接实现资金融通的活动。筹资者从银行等金融机构手中筹措资金，与金融机构形成债权债务关系或资本投资关系；而最终投资者则投资于银行等金融机构，与其形成债权债务或其他投资关系。典型的间接筹资是银行的贷款。与直接筹资比较，间接筹资的优点在于：①灵活便利；②安全性高；③规模经济。间接筹资的局限性主要有两点：①割断了资金供求双方的直接联系，减少了最终投资者对资金使用的关注和对筹资者的压力；②金融机构要从经营服务中获取收益，从而增加了筹资者的成本，减少了最终投资者的收益。

（三）按照所筹集资金使用期限的长短，可将筹资分为短期资金筹集与长期资金筹集

短期资金是指使用期限在 1 年以内或超过 1 年的一个营业周期以内的资金。短期资金主要投资于现金、应收账款、存货等，一般在短期内可收回。短期资金通常采用商业信用、短期银行借款、短期融资券、应收账款转让等方式来筹集。

长期资金是指使用期限在 1 年以上或超过 1 年的一个营业周期以上的资金。长期资

金主要投资于新产品的开发和推广、生产规模的扩大、厂房和设备的更新等，一般需几年甚至几十年才能收回。长期资金通常采用吸收直接投资、发行股票、发行债券、长期借款、融资租赁和利用留存收益等方式筹集。

（四）按照资金的取得方式不同，可将筹资分为内源筹资和外源筹资

内源筹资是指企业将自身的储蓄（留存收益）转化为投资的过程。留存收益是再投资或债务清偿的主要资金来源。以留存收益作为融资工具，不需要实际对外支付利息或股息，不会减少企业的现金流量，当然由于资金来源于企业内部，也不需要发生融资费用，但留存收益的数额有限，仅依靠内源筹资难以满足企业的投资需求。

外源筹资是指企业吸收其他经济主体的闲置资金，使之转化为自己投资的过程，包括股票发行、债券发行、商业信贷和银行借款等。相对内源筹资而言，外源筹资具有可选筹资渠道多、筹资方式灵活、资金供应量大和筹资时间好安排等特点。

（五）按照筹资的结果是否在资产负债表上得以反映，可将筹资分为表内筹资和表外筹资

表内筹资是指可能直接引起资产负债表中负债与所有者权益发生变动的筹资。吸收直接投资、发行股票、发行债券、借款、融资租赁等均属于表内筹资。

表外筹资是指不会引起资产负债表中负债与所有者权益发生变动的筹资。表外筹资可分为直接表外筹资和间接表外筹资。直接表外筹资是企业以不转移资产所有权的特殊借款形式直接筹资，最为常见的筹资方式有经营租赁、代销商品、来料加工等。间接表外筹资是用另一个企业的负债代替本企业负债，使得本企业表内负债保持在合理的限度内。企业还可以通过应收票据贴现、出售有追索权的应收账款、产品筹资协议等方式把表内筹资转化为表外筹资。

三、企业筹资渠道和方式

（一）企业筹资渠道

筹资渠道是指企业筹集资金来源的方向与通道，体现着资金的来源和流量。目前，我国企业的筹资渠道主要包括以下六种。

1. 国家资金

国家对企业的直接投资是国有企业特别是国有独资企业获得资金的主要渠道之一。现有国有企业的资金来源中，其资本部分大多是由国家财政以直接拨款方式形成的。

2. 银行信贷资金

银行对企业的各种贷款，是我国目前各类企业最为重要的资金来源。

3. 非银行金融机构资金

非银行金融机构也可以为企业提供一定的资金来源，非银行金融机构主要指信托投资公司、金融租赁公司、保险公司、证券公司、财务公司等。它们所提供的各种金融服务，既包括信贷资金投放，也包括物资的融通，还包括为企业承销证券等金融服务。

4. 其他企业资金

企业间的相互投资和商业信用的存在，使其他企业资金也成为企业资金的重要来源。

5. 居民个人资金

居民个人资金也可以为企业提供一定的资金来源，企业职工和居民个人的节余货币，作为“游离”于银行及非银行金融机构之外的个人资金，可用于对企业进行投资，形成民间资金来源渠道，从而为企业所用。

6. 企业自留资金

企业自留资金也称为企业内部留存，是指企业内部形成的资金，主要包括提取公积金和未分配利润等。这些资金的重要特征之一是，它们无需企业通过一定的方式去筹集，而直接由企业内部自动生成或转移。

（二）企业筹资方式

企业筹资方式是指企业筹集资金所采取的具体形式和工具，体现着资本的属性和期限。

筹资方式取决于企业资本的组织形式和金融工具的开发利用程度。企业筹资方式一般有下列七种：①吸收直接投资；②发行股票；③发行债券；④融资租赁；⑤银行借款；⑥商业信用；⑦利用留存收益。

（三）企业筹资渠道与筹资方式的配合

筹资渠道解决的是资金来源问题，筹资方式则解决通过何种方式取得资金的问题，它们之间有着密切的对应关系。一定的筹资方式可能只适用于某一特定的筹资渠道；但同一筹资渠道的资本往往可以采取不同的筹资方式获得，而同一筹资方式又往往可以适用于不同的筹资渠道。因此，企业在筹资时，必须实现两者的合理配合。

四、企业筹资的原则

企业筹资是企业的基本财务活动，是企业扩大生产经营规模和调整资本结构必须采取的行动。为了经济有效地筹集资本，企业筹资必须遵循下列基本原则。

1. 规模适当原则

不论采取什么方式筹资，都必须预先合理确定资金的需要量，以需定筹。既要防止筹资不足，影响生产经营的正常进行；又要防止筹资过多，造成资金闲置。

2. 筹措及时原则

按照资金时间价值的原理，同等数量的资金，在不同时点上具有不同的价值。企业筹集资金应根据资金投放使用时间来合理安排，使筹资和用资在时间上相衔接。既要避免过早筹资使资金过早到位形成资金投放前的闲置，又要避免资金到位滞后丧失资金投放的最佳时机。

3. 来源合理原则

不同来源的资金对企业的收益和成本有着不同的影响。因此，企业应认真研究资金来源渠道和资金市场，合理选择资金来源。

4. *方式经济原则*

不同资金来源的资金成本各不相同，取得资金的难易程度也有差异。筹集资金应从资金需要的实际情况出发，采用合适的方式操作，追求降低成本，谋求最大的经济效益。

五、企业资金需求量的预测

企业筹集资金应以需定筹。测算企业资金需要量是筹集资金的基础工作。企业资金需要量的预测有很多方法，现仅介绍销售百分比法。所谓销售百分比法，是指以未来销售收入变动的百分比为主要参数，考虑随销售变动的资产负债项目及其他因素对资金需求的影响，从而预测未来需要追加的资金量的一种定量计算方法。

销售百分比法下，企业需要追加资金量的基本计算公式为

$$\Delta F = \frac{A}{S_1}\Delta S - \frac{L}{S_2}\Delta S - R$$

式中，ΔF 表示企业在预测年度需从企业外部追加筹措资金的数额；S_1 表示基期销售收入；S_2 表示预测期销售收入；ΔS 表示销售的变动额；A 表示随销售收入变动而成正比例变动的资产项目基期金额；L 表示随销售收入变动而成正比例变动的负债项目基期金额；R 表示预测年度增加的可以使用的留存收益，在销售净利率、股利发放率等确定的情况下计算得到。R 是企业内部形成的可用资金，可以作为向外界筹资的扣减数。

资产项目与销售收入的关系一般可分为三种情况。第一种情况是随销售收入变动成正比例变动，如货币资金、应收账款、存货等流动资产项目，这些是公式中 A 的计量对象。第二种情况是与销售收入变动没有必然因果关系，如长期投资、无形资产等，这些项目不是 A 的计量对象。第三种情况是与销售收入关系有多种可能的，如固定资产。假定基期固定资产的利用已经饱和，那么增加销售必须追加固定资产投资，且一般可以认为与销售增长成正比，应将基期固定资产净额计入 A 之内；假定基期固定资产的剩余生产能力足以满足销售增长的需要，则不必追加资金添置固定资产。在销售百分比法中，固定资产仅作上述两种假定。

负债项目与销售收入的关系一般可分为两种情况。第一种情况是随销售收入变动成正比例变动，如应付账款、应交税金等流动负债项目，这些是公式中 L 的计量对象。第二种情况是与销售收入变动没有必然因果关系，如各种长期负债等，这些项目不是 L 的计量对象。L 在公式中前面取"－"，是因为它能给企业带来可用资金。"资产是资金的占用、负债是资金的来源。"

关于销售百分比法的使用应注意的是，资产、负债中各项目与销售收入的关联情况各企业不一定是相同的，上面的叙述存在着假定性，应当考察企业本身的历史资料，确定 A 与 L 的计量范围。所有者权益类项目与销售收入变动无关，因此公式中没有涉及。

应用销售百分比法预测资金需要量通常有以下步骤：①预测未来的销售收入；②确定销售百分比，计算随销售收入变动而变动的资产项目和负债项目销售百分比；③计算

预计销售收入下预计的资产和负债；④预计留存收益的增加额；⑤计算外部融资需求。

【例 3-1】 某公司 2008 年实现的销售额为 30 万元，销售净利率为 10%，并按净利润的 40%发放股利，假定该公司的固定资产利用能力已经饱和，2008 年年底的资产负债表如表 3-1 所示。

表 3-1 资产负债表 单位：万元

资产		负债及所有者权益		
1. 货币资金	10	负债	1. 应付账款	25
2. 应收账款	20		2. 应交税金	5
3. 存货	30		3. 长期负债	10
4. 固定资产	55	所有者权益	1. 实收资本	60
5. 无形资产	5		2. 留存收益	20
资产合计	120	负债及所有者权益合计		120

若该公司计划在 2009 年将销售额提高到 36 万元，销售净利率、股利发放率仍保持 2008 年的水平。用销售百分比法预测该公司 2009 年需向外界融资的数额。

$A=10+20+30+55=115$（万元）

$L=25+5=30$（万元）

$R=36\times10\%\times(1-40\%)=2.16$（万元）

$$\Delta F=\frac{A}{S_1}\Delta S-\frac{L}{S_2}\Delta S-R=\frac{115}{30}\times(36-30)-\frac{30}{30}\times(36-30)-2.16=14.84\text{（万元）}$$

该公司 2009 年需向外界融资 14.84 万元。

第二节 权益资金筹集

企业的全部资产由两部分构成，投资人提供的所有者权益和债权人提供的负债。所有者权益是企业资金的最主要来源，是企业筹集债务资金的前提与基础。所有者权益是指投资人对企业净资产的所有权，包括投资者投入企业的资本金及企业在经营过程中形成的积累，如盈余公积金、资本公积金和未分配利润等。资本金是企业在工商行政管理部门登记的注册资金，是企业设立时的启动资金，资本金的数额不能低于国家规定的开办此类企业的最低资本数额（法定资本金）。企业通过吸收直接投资、发行股票、内部积累等方式筹集的资金都称为权益资金，权益资金不用还本，因而也称为自有资金或主权资金。

一、吸收直接投资

吸收直接投资是指非股份制企业按照“共同投资、共同经营、共担风险、共享利润”的原则直接吸收国家、法人、个人、外商投入资金的一种筹资方式。吸收直接投资不以股票为媒介，无需公开发行证券。吸收直接投资中的出资者都是企业的所有者，他们对企业拥有经营管理权，并按出资比例分享利润、承担损失。

（一）吸收直接投资的渠道

企业通过吸收直接投资的方式筹集资金有以下四种渠道。

1. 吸收国家投资

吸收国家投资是指有权代表国家投资的政府部门或者机构以国有资产投入企业，由此形成国家资本金。

2. 吸收法人投资

法人投资是指其他企业、事业单位以其可支配的资产投入企业，由此形成法人资本金。

3. 吸收个人投资

个人投资是指城乡居民或本企业内部职工以其个人合法财产投入企业，形成个人资本金。

4. 吸收外商投资

外商投资是指外国投资者的资金投入企业，形成外商资本金。

（二）吸收直接投资的出资方式

吸收直接投资中的投资者可采用现金、实物、无形资产等多种形式出资。其主要出资方式有以下三种。

1. 现金投资

现金投资是吸收直接投资中最重要的出资形式。企业有了现金就可获取所需的物资，就可支付各种费用，具有最大的灵活性。因此，企业要争取投资者尽可能采用现金方式出资。

2. 实物投资

实物投资是指以房屋、建筑物、设备等固定资产和原材料、商品等流动资产所进行的投资。实物投资应符合以下条件：①适合企业生产经营、科研开发等的需要；②技术性能良好；③作价公平合理；④实物不能涉及抵押、担保、诉讼冻结。投资实物的作价，除由出资各方协商确定外，也可聘请各方都同意的专业资产评估机构评估确定。

3. 无形资产投资

无形资产投资是指以商标权、专利权、非专利技术、知识产权、土地使用权等所进行的投资。企业在吸收无形资产投资时应持谨慎态度，避免吸收短期内会贬值的无形资产，避免吸收对本企业利益不大及不适宜的无形资产，还应注意符合法定比例，即吸收无形资产的出资额一般不能超过注册资本的20%（不包括土地使用权），对于高新技术等特殊行业，经有关部门审批最高放宽至30%。

（三）吸收直接投资的程序

企业吸收直接投资，一般要遵循以下程序。

1. 确定吸收直接投资所需的资金数量

企业新建或扩大经营规模时，应先确定资金的总需要量及理想的资本结构，然后据以确定吸收直接投资所需的资金数量。

2. 寻求投资单位，商定投资数额和出资方式

吸收直接投资中的双方是双向选择的结果。受资单位要选择相宜的投资者，投资单位要选择收益理想或对自身发展有利的受资者。为此，要做好信息交流工作，企业既要广泛了解有关投资者的财力和意向，又要主动传递自身的经营状况和盈利能力，以利于在较多的投资者中寻求最好的合作者。投资单位确定后，双方便可进行具体的协商，确定投资数额和出资方式。落实现金出资计划及实物、无形资产的评估作价。

3. 签署投资协议

企业与投资者商定投资意向和具体条件后，便可签署投资协议，明确双方的权利和责任。

4. 执行投资协议

企业与投资者按协议约定，做好投资交接及有关手续，并在以后确保投资者参与经营管理的权利及盈利分配权利。

（四）吸收直接投资的优缺点

1. 吸收直接投资的优点

吸收直接投资的优点主要有以下四个方面。

（1）筹资方式简便、筹资速度快。吸收直接投资的双方直接接触磋商，没有中间环节。只要双方协商一致，筹资即可成功。

（2）有利于增强企业信誉。吸收直接投资所筹集的资金属于自有资金，与借入资金比较，能提高企业的信誉和借款能力。

（3）有利于尽快形成生产能力。吸收直接投资可直接获得现金、先进设备和先进技术，与通过有价证券间接筹资相比，能尽快地形成生产能力，尽快开拓市场。

（4）有利于降低财务风险。吸收直接投资可以根据企业的经营状况向投资者支付报酬，没有固定的财务负担，比较灵活，所以财务风险较小。

2. 吸收直接投资的缺点

吸收直接投资的缺点主要有以下两个方面。

（1）资金成本较高。企业向投资者支付的报酬是根据企业实现的净利润和投资者的出资额计算的，不能减免企业所得税，当企业盈利丰厚时，企业向投资者支付的报酬很大。

（2）企业控制权分散。吸收直接投资的新投资者享有企业的经营管理权，这会造成原有投资者控制权的分散与减弱。

二、发行股票

股票是股份公司为筹集主权资金而发行的有价证券，是持股人拥有公司股份的凭证，它表示了持股人在股份公司中拥有的权利和应承担的义务。本章仅介绍股票与筹资

有关的内容，有关股票的其他内容将在证券投资部分介绍。

（一）股票的分类

股份有限公司根据筹资者和投资者的需要，发行各种不同的股票。股票的种类很多，可按不同的标准进行分类。

1. 按股东权利和义务分类

股票按股东权利和义务分为普通股和优先股。普通股是股份公司依法发行的具有平等的权利、义务、股利不固定的股票。普通股具备股票的一般特征，是股份公司资本的最基本部分。

普通股股票的持有人称为普通股股东，普通股股东一般具有以下权利：①普通股股东对公司有经营管理权；②普通股股东对公司有盈利分享权；③普通股股东有优先认股权；④普通股股东有剩余财产要求权；⑤普通股股东有股票转让权。

优先股是股份公司发行的具有一定优先权的股票。它既具有普通股的某些特征，又与债券有相似之处。从法律上讲，企业对优先股不承担还本义务，因此它是企业自有资金的一部分。

优先股的特点是较普通股具有某些优先权利同时也有一定限制，其优先表现在以下两个方面：①优先分配股利权。优先股股利的分配在普通股之前，其股利率是固定的。②优先分配剩余财产权。当企业清算时，优先股的剩余财产请求权位于债权人之后，但位于普通股之前。

2. 按票面有无记名分类

股票按票面有无记名分为记名股票和无记名股票。

我国《公司法》规定，向发起人、国家授权投资的机构、法人发行的股票，应为记名股。

3. 按票面是否标明金额分类

股票按票面是否标明金额可分为有面值股票和无面值股票。

有面值股票是在票面上标有一定金额的股票。

无面值股票是不在票面上标出金额，只载明所占公司股本总额的比例或股份数的股票。

我国《公司法》不承认无面值股票，规定股票应记载股票的面额，并且其发行价格不得低于股票面额。

4. 按投资主体的不同分类

股票按投资主体的不同，可分为国家股、法人股、个人股和外资股。

5. 按发行对象和上市地区分类

我国目前的股票按发行对象和上市地区，分为 A 种股票、B 种股票、H 种股票和 N 种股票。

2001 年 2 月 19 日起，B 股开始对境内居民开放。其中，B 股在上海、深圳上市；H 股在香港上市；N 股在纽约上市。

（二）股票发行

我国股份公司发行股票必须符合《证券法》和《上市公司证券发行管理办法》规定的发行条件。股票发行方式有公募发行和私募发行，公募发行有自销方式和承销方式。承销方式具体分为包销和代销。

（三）股票发行价格的确定

股票的发行价格是股份公司发行股票时，将股票出售给投资者所采用的价格，也就是投资者认购股票时所支付的价格。股份公司在不同时期、不同状态下对不同种类的股票，可采用不同的方法确定其发行价格。

1. 等价

等价就是以股票面值为发行价格发行股票，即股票的发行价格与其面值等价，也称为平价发行。

2. 时价

时价也称为市价，即以公司原发行同种股票的现行市场价格为基准来选择增发新股的发行价格。

3. 中间价

中间价是以股票市场价格与面值的中间值作为股票的发行价格。

我国《公司法》规定，股票发行价格可以按票面金额（即等价），也可以超过票面金额（即溢价），但不得低于票面金额（即折价）。普通股的发行价格可以按照不同情况采取两种方法：一是按票面金额等价发行；二是按高于票面金额的价格发行，即溢价发行。

（四）股票上市

1. 股票上市的意义

股票上市是指股份有限公司公开发行的股票符合规定条件，经过申请批准后在证券交易所作为交易的对象。经批准在证券交易所上市交易的股票，称为上市股票，其股份有限公司称为上市公司。

股票上市对上市公司而言，主要有以下意义：①提高公司所发行股票的流动性和变现性，便于投资者认购、交易；②促进公司股权的社会化，防止股权过于集中；③提高公司的知名度；④有助于确定公司增发新股的发行价格；⑤便于确定公司的价值，以利于促进公司实现财富最大化目标。

2. 股票上市的不利影响

股票上市的不利影响，包括：①使公司失去隐私权；②限制经理人员操作的自由度；③公开上市需要很高的费用。

（五）普通股筹资的优缺点

1. 普通股筹资的优点

（1）普通股筹资没有固定的股利负担。

（2）普通股股本没有固定的到期日，无须偿还，它是公司的永久性资本，只有在公司清算时才予以偿还。

（3）利用普通股筹资的风险小。由于普通股股本没有固定的到期日，一般也不用支付固定的股利，不存在还本付息的风险。

（4）发行普通股筹集自有资本能增强公司的信誉。普通股股本及由此产生的资本公积金和盈余公积金等，可以增强公司的举债能力。

（5）能增强公司经营的灵活性。普通股筹资比发行优先股或债券限制少，它的价值较少因通货膨胀而贬值，普通股资金的筹集和使用都较灵活。

2. 普通股筹资的缺点

（1）资金成本较高。发行普通股的资金成本一般高于债务资金，因为普通股股东期望报酬高，又因为股利要从税后净利润中支付，且发行费用也高于其他证券。

（2）新股东的增加导致分散和削弱原股东对公司的控股权。

（六）优先股筹资的优缺点

1. 优先股筹资的优点

（1）没有固定的到期日，不用偿还本金。

（2）股利支付率虽然固定，但无约定性。当公司财务状况不佳时，也可暂不支付，不像债券到期无力偿还本息有破产风险。

（3）优先股属于自有资金，能增强公司信誉及借款能力，又能保持原普通股股东的控制权。

2. 优先股筹资的缺点

（1）资金成本高，优先股股利要从税后利润中支付，股利支付虽无约定性且可以延时，但终究是一种较重的财务负担。

（2）优先股较普通股限制条款多。

三、留存收益筹资

留存收益也是权益资金的一种，是指企业的盈余公积、未分配利润等。与其他权益资金相比，它的取得更为主动简便，不需做筹资活动，又无筹资费用，因此这种筹资方式既节约了成本，又增强了企业的信誉。留存收益的实质是投资者对企业的再投资。但这种筹资方式受制于企业盈利的多寡及企业的分配政策。

（一）留存收益筹资的优点

1. 资金成本较普通股低

用留存收益筹资不用考虑筹资费用，资金成本较普通股低。

2. 保持普通股股东的控制权

用留存收益筹资不用对外发行股票，由此增加的权益资本不会改变企业的股权结构，不会稀释原有股东的控制权。

3. 增强公司的信誉

留存收益筹资能够使企业保持较大的可支配现金流，既可解决企业经营发展的资金需要，又能提高企业的举债能力。

(二) 留存收益筹资的缺点

1. 筹资数额有限制

留存收益筹资最大可能的数额是企业当期的税后利润和上年的未分配利润之和。如果企业经营亏损，则不存在这一渠道的资金来源。此外，留存收益的比例常常受某些股东的限制。他们可能从消费需求、风险偏好等因素出发，要求股利支付比率要维持在一定的水平上。留存收益过多，股利支付过少，可能会影响到今后的外部筹资。

2. 资金使用受制约

留存收益中某些项目的使用，如法定盈余公积金等要受国家有关规定的制约。

第三节 负债资金筹集

负债是企业所承担的能以货币计量、需以资产或劳务偿付的债务。企业通过银行借款、发行债券、融资租赁、商业信用等方式筹集的资金属于企业的负债。由于负债要归还本金和利息，所以称为企业的借入资金或债务资金。

一、短期借款

短期借款是指企业根据借款合同向银行或非银行金融机构借入的，期限在 1 年以内的借款。

(一) 短期借款的种类

(1) 按目的与用途不同，短期借款可分为生产周转借款、临时借款、结算借款等。

(2) 按偿还方式不同，短期借款可分为一次性偿还借款与分期偿还借款。

(3) 按有无担保不同，短期借款可分为抵押借款、信用借款。

(二) 短期借款的信用条件

根据国际惯例，银行发放短期贷款时，往往涉及以下信用条件。

1. 信贷额度

信贷额度是银行与借款人之间达成的正式或非正式的在一定期限内（通常为 1 年）的最大借款额的协定。

银行可根据企业生产经营状况的好坏核准或调整信贷限额。通常在信贷限额内，企业可随时向银行申请借款。

例如，银行核定某企业某一年内的信贷限额为 200 万元，那么该企业在这一年内若需要资金，可在限额内向银行申请借款，但累积的借款数额不能超过核准的信贷限额 200 万元。但是银行并不承担提供全部信贷限额的义务，不能提供信贷限额内的贷款时银行不承担法律责任。

2. 周转信贷协定

周转信贷协定是指银行与企业签订的具有法律义务的、承诺提供不超过某一最高限额贷款的协定，它是一种正式的信贷限额。

借款人需要对其使用的信贷限额支付一定的费用，即在规定的期限内对未使用的信贷额度要向银行支付一定比例的费用，以补偿银行所做出的承诺，故称为承诺费。

【例 3-2】 银行正式核准某企业在某一年内最高周转信贷限额为 1000 万元，该企业只使用了 700 万元，假设银行的承诺费率为 0.5%。计算该企业应向银行支付的承诺费。

该企业应支付的承诺费＝（1000－700）×0.5%＝1.5（万元）

【例 3-3】 某企业周转信用额为 2000 万元，基本利率为 8%，补偿费率为 0.5%，企业年度内使用了 1000 万元，则该年度应支付的利息为

1000×8%＋1000×0.5%＝85（万元）

3. 补偿性余额

补偿性余额是银行要求借款企业在银行中保持按借款限额或实际借用额的一定百分比计算的最低存款余额，一般为借款的 10%～20%。补偿性余额的要求提高了借款的实际利率，实际利率的计算公式为

$$实际利率=\frac{名义借款金额\times名义利率}{名义借款金额\times(1-补偿性余额比例)}$$

$$=\frac{名义利率}{1-补偿性余额比例}$$

补偿性余额有助于银行降低贷款风险，补偿其可能遭受的损失；但对借款企业来说，补偿性余额提高了借款的实际利率，加重了企业的利息负担。

【例 3-4】 某企业按年利率 8%向银行借款 100 万元，银行要求维持贷款限额 15%的补偿性余额。试计算企业实际可用的借款额。

企业实际可用的借款额＝100×（1－15%）＝85（万元）

实际借款利率为＝8%/（1－15%）≈9.41%

（三）借款利息的支付方式

短期借款的实际利息支付方法主要有以下两种。

1. 利随本清法

利随本清法又称为收款法，是指在借款到期时一次性支付利息的方法。借款的实际利率与名义利率相同。

2. 贴现法

贴现法是银行向企业发放贷款时，先从本金中扣除利息部分，在贷款到期时借款企业再偿还全部本金的一种计息方法。

贴现借款的实际利率的计算公式为

实际借款利率＝利息费用÷（借款金额－预扣利息费用）

【例 3-5】 某企业从银行以贴现的方式取得利率为8%的1年期借款100万元。计算其实际利率为

实际利率＝100×8%÷（100－100×8%）＝8.7%

【例 3-6】 某企业借款的名义利率为8%，则实际利率为

$$\frac{8\%}{1-8\%}\times 100\%=8.7\%$$

3. 加息法

加息法是企业向银行借款，银行要求企业借款本息要分期等额偿还，即银行根据名义利率计算利息，再加到贷款本金上计算本息和。企业在贷款期限内分期偿还本息和的金额。

其借款利息率的计算公式为

实际借款利率＝利息费用÷（借款金额÷2）×100%

【例 3-7】 某企业向银行取得利率为8%，期限1年的短期借款100万元，银行要求采用每月分期等额偿还方式，计算该企业借款的实际利率。

实际借款利率＝100×8%÷（100/2）×100%＝16%

（四）短期借款筹资的优缺点

1. 短期借款筹资的优点

（1）筹资速度快。企业获得短期借款所需的时间要比长期借款短得多，因为银行发放长期贷款前，通常要对企业进行比较全面的调查分析，花费时间较长。

（2）筹资弹性大。短期借款数额及借款时间弹性较大，企业可在需要资金时借入，在资金充裕时还款，便于企业灵活安排。

2. 短期借款筹资的缺点

（1）筹资风险大。短期资金的偿还期短，在筹资数额较大的情况下，若企业资金调度不周，就有可能无力按期偿付本金和利息，甚至被迫破产。

（2）与其他短期筹资方式相比，资金成本较高，尤其是在存在补偿性余额和采用加息法付息的情况下，实际利率通常高于名义利率。

二、长期借款

长期借款是指企业向银行等金融机构借入的期限在1年以上的各种借款，主要用于固定资产的投资和满足长期资金占用的需要。

（一）长期借款的种类

（1）长期借款按提供贷款的机构不同，可分为政策性银行贷款、商业性银行贷款和其他金融机构贷款。

（2）长期借款按有无抵押品作担保，可分为信用贷款和抵押贷款。

（3）长期借款按贷款用途可分为固定资产贷款、更新改造贷款、科技开发和新产品试制贷款等。

(4) 长期借款按贷款利率是否固定，可分为固定利率贷款、变动利率贷款和浮动利率贷款。

(二) 长期借款的程序

企业向金融机构借款，通常要经过以下步骤。

1. 企业提出借款申请

企业要向银行借入资金，必须向银行提出申请，填写包括借款金额、借款用途、偿还能力、还款方式等内容的《借款申请书》，并提供有关资料。

2. 银行进行审查

银行对企业的借款申请要从企业的信用等级、基本财务情况、投资项目的经济效益、偿债能力等多方面做必要的审查，以决定是否提供贷款。

3. 签订借款合同

借款合同是规定借款单位和银行双方的权利、义务和经济责任的法律文件。银行审查同意借款后，再与借款企业进一步协商贷款的具体条件，明确贷款的种类、用途、金额、利率、期限、还款的资金来源及方式、保护性条件、违约责任等，并以借款合同的形式将其法律化。

借款合同中，保护性条款大致有以下三类。

(1) 一般性保护条款。一般性保护条款应用于大多数借款合同，根据具体情况，合同内容主要包括：对借款企业流动资金保持量的规定；对现金股利和再购入股票的限制；对资本支出规模的限制；对其他长期债务的限制等。

(2) 例行性保护条款。例行性保护条款作为例行常规，在大多数借款合同中都存在，主要包括：借款企业定期向银行提交财务报表；不准在正常情况下出售较多资产，以保持企业正常的生产经营能力；如期缴纳税金和清偿其他到期债务，以防被罚款而造成现金流失；不准以任何资产作为其他承诺的担保或抵押，以避免企业过重的负担；不准贴现应收票据或出售应收账款，以避免或有负债；限制租赁固定资产的规模，防止企业负担巨额租金以致削弱其偿债能力，防止企业以租赁固定资产的办法摆脱对其资本支出和负债的约束。

(3) 特殊性保护条款。特殊性保护条款是针对某些特殊情况而出现在部分借款合同中的，主要包括：贷款专款专用；不准企业投资于短期内不能收回资金的项目；限制企业高级职员的薪金和奖金总额；要求企业主要领导人在合同有效期间担任领导职务；要求企业主要领导人购买人身保险等。

4. 企业取得借款

双方签订借款合同后，银行应如期向企业发放贷款。

5. 企业归还借款

企业应按借款合同规定按时足额归还借款本息。若因故不能按期归还，应在借款到期之前的 3～5 天内，提出展期申请，由贷款银行审定是否给予展期。

（三）长期借款的优缺点

1. 长期借款的优点

（1）筹资速度快。与发行证券相比，不需印刷证券、报请批准等，一般所需时间短，可以较快满足资金的需要。

（2）筹资的成本低。与发行债券相比，借款利率较低，且不需支付发行费用。

（3）借款灵活性大。企业与银行可以直接接触，商谈借款金额、期限和利率等具体条款。借款后若情况发生变化可再次协商。到期还款有困难时，若能取得银行谅解，也可延期归还。

（4）可以发挥财务杠杆的作用。不论公司赚钱多少，银行只能按借款合同收取利息，在投资报酬率大于借款利率的情况下，企业所有者将会因财务杠杆的作用而得到更多的收益。

2. 长期借款的缺点

（1）筹资数额往往不可能很多。

（2）限制性条款比较多。企业与金融机构签订的借款合同中，一般都有较多的限制条款，这些条款可能会限制企业的经营活力。

（3）筹资风险较高。企业举借长期借款，必须定期还本付息。在经营不利的情况下，可能会产生不能偿付的风险，甚至会导致破产。

三、发行债券

债券是企业依照法定程序发行的、承诺按一定利率定期支付利息，并到期偿还本金的有价证券，是持券人拥有公司债权的凭证。

（一）债券的种类

1. 按发行主体分类

债券按发行主体可分为政府债券、金融债券和企业债券。

（1）政府债券是由中央政府或地方政府发行的债券。政府债券风险小、流动性强。

（2）金融债券是银行或其他金融机构发行的债券。金融债券风险不大、流动性较强、利率较高。

（3）企业债券是由各类企业发行的债券。企业债券风险较大、利率较高、流动性差别较大。

2. 按有无抵押担保分类

债券按有无抵押担保可分为信用债券、抵押债券和担保债券。

（1）信用债券又称为无抵押担保债券，是以债券发行者自身的信誉发行的债券。政府债券属于信用债券，信誉良好的企业也可发行信用债券。企业发行信用债券往往有一些限制条件，如不准企业将其财产抵押给其他债权人，不能随意增发企业债券，未清偿债券之前股利不能分得过多等。

（2）抵押债券是指以一定抵押品作抵押而发行的债券。当企业不能偿还债券时，债权人可将抵押品拍卖以获取债券本息。

(3) 担保债券是指由一定保证人做担保而发行的债券。当企业没有足够资金偿还债券时，债权人可以要求保证人偿还。

3. 按是否记名分类

债券按是否记名可分为记名债券和无记名债券。这种分类类似于记名股票与无记名股票的划分。在公司债券上记载持券人姓名或名称的为记名公司债券；反之为无记名公司债券。

4. 按是否可转换成普通股分类

债券按是否可转换成普通股可分为可转换债券和不可转换债券。若公司债券能转换为本公司股票，为可转换债券；反之为不可转换债券。一般来讲，前一种债券的利率要低于后一种债券。

(二) 债券的发行

国有企业、股份公司、责任有限公司只要具备发行债券的条件，都可以依法申请发行债券。

1. 债券的发行条件

我国发行公司债券，必须符合《公司法》《证券法》规定的有关条件。

2. 债券的发行程序

(1) 发行公司债券的决议或决定。

我国《公司法》规定，可以发行公司债券的主体有三类，即股份有限公司、国有独资公司和国有有限责任公司。

发行公司债券的决议和决定由公司最高机构做出。

(2) 发行债券的申请与批准。发行债券的公司，首先要向国务院证券管理部门提出申请并提交公司登记证明、公司章程、公司债券募集办法、资产评估报告等文件。国务院证券管理部门根据有关规定，对公司申请予以核准。

(3) 制定募集办法并予以公告。公司债券的申请被批准后，应由发行公司制定公司债券募集办法。办法中应载明的主要事项有公司名称、债券总额和票面金额、债券利率、还本付息的期限与方式、债券发行的起止日期、公司净资产额、已发行的尚未到期的债券总额、公司债券的承销机构。

在公司制定好募集办法后，应按当时、当地通常合理的方法向社会公告。

(4) 募集借款。一般地讲，公司债券的发行方式有公司直接向社会发行（私募发行）和由证券经营机构承销发行（公募发行）两种。

我国有关法规规定，公司发行债券须与证券经营机构签订承销合同，由其承销。

公司发行的债券上，必须载明公司名称、债券票面金额、利率、偿还期限等事项，并由董事长签名、公司签章。

3. 发行债券的要素

(1) 债券的面值。债券面值包括两个基本内容，即币种和票面金额。币种可以是本国货币，也可以是外国货币，这取决于债券发行的地区及对象。票面金额是债券到期时偿还本金的金额。票面金额印在债券上，固定不变，到期必须足额偿还。

（2）债券的期限。债券从发行之日起至到期日之间的时间称为债券的期限。

（3）债券的利率。债券上一般都注明年利率，利率有固定的也有浮动的。面值与利率相乘即为年利息。

（4）偿还方式。债券的偿还方式有分期付息到期还本和到期一次还本付息两种。

（5）发行价格。债券的发行价格有三种：一是按债券面值等价发行，等价发行又叫做面值发行；二是按低于债券面值折价发行；三是按高于债券面值溢价发行。

债券会偏离面值发行是因为债券票面利率与金融市场平均利率不一致。如果债券利率大于市场利率，则未来利息多计，导致债券内在价值大而应采用溢价发行。如果债券利率小于市场利率，则未来利息少计，导致债券内在价值小而应采用折价发行。这是因为债券发行价格应该与它的价值贴近。债券溢价、折价可依据资金时间价值原理算出的内在价值确定。

若每年年末支付利息到期支付面值，则债券发行价格的计算公式为

$$\text{债券发行价格}=\text{债券面值}\times\text{按市场利率和债券期限计算的现值系数}+\text{债券应付年利息}\times\text{按市场利率和债券期限计算的年金现值系数}$$

若到期一次还本付息，则债券发行价格的计算公式为

$$\text{债券发行价格}=\text{按票面利率和期限计算债券到期的本利和}\times\text{按市场利率和债券期限计算的现值系数}$$

【例 3-8】 某企业发行债券筹资，面值为 1000 元，期限为 5 年，发行时市场利率为 10%，每年年末付息，到期还本。分别按票面利率为 8%、10%、12%计算债券的发行价格。

（1）若票面利率为 8%时：

发行价格＝1000×8%×（P/A，10%，5）＋1000×（P/F，10%，5）

＝80×3.7908＋1000×0.6209≈924.16（元）

（2）若票面利率为 10%时：

发行价格＝1000×10%×（P/A，10%，5）＋1000×（P/F，10%，5）

＝100×3.7908＋1000×0.6209≈1000（元）

（3）若票面利率为 12%时：

发行价格＝1000×12%×（P/A，10%，5）＋1000×（P/F，10%，5）

＝120×3.7908＋1000×0.6209≈1075.80（元）

从上例结果可见，上述三种情况分别以折价、等价、溢价发行。此类问题的市场利率是复利年利率，当债券以单利计息，到期一次还本付息时，即使票面利率与市场利率相等，也不应是面值发行。

【例 3-9】 依例 3-8 的资料，改成单利计息，到期一次还本付息，其余不变。

（1）若票面利率为 8%时：

发行价格＝1000×（1＋5×8%）×（P/F，10%，5）

＝1400×0.6209＝869.26（元）

（2）若票面利率为 10%时：

发行价格 $=1000\times(1+5\times10\%)\times(P/F, 10\%, 5)$

$=1500\times0.6209=931.35$（元）

（3）若票面利率为12%时：

发行价格 $=1000\times(1+5\times12\%)\times(P/F, 10\%, 5)$

$=1600\times0.6209=993.44$（元）

（三）债券筹资的优缺点

1. 债券筹资的优点

（1）资金成本较低。债券利息作为财务费用在税前列支，而股票的股利由税后利润发放，利用债券筹资的资金成本较低。

（2）保证控制权。债券持有人无权干涉企业的经营管理，因而不会减弱原有股东对企业的控制权。

（3）可以发挥财务杠杆作用。债券利率在发行时就确定，若遇通货膨胀，则实际减轻了企业负担；若企业盈利情况好，由财务杠杆作用导致原有投资者获取更大的得益。

2. 债券筹资的缺点

（1）筹资风险高。债券筹资有固定到期日，要承担还本付息义务。当企业经营不善时，会减少原有投资者的股利收入，甚至会因不能偿还债务而导致企业破产。

（2）限制条件多。债券持有人为保障债权的安全，往往要在债券合同中签订保护条款，这对企业造成较多约束，影响企业财务灵活性。

（3）筹资数量有限。债券筹资的数量一般比银行借款多，但它筹集的毕竟是债务资金，不可能太多，否则会影响企业信誉，也会因资金结构变差而导致总体资金成本的提高。

四、融资租赁

租赁，是指通过签订资产出让合同的方式，使用资产的一方（承租方）通过支付租金，向出让资产的一方（出租方）取得资产使用权的一种交易行为。在这项交易中，承租方通过得到所需资产的使用权，完成了筹集资金的行为。

（一）租赁的基本特征与分类

1. 融资租赁的基本特征

（1）所有权与使用权相分离。租赁资产的所有权与使用权分离是租赁的主要特点之一。银行信用虽然也是所有权与使用权相分离，但载体是货币资金，租赁则是资金与实物相结合基础上的分离。

（2）融资与融物相结合。租赁是以商品形态与货币形态相结合提供的信用活动，出租人在向企业出租资产的同时，解决了企业的资金需求，具有信用和贸易双重性质。它不同于一般的借钱还钱、借物还物的信用形式，而是借物还钱，并以分期支付租金的方式来体现。租赁的这一特点将银行信贷和财产信贷融合在一起，成为企业融资的一种新形式。

(3) 租金的分歧归流。在租金的偿还方式上，租金与银行信用到期还本付息不一样，采取了分期回流的方式。出租方的资金一次投入，分期收回。对于承租方而言，通过租赁可以提前获得资产的使用价值，分期支付租金便于分期规划未来的现金流出量。

2. 租赁的分类

租赁分为经营租赁和融资租赁。

经营租赁是由租赁公司向承租单位在短期内提供设备，并提供维修、保养、人员培训等的一种服务性业务，又称服务性租赁。经营租赁的特点主要是：①出租的设备一般由租赁公司根据市场需要选定，然后再寻找承租企业。②租赁期较短，短于资产的有效使用期，在合理的限制条件内承租企业可以中途解约。③租赁设备的维修、保养由租赁公司负责。④租赁期满或合同中止以后，出租资产由租赁公司收回。经营租赁比较适用于租用技术过时较快的生产设备。

融资租赁是由租赁公司按承租单位要求出资购买设备，在较长的合同期内提供给承租单位使用的融资信用业务，它是以融通资金为主要目的的租赁。融资租赁的主要特点是：①出租的设备由承租企业提出要求购买，或者由承租企业直接从制造商或销售商那里选定。②租赁期较长，接近于资产的有效使用期，在租赁期间双方无权取消合同。③由承租企业负责设备的维修、保养。④租赁期满，按事先约定的方法处理设备，包括退还租赁公司，或继续租赁，或企业留购。通常采用企业留购办法，即以很少的“名义价格”（相当于设备残值）买下设备。两者的区别如表 3-2 所示。

表 3-2 融资租赁与经营租赁的区别

项目	融资租赁	经营租赁
业务原理	融资融物于一体	无融资租赁特征，只是一种融物方式
租赁目的	融通资金，添置设备	暂时性使用，预防无形损耗风险
租期	较长，相当于设备经济寿命的大部分	较短
租金	包括设备价款	只是设备使用费
契约法律效力	不可撤销合同	经双方同意可中途撤销合同
租赁标的	一般为专用设备，也可为通用设备	通用设备居多
维修与保养	专用设备多为承租人负责， 通用设备多为出租人负责	全部为出租人负责
承租人	一般为一个	设备经济寿命期内轮流租给多个承租人
灵活方便	不明显	明显

（二）融资租赁的基本程序与形式

1. 融资租赁的基本程序

(1) 选择租赁公司，提出委托申请。当企业决定采用融资租赁方式以获取某项设备时，需要了解各个租赁公司的资信情况、融资条件和租赁费率等，分析比较选定一家作为出租单位。然后，向租赁公司申请办理融资租赁。

(2) 签订购货协议。由承租企业和租赁公司中的一方或双方，与选定的设备供应厂商进行购买设备的技术谈判和商务谈判，在此基础上与设备供应厂商签订购货协议。

(3) 签订租赁合同。承租企业与租赁公司签订租赁设备的合同，如需要进口设备，还应办理设备进口手续。租赁合同是租赁业务的重要文件，具有法律效力。融资租赁合同的内容可分为一般条款和特殊条款两部分。

(4) 交货验收。设备供应厂商将设备发运到指定地点，承租企业要办理验收手续。验收合格后签发交货及验收证书交给租赁公司，作为其支付货款的依据。

(5) 定期交付租金。承租企业按租赁合同规定，分期缴纳租金，这也就是承租企业对所筹资金的分期还款。

(6) 合同期满处理设备。承租企业根据合同约定，对设备续租、退租或留购。

2. 融资租赁的基本形式

(1) 直接租赁。直接租赁是融资租赁的主要形式，承租方提出租赁申请时，出租方按照承租方的要求选购，然后再出租给承租方。

(2) 售后回租。售后回租是指承租方由于急需资金等各种原因，将自己资产售给出租方，然后以租赁的形式从出租方原封不动地租回资产的使用权。在这种租赁合同中，除资产所有者的名义改变之外，其余情况均无变化。

(3) 杠杆租赁。杠杆租赁是指涉及承租人、出租人和资金出借人三方的融资租赁业务。一般来说，当所涉及的资产价值昂贵时，出租方自己只投入部分资金，通常为资产价值的20%～40%，其余资金则通过将该资产抵押担保的方式，向第三方（通常为银行）申请贷款解决。租赁公司然后将购进的设备出租给承租方，用收取的租金偿还贷款，该资产的所有权属于出租方。出租人既是债权人也是债务人，如果出租人到期不能按期偿还借款，资产所有权则转移给资金的出借者。

(三) 融资租赁租金的计算

1. 租金的构成

融资租赁每期租金的多少，取决于以下几项因素：①设备原价及预计残值，包括设备买价、运输费、安装调试费、保险费等，以及该设备租赁期满后，出售可得的市价。②利息，指租赁公司为承租企业购置设备垫付资金所应支付的利息。③租赁手续费，指租赁公司承办租赁设备所发生的业务费用和必要的利润。

2. 租金的支付方式

租金的支付方式有以下几种分类方式：①按支付间隔期长短，分为年付、半年付、季付和月付等方式。②按在期初和期末支付，分为先付和后付。③按每次支付额，分为等额支付和不等额支付。实务中，承租企业与租赁公司商定的租金支付方式，大多为后付等额年金。

3. 租金的计算

我国融资租赁实务中，租金的计算大多采用等额年金法。等额年金法下，通常要根据利率和租赁手续费率确定一个租费率，作为折现率。

【例 3-10】　某企业于 2008 年 1 月 1 日从租赁公司租入一套设备，价值 60 万元，租期 6 年，租赁期满时预计残值 5 万元，归租赁公司。年利率 10%。租金每年年末支付一次，则：

每年租金＝［600 000－50 000×（P/F，10%，6）］/（P/A，10%，6）＝131 283（元）

为了便于有计划地安排租金的支付，承租企业可编制租金摊销计划表。根据本例的有关资料编制租金摊销计划表，如表 3-3 所示。

表 3-3 租金摊销计划表 单位：元

年份	期初本金 ①	支付租金 ②	应计租费 ③＝①×10%	本金偿还额 ④＝②－③	本金余额 ⑤＝①－④
2008	600 000	131 283	60 000	71 283	528 717
2009	528 717	131 283	52 872	78 411	450 306
2010	450 306	131 283	45 031	86 252	364 054
2011	364 054	131 283	36 405	94 878	269 176
2012	269 176	131 283	26 918	104 365	164 811
2013	164 811	131 283	16 481	114 802	50 009
合计		787 698	237 707	549 991	50 009*

* 50 009 即为到期残值，尾数 9 是中间计算过程四舍五入的误差导致

（四）融资租赁的筹资特点

融资租赁的筹资特点如下。

（1）在资金缺乏情况下，能迅速获得所需资产。融资租赁集“融资”与“融物”于一身，融资租赁使企业在资金短缺的情况下引进设备成为可能。特别是针对中小企业、新创企业而言，融资租赁是一条重要的融资途径。有时，大型企业对于大型设备、工具等固定资产，也需要融资租赁解决巨额资金的需要，如商业航空公司的飞机，大多是通过融资租赁取得的。

（2）财务风险小，财务优势明显。融资租赁与购买的一次性支出相比，能够避免一次性支付的负担，而且租金支出是未来的、分期的，企业无需一次筹集大量资金偿还。还款时，租金可以通过项目本身产生的收益来支付，是一种基于未来的“借鸡生蛋、卖蛋还钱”的筹资方式。

（3）融资租赁筹资的限制条件较少。企业运用股票、债券、长期借款等筹资方式，都受到相当多的资格条件的限制，如足够的抵押品、银行贷款的信用标准、发行债券的政府管制等。相比之下，租赁筹资的限制条件很少。

（4）租赁能延长资金融通的期限。通常为设备而贷款的借款期限比该资产的物理寿命要短得多，而租赁的融资期限却可接近其全部使用寿命期限；并且其金额随设备价款金额而定，无融资额度的限制。

（5）免遭设备陈旧过时的风险。随着科学技术的不断进步，设备陈旧过时的风险很高，而多数租赁协议规定此种风险由出租人承担，承租企业可免受这种风险。

(6) 资本成本高。其租金通常比举借银行借款或发行债券所负担的利息高得多，租金总额通常要高于设备价值的30%。尽管与借款方式比，融资租赁能够避免到期一次性集中偿还的财务压力，但高额的固定租金也给各期的经营带来了负担。

五、商业信用

商业信用是指商品交易中的延期付款、预收货款或延期交货而形成的借贷关系，是企业之间的直接信用行为。商业信用是商品交易中钱与货在时间上的分离，它的表现形式主要是先取货后付款和先付款后取货两种，是自然性融资。商业信用产生于银行信用之前，在银行信用出现以后，商业信用依然存在。企业之间的商业信用的形式很多，主要有应付账款、应付票据、预收货款等。

（一）应付账款

应付账款即赊购商品所形成的欠款，是一种典型的商业信用形式。应付账款是卖方向买方提供信用，允许买方收到商品后不用立即付款，可延续一定时间。这样做既解决了买方暂时性的资金短缺困难，又便于卖方推销商品。

卖方在销售中推出信用期限的同时，往往会推出现金折扣条款。如“2/10，n/30”表示信用期为30天，允许买方在30天内免费占用资金；若买方在10天内付款，可以享有2%的现金折扣。这时，买方就面临一项应付账款决策，即要不要提前在现金折扣期内付款。

例如，A企业从B企业购入一批原材料，价款总数为100万元，付款约定为“2/10，n/30”。以下分析A企业该如何决策。A企业可以到第30天时付款100万元，也可以在第10天时付款98万元，放弃现金折扣，将98万元占用20（即30－10）天，就需支付“利息”2万元，放弃现金折扣的成本率为36.73%$\left(即\frac{2}{98}\times\frac{360}{20}\right)$。放弃现金折扣的成本是一种机会成本，它是买方该不该放弃现金折扣的决策依据。假定银行贷款利率为10%，则A企业不应该放弃现金折扣，宁可向银行借钱在第10天付款98万元，享有现金折扣。因为借款20天的利息为0.54$\left(即\ 98\times10\%\times\frac{20}{360}\right)$万元，花0.54万元省下2万元是划算的。当放弃现金折扣成本率大于银行贷款利率时不应放弃现金折扣。其计算公式为

$$\text{放弃现金折扣成本率}=\frac{\text{现金折扣率}\times 360}{(1-\text{现金折扣率})\times(\text{信用期}-\text{折扣期})}$$

（二）应付票据

应付票据是企业在对外经济往来中，对应付债务所开出的票据。应付票据主要是商业汇票，商业汇票根据承兑人的不同可分为商业承兑汇票和银行承兑汇票。商业承兑汇票是由收款人开出，经付款人承兑，或由付款人开出并承兑的汇票。银行承兑汇票是由收款人或承兑申请人开出，由银行审查同意承兑的汇票。商业承兑汇票由付款人承兑，若到期时付款人银行存款账户余额不足以支付票款，银行不承担付款责任，只负责将汇票退还收款人，由收款人与付款人自行协商处理。银行承兑汇票由承兑银行承兑，若到

期时承兑申请人存款余额不足以支付票款，承兑银行应向收款人或贴现银行无条件支付票款，同时对承兑申请人执行扣款，并对未扣回的承兑金额按每天 0.5‰计收罚息。商业汇票是一种期票，最长期限为 6 个月，对于买方（即付款人）来说，它是一种短期融资方式。对于卖方（即收款人）来说，也可能产生一种融资行为，就是票据贴现。票据贴现是指持票人将未到期的商业票据转让给银行，贴付一定的利息以取得银行资金的一种借贷行为。它是一种以票据为担保的贷款，是一种银行信用。票据贴现涉及贴现利息和银行实付贴现金额，有关计算公式为

$$贴现利息 = 票据到期金额 \times 贴现率 \times 贴现期$$

$$银行实付贴现金额 = 票据到期金额 - 贴现利息$$

式中，贴现期是指自贴现日至票据到期前一日的实际天数。

【例 3-11】 某企业 2009 年 7 月 10 日将一张出票日为 4 月 10 日、期限为 6 个月、票面价值为 1000 万元、票面利率月息为 5‰的商业汇票向银行贴现，贴现率为月息 6‰。计算该企业的贴现利息及银行实付贴现金额。

该汇票到期日为 10 月 10 日，贴现期为 91 天。

汇票到期金额＝1000×（1＋5‰×6）＝1030（万元）

贴现利息＝1030×（6‰/30）×91＝18.746（万元）

银行实付贴现金额＝1030－18.746＝1011.254（万元）

如果办理贴现的是商业承兑汇票，而该票据到期时债务人未能付款，那么贴现银行因收不到款项而向贴现企业行使追索权。贴现企业办理贴现后对于这种或有负债应当在资产负债表附注中予以披露。

（三）预收货款

预收货款是指卖方按照合同或协议的规定，在发出商品之前向买方预收的部分或全部货款的信用行为。它等于卖方向买方先借一笔款项，然后用商品偿还。这种情况中的商品往往是紧俏的，买方乐意预付货款而取得期货，卖方由此筹集到资金。但应防止卖方企业乘机乱收预收货款，不合理地占用其他企业资金。

（四）商业信用筹资的优缺点

商业信用筹资的优点是容易取得，限制条件少，是一种持续的信贷形式，且无需正式办理筹资手续；如果没有现金折扣或使用不带息票据，则商业信用筹资不负担成本。

商业信用筹资的缺点是期限较短，在放弃现金折扣时所付出的成本较高。

第四节 资 本 成 本

一、资本成本概述

（一）资本成本的概念

资本成本又称为资金成本，资本成本是企业筹集和使用资金而付出的代价。广义地

讲，企业筹集和使用任何资金，不论是短期还是长期的，都要付出代价。狭义的资本成本仅指筹集和使用长期资金（包括自由资本和借入资本）的成本。

资本成本也是投资者对投入企业的资本所要求的收益率，是投资项目（本企业）的机会成本。

（二）资本成本的内容

资本成本包括筹资费用和用资费用两个方面的内容。

1. 筹资费用

筹资费用是指企业为筹集资金而付出的代价，如向银行支付的借款手续费、向证券承销商支付的股票、发行债券的发行费等。筹资费用通常是在筹措资金时一次性支付的，在用资过程中不再发生，可视为筹资总额的一项扣除。

2. 用资费用

用资费用是指因使用资本而支付的资金占用费用，主要包括资金时间价值和投资者要考虑的投资风险报酬两部分，如向银行借款所支付的利息、发放股票的股利等。资金占用费与筹资金额的大小、资金占用时间的长短有直接联系。

资本成本可以用绝对数表示，也可以用相对数表示。资本成本用绝对数表示即资本总成本，它是筹资费用和用资费用之和。由于它不能反映用资多少，所以较少使用。资本成本用相对数表示即资本成本率，它是资金占用费与筹资净额的比率，一般讲的资本成本多指资本成本率。其计算公式为

$$资本成本率=\frac{用资费用}{筹资总额-筹资费用}$$

由于资金筹集费一般以筹资总额的某一百分比计算，所以，上述计算公式也可表现为

$$资本成本率=\frac{用资费用}{筹资总额\times(1-筹资费率)}$$

（三）资本成本的性质

（1）资本成本是商品经济条件下资本所有权与资本使用权相分离的产物。资本成本是资金使用者对资金所有者转让资金使用权利的价值补偿，有时也以如下思维方式考虑问题，即投资者的期望报酬就是受资者的资本成本。

（2）资本成本具有一般产品的基本属性，同时也不同于一般产品，其表现如下：①产品体现的是资金的耗费，这种耗费会通过有效的经营收入得到补偿；资本成本归根结底应该是利润中的一项扣除。②产品成本是企业现实的资金耗费；而资本成本既可以表现为实际成本，也可以表现为机会成本。③资本成本在应用中多表现为预测成本。

（3）资本成本与资金时间价值既有联系又有区别。它们的联系在于两者考察的对象都是资金；区别在于资本成本既包括资金时间价值，又包括投资风险价值。

（四）资本成本的作用

资本成本是筹资管理的一个重要概念，国际上将其视为一项财务标准。资本成本对于企业筹资管理、投资管理，乃至整个财务管理和经营管理都有重要的作用。

(1) 资本成本是选择筹资方式、进行资本结构决策和选择追加筹资方案的依据，也是选择筹资渠道，拟订筹资方案的依据。

(2) 资本成本是评价投资项目，比较投资方案和进行投资决策的经济标准。一般而言，一个投资项目，只有当其投资收益率高于其资本成本率，在经济上才是合理的；否则，该项目将无利可图甚至发生亏损。因此，国际上通常将资本成本率视为一个投资项目必须赚得的“最低报酬率”或“必要报酬率”，视为是否采纳一个投资项目的“取舍率”，作为选择投资方案的一个经济指标。

(3) 资本成本可以作为评价企业整个经营业绩的基准。企业的整个经营业绩可以用企业全部投资的利润率来衡量，并可与企业全部资本的成本率相比较，如果利润率高于成本率，可以认为企业经营有利；反之，则可认为企业经营不利，业绩不佳，需要改善经营管理，提高企业全部资本的利润率和降低成本率。

企业以不同方式筹集的资金所付出的代价一般是不同的，企业总的资本成本是由各项个别资本成本及资金比重所决定的。对资本成本的计算必须从个别资本成本开始。

二、个别资本成本的计算

个别资本成本是指各种筹资方式所筹资金的成本。它主要包括长期借款成本、债券成本、优先股成本、普通股成本和留存收益成本。

（一）长期借款资本成本

长期借款资本成本率的计算公式为

$$K_1=\frac{I_1(1-T)}{L(1-f_1)}=\frac{R_1(1-T)}{1-f_1}$$

式中，K_1 为长期借款资本成本率；I_1 为长期借款年利息；L 为长期借款筹资总额；T 为所得税税率；f_1 为长期借款筹资费率；R_1 为长期借款年利率。

【例 3-12】 西元公司欲获得银行借款 1000 万元，年利率为 5%，期限为 3 年，每年结息一次，到期还本。银行要求补偿性余额为借款额的 20%，公司所得税税率为 25%。试计算西元公司这笔借款的资本成本率。

$$资本成本率=\frac{1000\times5\%\times(1-25\%)}{1000\times(1-20\%)}\approx4.69\%$$

【例 3-13】 某企业取得 5 年期长期借款 200 万元，年利率 10%，每年付息一次，到期一次还本，借款费用率 0.2%，企业所得税税率 20%，计算该项借款的资本成本率。

$$资本成本率=\frac{200\times10\%\times(1-20\%)}{200\times(1-0.2\%)}\approx8.02\%$$

（二）债券资本成本

债券成本中的利息也在所得税前列支，但发行债券的筹资费用一般较高，应予以考虑。债券的发行价格有等价、溢价、折价三种。债券利息按面额（即本金）和票面利率确定，但债券的筹资额应按具体发行价格计算，以便正确计算债券成本。债券成本率的计算公式为

$$K_b=\frac{I_b(1-T)}{B(1-f_b)}$$

式中，K_b 为债券资本成本率；I_b 为债券年利息；B 为债券筹资总额；T 为所得税税率；f_b 为债券筹资费率。

【例 3-14】 某企业发行债券 1000 万元，筹资费率为 2%，债券利率为 10%，所得税税率为 25%。计算该企业的债券资本成本率。

$$\text{债券资本成本率 } K_b=\frac{10\%\times(1-25\%)}{1-2\%}\approx 7.65\%$$

【例 3-15】 某企业发行债券 1000 万元，面额为 1000 元，按溢价 1050 元发行，票面利率为 10%，所得税税率为 25%，发行筹资费率为 1%。计算该企业的债券资本成本率。

$$\text{债券资本成本率 } K_b=\frac{1000\times10\%\times(1-25\%)}{1050\times(1-1\%)}\approx 7.07\%$$

（三）普通股资本成本

普通股资本成本率的计算公式为

$$K_c=\frac{D_1}{P_c(1-f_c)}+g$$

式中，K_c 为普通股资本成本率；D_1 为预期第 1 年普通股股利；P_c 为普通股筹资总额；f_c 为普通股筹资费率；g 为普通股年股利增长率。

【例 3-16】 某公司发行面额 1 元的普通股 5000 万股，每股发行价格为 5 元，融资费用率为全部发行所得资金的 5%，第 1 年的股利率为 10%，以后每年递增 4%。计算普通股的资本成本率。

$$\text{普通股资本成本率 } K_c=\frac{5000\times5\times10\%}{5000\times5\times(1-5\%)}+4\%=14.53\%$$

【例 3-17】 某公司发行普通股，每股面值为 10 元，溢价 12 元发行，筹资费率为 4%，第 1 年年末预计股利率为 10%，以后每年增长 2%。计算该公司的普通股资本成本率。

$$\text{普通股资本成本率 } K_c=\frac{10\times10\%}{12\times(1-4\%)}+2\%\approx10.68\%$$

（四）优先股资本成本

优先股的股利通常是固定的，公司利用优先股筹资需要花费发行费用，因此，优先

股资本成本的测算类似于普通股。优先股资本成本率的计算公式为

$$K_p=\frac{D}{P_p(1-f_p)}$$

式中，K_p 为优先股资本成本率；D 为优先股年股利额；P_p 为优先股筹资总额；f_p 为优先股筹资费率。

【例 3-18】 某公司发行优先股，每股 10 元，年支付股利 1 元，发行费率为 3%，计算该公司的优先股资本成本率。

$$\text{优先股资本成本率 } K_p=\frac{1}{10\times(1-3\%)}\approx 10.31\%$$

（五）留存收益资本成本

一般企业都不会将盈利以股利形式全部分给股东，且在宏观政策上也不允许这样做，因此，企业只要有盈利，总会有留存收益。留存收益是企业的可用资金，它属于普通股股东所有，其实质是普通股股东对企业的追加投资。留存收益资本成本可以参照市场利率，也可以参照机会成本，更多的是参照普通股股东的期望收益，即普通股资本成本，但它不会发生筹资费用。留存收益资本成本率的计算公式为

$$K_s=\frac{D_1}{P_c}+g$$

式中，K_s 为留存收益资本成本率；D_1 为预期第 1 年普通股股利；P_c 为普通股筹资费率；g 为普通股年股利增长率。

【例 3-19】 某公司留用利润 50 万元，其余条件与例 3-14 相同。计算该公司的留存收益资本成本率。

$$\text{留存收益资本成本率 } K_s=\frac{10\times 10\%}{12}+2\%\approx 10.33\%$$

三、综合资本成本的计算

由于受多种因素的制约，企业不可能只使用某种单一的筹资方式，往往需要通过多种方式筹集所需要的资金，而各种方式的筹资成本是不一样的，为了正确进行筹资和投资决策，就必须计算企业的加权平均资本成本。加权平均资本成本也称为综合资本成本，是指分别以各种资本成本为基础，以各种资本占全部资本的比重为权数计算出来的综合资本成本。其计算公式为

$$K_w=\sum_{j=1}^{n}K_jW_j$$

式中，K_w 为综合资本成本率（又称为加权平均资本成本率）；K_j 为第 j 种资金的资本成本；W_j 为第 j 种资金占全部资金的比重。

【例 3-20】 MN 公司共有资本 1000 万元，其中债券 300 万元，优先股 100 万元，普通股 400 万元，留存收益 200 万元，各种资本成本分别为 6%、12%、15.5% 和 15%。试计算该企业的加权资本成本率。

解：(1) 计算各种资本所占的比重。

债券占资本总额的比重$=\frac{300}{1000}\times 100\%=30\%$

优先股占资本总额的比重$=\frac{100}{1000}\times 100\%=10\%$

普通股占资本总额的比重$=\frac{400}{1000}\times 100\%=40\%$

留存收益占资本总额的比重$=\frac{200}{1000}\times 100\%=20\%$

(2) 计算加权平均资本成本。

加权资本成本率$=30\%\times 6\%+10\%\times 12\%+40\%\times 15.5\%+20\%\times 15\%=12.2\%$

【例 3-21】 万达公司 2005 年期末的长期资本账面总额为 1000 万元，其中：银行长期贷款 400 万元，占 40%；长期债券 150 万元，占 15%；普通股 450 万元，占 45%。长期贷款、长期债券和普通股的个别资本成本分别为 5%、6%、9%。普通股市场价值为 1600 万元，债务市场价值等于账面价值。计算该公司的平均资本成本。

按账面价值计算：

$$K_w=5\%\times 40\%+6\%\times 15\%+9\%\times 45\%=6.95\%$$

按市场价值计算：

$$K_w=\frac{5\%\times 400+6\%\times 150+9\%\times 1600}{400+150+1600}\approx 8.05\%$$

在测算企业的加权平均资本成本时，各种资本在全部资本中所占的比重起着决定性作用。企业各种资本的比重取决于各种资本价值的确定。各种资本价值的确定基础主要有三种选择，包括账面价值、市场价值和目标价值。

账面价值权数是通过资产负债表提供的账面价值来确定的。其资料容易取得，便于计算，但是资本的账面价值可能不符合市场价值，如果资本的市场价值已经脱离账面价值许多，采用账面价值做基础确定资本比例就会失去现实客观性，从而不利于加权资本成本率的测算和筹资管理的决策。

市场价值权数是指债券、股票以市场价格来确定权数。这样计算的加权平均资本成本能反映企业目前的实际情况。同时，为了弥补证券市场价格变动频繁的不便，也可选用平均价格。

目标价值权数是指债券、股票以未来预计的目标市场价值确定权数。这种权数能体现期望的资本结构，而不是像账面价值权数和市场价值权数那样只是反映过去和现在的资本结构，所以按目标价值权数计算得出的加权平均资本成本更适用于企业筹措新资本。然而，企业很难客观合理地确定证券的目标价值，这使这种计算方法不易推广。因此，通常应选择市场价值权数。但在企业筹资实务中，仍有不少企业更愿意采用账面价值权数，因其易于使用。

概括地说，以上三种权数分别有利于了解过去、反映现在、预知未来。在计算综合资本成本时，如无特殊说明，则要求采用账面价值权数。

四、边际资本成本的计算

边际资本成本是企业追加筹资的成本。企业的个别资本成本和平均资本成本，是企业过去筹集的单项资本的成本和目前使用全部资本的成本。然而，企业在追加筹资时，不能仅考虑目前所使用资本的成本，还要考虑新筹集资金的成本，即边际资本成本。边际资本成本，是企业进行追加筹资的决策依据。筹资方案组合时，边际资本成本的权数采用目标价值权数。

【例 3-22】 某公司设定的目标资本结构为：银行借款 20%、公司债券 15%、普通股 65%。现拟追加筹资 300 万元，按此资本结构来筹资。个别资本成本率预计分别为：银行借款 7%、公司债券 12%、普通股权益 15%。追加筹资 300 万元的边际资本成本如表 3-4 所示。

表 3-4　边际资本成本计算表

资本种类	目标资本结构/%	追加筹资额/万元	个别资本成本率/%	边际资本成本/万元
银行借款	20	60	7	1.4
公司债券	15	45	12	1.8
普通股	65	195	15	9.75
合计	100	300	—	12.95

第五节　杠杆原理

财务管理中存在着类似于物理学中的杠杆效应，表现为：特定固定支出或费用的存在，导致当某一财务变量以较小幅度变动时，另一相关变量会以较大幅度变动。财务管理中的杠杆效应，包括经营杠杆、财务杠杆和综合杠杆三种效应形式。杠杆效应既可以产生杠杆利益，也可能带来杠杆风险。

一、经营杠杆

（一）经营杠杆效应

企业在生产经营中会有这么一种现象：在单价和成本水平不变的条件下，销售量的增长会引起息税前利润以更大的幅度增长。这就是经营杠杆效应。经营杠杆效应产生的原因是不变的固定成本，当销售量增加时，变动成本将同比增加，销售收入也同比增加，但固定成本总额不变，单位固定成本以反比例降低，这就导致单位产品成本降低，每单位产品利润增加，于是利润比销量增加得更快。

例如，考察明珠集团连续三年的销量、利润资料，如表 3-5 所示。

表 3-5　明珠集团盈利情况　　单位：元

项目	第 1 年	第 2 年	第 3 年
单价	150	150	150
单位变动成本	100	100	100
单位边际贡献	50	50	50
销售量/件	10 000	20 000	30 000
边际贡献	500 000	1 000 000	1 500 000
固定成本	200 000	200 000	200 000
息税前利润	300 000	800 000	1 300 000

由表 3-5 可知，从第 1 年到第 2 年，销售量增加了 100%，息税前利润（earnings before interest and tax，EBIT）增加了 166.67%；从第 2 年到第 3 年，销售量增加了 50%，息税前利润增加了 62.5%。利用经营杠杆效应，企业在可能的情况下适当增加产销会取得更多的盈利。这就是经营杠杆利益。也必须认识到，当企业遇上不利情况而销售量下降时，息税前利润会以更大的幅度下降，即经营杠杆效应也会带来经营风险。

（二）经营杠杆系数及其计算

经营杠杆系数也称为经营杠杆率（degree of operational leverage，DOL），是指息税前利润的变动率相对于销售量变动率的倍数。其定义公式为

$$\mathrm{DOL}=\frac{\dfrac{\Delta\,\mathrm{EBIT}}{\mathrm{EBIT}}}{\dfrac{\Delta x}{x_0}}$$

式中，$\dfrac{\Delta\mathrm{EBIT}}{\mathrm{EBIT}}$为息税前利润变动率；$\dfrac{\Delta x}{x_0}$为销售量变动率。

上式经整理，经营杠杆系数的计算也可以简化为

$$\mathrm{DOL}=\frac{\text{基期边际贡献}}{\text{基期息税前利润}}=\frac{M}{M-F}=\frac{\mathrm{EBIT}+F}{\mathrm{EBIT}}$$

【例 3-23】　泰华公司产销某种服装，固定成本 500 万元，变动成本率 70%。年产销额 5000 万元时，变动成本 3500 万元，固定成本 500 万元，息税前利润 1000 万元；年产销额 7000 万元时，变动成本为 4900 万元，固定成本仍为 500 万元，息税前利润为 1600 万元。可以看出，该公司产销量增长了 40%，息税前利润增长了 60%，产生了 1.5 倍的经营杠杆效应。

$$\mathrm{DOL}=\frac{\dfrac{\Delta\,\mathrm{EBIT}}{\mathrm{EBIT}}}{\dfrac{\Delta x}{x_0}}=\frac{600}{1000}\div\frac{2000}{5000}=1.5$$

或

$$DOL = \frac{M}{EBIT} = \frac{5000 \times 30\%}{1000} = 1.5$$

二、财务杠杆

（一）财务杠杆效应

企业在核算普通股每股利润时会有这么一种现象：在资金构成不变的情况下，息税前利润的增长会引起普通股每股利润以更大的幅度增长。这就是财务杠杆效应。财务杠杆效应产生的原因是当息税前利润增长时，债务利息不变，优先股股利不变，这就导致普通股每股利润比息税前利润增加得更快。

假设明珠集团年债务利息为 100 000 元，所得税税率为 30%，普通股为 100 000 股，连续三年普通股每股利润如表 3-6 所示。

表 3-6　明珠集团普通股每股利润　　单位：元

项目	第 1 年	第 2 年	第 3 年
息税前利润	300 000	800 000	1 300 000
债务利息	100 000	100 000	100 000
税前利润	200 000	700 000	120 000
所得税	60 000	210 000	360 000
税后利润	140 000	490 000	840 000
普通股每股利润	1.4	4.9	8.4

由表 3-6 可知，从第 1 年到第 2 年，息税前利润增加了 166.67%，普通股每股利润增加了 250%；从第 2 年到第 3 年，息税前利润增加了 62.5%，普通股每股利润增加了 71.43%。利用财务杠杆效应，企业适度负债经营，在盈利条件下可能给普通股股东带来更多的得益，这就是财务杠杆利益。但也必须认识到，当企业遇上不利情况而盈利下降时，普通股股东的得益会以更大的幅度减少，即财务杠杆效应也会带来财务风险。

（二）财务杠杆系数及其计算

财务杠杆系数也称为财务杠杆率（degree of financial leverage，DFL），是指普通股每股利润的变动率相对于息税前利润变动率的倍数。其定义公式为

$$DFL = \frac{\Delta EPS/EPS_0}{\Delta EBIT/EBIT_0}$$

式中，$\frac{\Delta EPS}{EPS_0}$为普通股每股利润变动率；$\frac{\Delta EBIT}{EBIT_0}$为息税前利润变动率。

按表 3-6 中的资料，可以算得第 2 年的财务杠杆系数为 1.5，第 3 年的财务杠杆系数为 1.1429。利用上述 DFL 的定义公式计算财务杠杆系数必须掌握普通股每股利润变动率与息税前利润变动率，这是事后反映，不便于利用财务杠杆率进行预测。这里需要推导出一个只需用基期数据计算财务杠杆系数的公式。推导如下：

$$
\begin{aligned}
DFL &= \frac{\Delta EPS/EPS_0}{\Delta EBIT/EBIT_0} \\
&= \frac{\dfrac{(EBIT_1 - I)\times(1-T)-E}{n} - \dfrac{(EBIT_0 - I)\times(1-T)-E}{n}}{\dfrac{(EBIT_0 - I)\times(1-T)-E}{n}} \div \frac{EBIT_1 - EBIT_0}{EBIT_0} \\
&= \frac{(EBIT_1 - EBIT_0)\times(1-T)}{(EBIT_0 - I)\times(1-T)-E} \times \frac{EBIT_0}{EBIT_1 - EBIT_0} \\
&= \frac{EBIT_0}{EBIT_0 - I - \dfrac{E}{1-T}}
\end{aligned}
$$

式中，I 为债务利息；T 为所得税税率；E 为优先股股利；n 为普通股股数。

对于无优先股的股份制企业或非股份制企业，上述财务杠杆系数的计算公式可简化为

$$DFL = \frac{EBIT_0}{EBIT_0 - I}$$

式中，$EBIT_0$ 为基期息税前利润；I 为债务利息。

用财务杠杆率计算公式不仅可以算出明珠集团第 2 年和第 3 年的财务杠杆系数，而且第 4 年的财务杠杆系数也可算出。根据表 3-5 中的资料，计算第 4 年的财务杠杆系数如下：

$$DFL = \frac{1\ 300\ 000}{1\ 300\ 000 - 100\ 000} \approx 1.0833$$

【例 3-24】 A 公司全部长期资本为 7500 万元，债务资本比例为 0.4，债务年利率为 8%，公司所得税税率为 25%，息税前利润为 800 万元。其财务杠杆系数测算如下：

$$DFL = \frac{800}{800 - 7500 \times 0.4 \times 8\%} \approx 1.43$$

上例中财务杠杆系数为 1.43 的含义是：当息税前利润增长 1 倍时，普通股每股收益将增长 1.43 倍；反之，当息税前利润下降 1 倍时，普通股每股收益将下降 1.43 倍。前种情形表现为财务杠杆利益，后种情形则表现为财务风险。一般而言，财务杠杆系数越大，企业的财务杠杆利益和财务风险就越高；财务杠杆系数越小，企业财务杠杆利益和财务风险就越低。

三、综合杠杆

（一）综合杠杆效应

由于存在固定的生产经营成本，会产生经营杠杆效应，即销售量的增长会引起息税前利润以更大的幅度增长。由于存在固定的财务成本（债务利息和优先股股利），会产生财务杠杆效应，即息税前利润的增长会引起普通股每股利润以更大的幅度增长。一个

企业会同时存在固定的生产经营成本和固定的财务成本，那么两种杠杆效应会共同发生，会有连锁作用，形成销售量的变动使普通股每股利润以更大的幅度变动。综合杠杆效应就是经营杠杆和财务杠杆的综合效应。

（二）综合杠杆系数及其计算

综合杠杆系数也称为复合杠杆系数和总杠杆系数（degree of total leverage，DTL），是指普通股每股利润的变动率相对于销售量变动率的倍数。其定义公式为

$$DTL=\frac{\dfrac{\Delta EPS}{EPS_0}}{\dfrac{\Delta x}{x_0}}$$

式中，$\frac{\Delta EPS}{EPS_0}$为普通股每股利润变动率；$\frac{\Delta x}{x_0}$为销售量变动率。

对于综合杠杆系数可以推导出它的计算公式为

$$\begin{aligned}DTL&=\frac{\Delta EPS/EPS_0}{\Delta x/x_0}\\&=\frac{\Delta EBIT/EBIT_0}{\Delta x/x_0}\times\frac{\Delta EPS/EPS_0}{\Delta EBIT/EBIT_0}\\&=DOL\times DFL\\&=\frac{Tcm_0}{EBIT_0}\times\frac{EBIT_0}{EBIT_0-I-\dfrac{E}{1-T}}\\&=\frac{Tcm_0}{EBIT_0-I-\dfrac{E}{1-T}}\end{aligned}$$

可见，综合杠杆系数可以由经营杠杆系数与财务杠杆系数相乘得到，也可以由基期数据直接计算得到。考察明珠集团表 3-5、表 3-6 中的资料，各年总杠杆数计算如下。

第 2 年：DTL＝1.6667×1.5＝2.5

或

$$DTL=\frac{500\ 000}{300\ 000-100\ 000}=2.5$$

第 3 年：DTL＝1.25×1.1429＝1.4286

或

$$DTL=\frac{1\ 000\ 000}{800\ 000-100\ 000}=1.4286$$

第 4 年：DTL＝1.1538×1.0833＝1.25

或

$$DTL=\frac{1\ 500\ 000}{1\ 300\ 000-100\ 000}=1.25$$

综合杠杆的作用在于以下两个方面。

首先，它能够估计出销售变动对每股收益的影响作用。

其次，它体现了经营杠杆和财务杠杆之间的相互关系，即为了达到某一综合杠杆系数，经营杠杆和财务杠杆可以有很多不同的组合。例如，经营杠杆程度较高的公司可以在较低程度上使用财务杠杆；经营杠杆程度较低的公司可以在较高的程度上使用财务杠杆等。这有待于公司在考虑了各有关的具体因素之后做出选择。

【例 3-25】　ABC公司的营业杠杆系数为2，财务杠杆系数为1.5。该公司的综合杠杆系数测算为

$$DTL=2\times1.5=3$$

在此例中，综合杠杆系数为3的含义是：当公司营业总额或营业总量增长1倍时，普通股每股收益将增长3倍，具体反映公司的综合杠杆利益；反之，当公司营业总额下降1倍时，普通股每股收益将下降3倍，具体反映公司的综合杠杆风险。

第六节　资本结构

资本结构及其管理是企业筹资管理的核心问题。企业应综合考虑有关影响因素，运用适当的方法确定最佳资本结构，提升企业价值。如果企业现有资本结构不合理，应通过筹资活动优化调整资本结构，使其趋于科学合理。

一、资本结构的含义

资本结构是指企业各种资本的价值构成及其比例关系。在企业筹资管理活动中，资本结构有广义和狭义之分。广义的资本结构是指企业全部资本价值的构成及其比例关系，不仅包括长期资本，还包括短期资本，但主要指短期债权资本。狭义的资本结构是指企业各种长期资本价值的构成及其比例关系，尤其指长期的股权资本与债权资本的构成及其比例关系。在狭义的资本结构下，短期债权资本作为营运资本来管理。本章涉及的资本结构是指狭义的资本结构。

资本结构是否合理会影响企业资本成本的高低、财务风险的大小及投资者的得益，它是企业筹资决策的核心问题。企业资金的来源多种多样，但总的来说可分成权益资金和债务资金两类，资本结构问题主要是负债比率问题，适度增加债务可能会降低企业资本成本，获取财务杠杆利益，同时也会给企业带来财务风险。

二、资本结构优化

资本结构优化，要求企业权衡负债的低资本成本和高财务风险的关系，确定合理的资本结构。资本结构优化的目标，是降低平均资本成本率或提高普通股每股收益。

（一）每股利润无差别点分析

资本结构是否合理可以通过分析每股利润的变化来衡量，能提高每股利润的资本结构是合理的资本结构。按每股利润大小判断资本结构的优劣可以运用每股利润无差别点

分析法。

每股利润无差别点是指使不同资本结构的每股利润相等的息税前利润点，这一点是两种资本结构优劣的分界点。每股利润无差别点分析可称为 EBIT-EPS 分析。

每股利润无差别点处息税前利润的计算公式为

$$\frac{(\overline{\text{EBIT}}-I_1)(1-T)-D_{P1}}{N_1}=\frac{(\overline{\text{EBIT}}-I_2)(1-T)-D_{P2}}{N_2}$$

式中，$\overline{\text{EBIT}}$为息税前利润平衡点，即每股利润无差别点；I_1 和 I_2 为两种增资方式下的长期债务年利息；D_{P1}和 D_{P2}为两种增资方式下的优先股年股利；N_1和 N_2 为两种增资方式下的普通股股数。

进行每股利润分析时，当销售额（或息税前利润）大于每股利润无差别点的销售额（或息税前利润）时，运用负债筹资可获得较高的每股利润；反之，运用权益筹资可获得较高的每股利润。每股利润越大，风险也越大，如果每股收益的增长不足以补偿风险增加所需要的报酬，尽管每股利润增加，股价仍会下跌。

每股利润无差别点分析法是以普通股每股利润最高为决策标准，但没有具体测算财务风险因素，可用于规模不大、资本结构不太复杂的股份有限公司。

【例 3-26】 某企业现有资本结构全部为普通股资本，普通股为 100 万元，每股为 10 元，折合为 10 万股。现拟增资 20 万元，有甲、乙两种筹资方案可供选择。甲方案：发行普通股 2 万股，每股为 10 元。乙方案：发行普通股 1 万股，每股为 10 元；另发行债券 10 万元，债券年利率为 10%。该企业的所得税税率为 25%。做 EBIT-EPS 分析。

$$\text{EPS}_{\text{甲}}=\frac{\overline{\text{EBIT}}\times(1-25\%)}{10+2}$$

$$\text{EPS}_{\text{乙}}=\frac{(\overline{\text{EBIT}}-10\times10\%)\times(1-25\%)}{10+1}$$

令 $\text{EPS}_{\text{甲}}=\text{EPS}_{\text{乙}}$，可得

$$\overline{\text{EBIT}}=12(\text{万元})$$

此时，$\text{EPS}_{\text{甲}}=\text{EPS}_{\text{乙}}=0.6$ 元，则当企业息税前利润小于 12 万元时选择甲方案增资，大于 12 万元时选择乙方案增资。

【例 3-27】 光华公司目前资本结构为：总资本 1000 万元，其中债务资本 400 万元（年利息 40 万元）；普通股资本 600 万元（600 万股，面值 1 元，市价 5 元）。企业由于有一个较好的新投资项目，需要追加筹资 300 万元，有两种筹资方案。

甲方案：向银行取得长期借款 300 万元，利息率 16%。

乙方案：增发普通股 100 万股，每股发行价 3 元。

根据财务人员测算，追加筹资后销售额可望达到 1200 万元，变动成本率 60%，固定成本为 200 万元，所得税率 20%，不考虑筹资费用因素。做 EBIT-EPS 分析。

根据上述数据，代入无差别点公式：

$$\frac{(\overline{\text{EBIT}}-40)\times(1-20\%)}{600+100}=\frac{(\overline{\text{EBIT}}-40-48)\times(1-20\%)}{600}$$

可得

$$\overline{\text{EBIT}}=376(\text{万元})$$

这里，$\overline{\text{EBIT}}$为376万元是两个筹资方案的每股收益无差别点。在此点上，两个方案的每股收益相等，均为0.384元。企业预期追加筹资后销售额1200万元，预期获利280万元，低于无差别点376万元，应当采用财务风险较小的乙方案，即增发普通股方案。在1200万元销售额水平上，甲方案的普通股每股利润为0.256元，乙方案的普通股每股利润为0.274元。

（二）比较综合资本成本

比较综合资本成本方法是通过计算和比较各种可能的筹资组合方案的平均资本成本，选择平均资本成本率最低的方案。即能够降低平均资本成本的资本结构，就是合理的资本结构。

【例3-28】 长达公司需筹集100万元长期资本，可以用贷款、发行债券、发行普通股三种方式筹集，其个别资本成本率已分别测定，有关资料如表3-7所示。

表3-7　长达公司资本成本与资本结构数据表

筹资方式	资本结构/万元			个别资本成本率/%
	A方案	B方案	C方案	
贷款	40	30	20	6
债券	10	15	20	8
普通股	50	55	60	9
合计	100	100	100	

首先，分别计算三个方案的综合资本成本K。

A方案：$K=40\%\times6\%+10\%\times8\%+50\%\times9\%=7.7\%$

B方案：$K=30\%\times6\%+15\%\times8\%+55\%\times9\%=7.95\%$

C方案：$K=20\%\times6\%+20\%\times8\%+60\%\times9\%=8.2\%$

其次，根据企业筹资评价的其他标准，考虑企业的其他因素，对各个方案进行修正之后，再选择其中成本最低的方案。本例中，我们假设其他因素对方案选择的影响甚小，则A方案的综合资本成本最低。这样，该公司的资本结构为贷款40万元，发行债券10万元，发行普通股50万元。

（三）公司价值分析法

公司价值分析法是指在充分反映公司财务风险的前提下，以公司价值的大小为标准，经过测算确定公司最佳资本结构的方法。与比较资本成本法和每股利润无差别点法相比，公司价值分析法充分考虑了公司的财务风险和资本成本等因素的影响，以公司价值最大化为标准进行资本结构的决策，更符合公司价值最大化的财务目标；但其测算原理及测算过程较为复杂，通常适用于资本规模比较大的上市公司。

公司价值＝公司长期债务的现值＋公司股票的现值

为简化起见，假定长期债务的现值等于其面值（或本金），股票的现值按公司未来净收益的折现现值计算，计算公式为

$$S=\frac{(\mathrm{EBIT}-I)(1-T)}{K_c}$$

式中，普通股资金成本率可用资本资产定价模型计算，即

$$K_c=R_f+\beta(R_m-R_f)$$

式中，K_c 为公司普通股投资的必要报酬率，即公司普通股的资本成本率；R_f 为无风险报酬率；R_m 为所有股票的市场报酬率；β 为公司股票的 β 系数。

公司的加权平均资本成本率按照债务资本和权益资本的加权平均进行测算。其计算公式为

$$K_w=K_b\times\frac{B}{V}(1-T)+K_c\times\frac{S}{V}$$

式中，V 为企业总价值；T 为所得税率；B/V 为债务资金所占比重；S/V 为权益资金所占比重；K_w 为公司资本成本率；K_b 为公司长期债务税前资本成本率，可按公司长期债年利率计算；K_c 为公司普通股资本成本率。

运用上述原理测算公司的总价值和综合资本成本率，并以公司价值最大化为标准比较确定公司的最佳资本结构。

【例 3-29】 ABC 公司现有全部长期资本均为普通股资本，无长期债务资本和优先股资本，账面价值 20 000 万元。公司认为这种资本结构不合理，没有发挥财务杠杆的作用，准备举借长期债务购回部分普通股予以调整。公司预计息税前利润为 5000 万元，假定公司所得税税率为 33%。经测算，目前的长期债务年利率和普通股资本成本率如表 3-8 所示。

表 3-8　ABC 公司在不同长期债务规模下的债务年利率和普通股资本成本率测算表

B/万元	K_b/%	β	R_f/%	R_m/%	K_c/%
0		1.20	10	14	14.8
2 000	10	1.25	10	14	15.0
4 000	10	1.30	10	14	15.2
6 000	12	1.40	10	14	15.6
8 000	14	1.55	10	14	16.2
10 000	16	2.10	10	14	18.4

在表 3-8 中，当 $B=2000$ 万元，$\beta=1.25$，$R_f=10\%$，$R_m=14\%$时，有

$$K_c=10\%+1.25\times(14\%-10\%)=15.0\%$$

其余同理计算。

据表 3-8 的资料，运用前述公司价值和公司资本成本率的测算方法，可以测算在不同长期债务规模下的公司价值和公司资本成本率，如表 3-9 所示，可据以比较确定公司的最佳资本结构。

表 3-9 ABC公司在不同长期债务规模下的公司价值和公司资本成本率测算表

B/万元	S/万元	V/万元	K_b/%	K_c/%	K_w/%
0	22 640	22 640		14.8	14.80
2 000	21 440	23 440	10	15.0	14.29
4 000	20 280	24 280	10	15.2	13.79
6 000	18 380	24 380	12	15.6	13.74
8 000	16 050	24 050	14	16.2	13.93
10 000	12 380	22 380	16	18.4	15.69

表3-9中，当 $B=2000$ 万元，$K_b=10\%$，$K_c=15.0\%$ 以及 EBIT＝5000 万元时，有

$$S=\frac{(5000-2000\times 10\%)\times(1-33\%)}{15.0\%}=21\ 440(\text{万元})$$

$$V=2000+21\ 440=23\ 440(\text{万元})$$

$$K_c=10\%\times\frac{2000}{23\ 440}\times(1-33\%)+15.0\%\times\frac{21\ 440}{23\ 440}=14.29\%$$

其余同理计算。

从表3-9可以看到，在没有长期债务资本的情况下，ABC公司的价值就是其原有普通股资本的价值，此时 $V=S=22\ 640$ 万元。当ABC公司开始利用长期债务资本部分替换普通股资本时，公司的价值开始上升，同时公司资本成本率开始下降；直到长期债务资本达到6000万元时，公司的价值最大（24 380万元），同时公司的资本成本率最低（13.74%）；而公司的长期债务资本超过6000万元后，公司的价值又开始下降，公司的资本成本率同时上升。因此，可以确定，ABC公司的长期资本价值总额为24 380万元，其中普通股资本价值18 380万元，占公司总资本价值的比例为75%（即18 380/24 380）；长期债务资本价值6000万元，占公司总资本价值的比例为25%（即6 000/24 380）。

【案例分析】

中南整体橱柜公司是一家上市公司，专业生产、销售整体橱柜。近年来，我国经济快速发展，居民掀起购房和装修热，对公司生产的不同类型的整体橱柜需求旺盛，其销售收入增长迅速。公司预计在北京及其周边地区的市场潜力较为广阔，销售收入预计每年将增长50%～100%。为此，公司决定在2004年年底前在北京郊区建成一座新厂。公司为此需要筹措资金5亿元，其中2000万元可以通过公司自有资金解决，剩余的4.8亿元需要从外部筹措。2003年8月12日，公司总经理周建召开总经理办公会议研究筹资方案，并要求财务经理陆华提出具体计划，以提交董事会会议讨论。

公司在2003年8月31日的有关财务数据如下。

(1) 资产总额为27亿元，资产负债率为50%。

(2) 公司有长期借款2.4亿元，年利率为5%，每年年末支付一次利息。其中6000万元将在2年内到期，其他借款的期限尚余5年。借款合同规定公司资产负债率不得超

过 60%。

(3) 公司在外发行普通股 3 亿股。

另外，公司 2002 年完成净利润 2 亿元。2003 年预计全年可完成净利润 2.3 亿元。公司适用的所得税税率为 33%。

假定公司一直采用固定股利率分配政策，年股利率为每股 0.6 元。

随后，公司财务经理陆华根据总经理办公会议的意见设计了两套筹资方案，具体如下。

方案一：以增发股票的方式筹资 4.8 亿元。

公司目前的普通股每股市价为 10 元。拟增发股票每股定价为 8.3 元，扣除发行费用后，预计净价为 8 元。为此，公司需要增发 6000 万股股票以筹集 4.8 亿元资金。为了给公司股东以稳定的回报，维护其良好的市场形象，公司仍将维持其设定的每股 0.6 元的固定股利率分配政策。

方案二：以发行公司债券的方式筹资 4.8 亿元。

鉴于目前银行存款利率较低，公司拟发行公司债券。设定债券年利率为 4%，期限为 10 年，每年付息一次，到期一次还本，发行总额为 4.9 亿元，其中预计发行费用为 1000 万元。

思考题：

分析上述两种筹资方案的优缺点，并从中选出较佳的筹资方案。

资料来源：廖丽娟.2011. 财务管理魔法书. 北京：企业管理出版社；隋静.2009. 财务管理实务教程. 北京：清华大学出版社，北京交通大学出版社.

【课后练习】

一、单项选择题

1. 下列权利中不属于普通股股东权利的是(　　)。

A. 公司管理权　　B. 分享盈余权

C. 优先认股权　　D. 优先分配剩余财产权

2. 丧失现金折扣的机会成本的大小与(　　)。

A. 折扣百分比的大小呈反向变化

B. 信用期的长短呈同向变化

C. 折扣百分比的大小、信用期的长短呈同方向变化

D. 折扣期的长短呈同方向变化

3. 吸收直接投资的优点是(　　)。

A. 资金成本低　　B. 控制权集中

C. 产权关系明晰　　D. 较快形成生产能力

4. 根据我国有关规定，股票不得（　　）。

A. 平价发行　　B. 溢价发行

C. 折价发行　　D. 市价发行

5. 已知某普通股的 β 值为 1.2，无风险率为 6%，市场组合的必要收益率为 10%，

该普通股的市价为 10 元/股，预计第一期的股利为 0.8 元，不考虑筹资费用，则该普通股股利的年增长率为(　　)。

A. 6%　　B. 2%　　C. 2.8%　　D. 3%

6. 商业信用是（　　）之间的信用行为。

A. 企业与国家　　B. 企业与企业

C. 企业与员工　　D. 企业与银行

7. 下列各项中，属于资金成本内容的是(　　)。

A. 筹资总额　　B. 筹资费用

C. 所得税税率　　D. 市场利率

8. 按照资金来源渠道不同，可将筹资分为(　　)。

A. 直接筹资和间接筹资　　B. 内源筹资和外源筹资

C. 权益性筹资和负债性筹资　　D. 短期筹资和长期筹资

9. 某企业按年利率 10%向银行借款 20 万元，银行要求保留 20%的补偿性余额。那么，该企业该项借款的实际利率为(　　)。

A. 10%　　B. 12.5%

C. 20%　　D. 15%

10. 某企业与银行商定的周转信贷额为 200 万元，承诺费率为 0.5%，借款企业年度内使用了 120 万元，那么，借款企业向银行支付的承诺费为（　　）元。

A. 10 000　　B. 6000　　C. 4000　　D. 8000

11. 某企业向银行借款 100 万元，期限为 1 年，年利率为 10%。按照贴现法付息，该项贷款的实际利率是(　　)。

A. 11%　　B. 10%　　C. 9%　　D. 12%

12. 某企业按"2/10，n/60"条件购进商品 20 000 元，若放弃现金折扣，则其资金的机会成本率为(　　)。

A. 12.3%　　B. 12.6%　　C. 11.4%　　D. 14.7%

13. 某企业周转信贷额为 1000 万元，承诺费率为 4%，借款企业在年度内已使用了 500 万元，则其应向银行支付承诺费（　　）元。

A. 10 000　　B. 20 000　　C. 40 000　　D. 2000

14. 下列关于经营杠杆的说法不正确的是(　　)。

A. 经营杠杆，是指由固定成本的存在而导致税前利润变动率大于产销量变动率的杠杆效应

B. 经营杠杆本身并不是利润不稳定的根源，但是经营杠杆扩大了市场和生产等不确定因素对利润变动的影响

C. 在其他因素一定的情况下，固定成本越高，经营杠杆系数越大

D. 按照简化公式计算经营杠杆系数时，本期边际贡献的大小并不影响本期的经营杠杆系数

15. 某企业拟发行 200 万元的企业债券，债券票面利率为 10%，期限两年。若市场利率为 12%，则此债券需(　　)。

A. 溢价发行　　B. 折价发行

C. 评价发行　　D. 以 1∶1.2 的比率溢价发行

16. 某企业发行新股，筹资费率为股票市价的 8%，已知每股市价为 50 元，本年每股股利为 4 元，股利的固定增长率为 5%，则发行新股的资金成本率为(　　)。

A. 13.00%　　B. 13.40%　　C. 14.13%　　D. 21.00%

17. 某公司利用长期借款、长期债券、普通股和留存收益各筹集长期资金 200 万元、200 万元、500 万元、100 万元，它们的资金成本率分别为 6%、10%、15%、13%，则该筹资组合的综合资金成本为(　　)。

A. 10%　　B. 11%　　C. 12%　　D. 12. 6%

18. 某公司发行债券 2 000 万元，票面利率为 9%，偿还期限为 5 年，发行费率为 3%，所得税税率为 33%，则该公司债券的资金成本为(　　)。

A. 12. 34%　　B. 9.28%　　C. 6.22%　　D. 3. 06%

19. 某公司的经营杠杆系数为 2，预计息税前利润将增长 10%，在其他条件不变的情况下，销售量将增长(　　)。

A. 5%　　B. 9%　　C. 10. 8%　　D. 16. 2%

20. 最佳资本结构是指企业在一定时期最适宜的有关条件下(　　)。

A. 企业价值最大的资本结构

B. 综合资金成本最低的目标资本结构

C. 企业目标资本结构

D. 综合资金成本最低、企业价值最大的资本结构

二、多项选择题

1. 企业权益性筹资方式有(　　)。

A. 吸收直接投资　　B. 发行债券

C. 发行优先股　　D. 发行普通股

2. 普通股的特点包括(　　)。

A. 有经营管理权　　B. 有盈利分配权

C. 有优先认股权　　D. 有优先分配剩余财产权

3. 吸收一定比例的负债资金，可能产生的结果有(　　)。

A. 降低企业资金成本　　B. 加大企业复合风险

C. 加大企业财务风险　　D. 提高每股收益

4. 长期借款筹资的优点有(　　)。

A. 筹资金额多　　B. 筹资速度快

C. 筹资灵活性大　　D. 筹资成本低

5. 商业信用筹资的优点主要表现在(　　)。

A. 筹资风险小　　B. 筹资成本低

C. 限制条件少　　D. 筹资方便

6. 下列项目中，属于资金成本中筹资费用内容的是(　　)。

A. 借款手续费　　B. 债券发行费

C. 普通股股利　　D. 债券利息

7. 在计算个别资金成本率时，应考虑筹资费用影响因素的是(　　)。

A. 长期债券成本　　B. 普通股成本

C. 留存收益成本　　D. 长期借款成本

8. 公司债券筹资与普通股筹资相比较，(　　)。

A. 债券筹资成本相对较高

B. 普通股筹资可以利用财务杠杆作用

C. 债券筹资的资金成本相对较低

D. 公司债券利息可以税前列支，普通股股利必须是税后支付

9. 下列各因素中，其不确定性影响经营风险的有(　　)。

A. 市场需求　　B. 成本水平

C. 销售价格　　D. 对价格的调整能力

10. 关于综合杠杆系数，下列说法中不正确的是(　　)。

A. 综合杠杆系数越大，企业的风险越大

B. 综合杠杆系数反映普通股每股利润变动率与息税前利润变动率的比率

C. 综合杠杆系数反映产销量变动对普通股每股利润的影响

D. 综合杠杆系数等于经营杠杆系数与财务杠杆系数之和

11. 关于经营杠杆系数，下列说法中正确的有(　　)。

A. 其他因素不变，固定成本越大，经营杠杆系数越大

B. 当固定成本趋于 0 时，经营杠杆系数趋于 1

C. 在其他因素一定的条件下，产销量越大，经营杠杆系数越大

D. 经营杠杆系数同固定成本成反比

12. 某企业本期财务杠杆系数为 3，假设公司无优先股，本期息税前利润为 450 万元，则本期实际利息费用不是(　　)。

A. 1350 万元　　B. 300 万元　　C. 150 万元　　D. 100 万元

13. 一般地，公司个别资金成本由小到大排序错误的是(　　)。

A. 普通股、债券、留存收益、银行借款

B. 普通股、留存收益、银行借款、债券

C. 普通股、留存收益、债券、银行存款

D. 银行借款、债券、留存收益、普通股

14. 企业降低经营风险的途径一般有(　　)。

A. 增加销量　　B. 降低变动成本

C. 增加固定成本　　D. 提高产品售价

15. 下列说法中正确的有（　　）。

A. 产销量变动率与息税前利润变动率是一致的

B. 息税前利润变动率与每股利润变动率是一致的

C. 固定成本越大，则经营风险越大

D. 边际贡献的变化幅度与业务量变化幅度相同

三、判断题

1. 筹资渠道解决的是资金来源问题，筹资方式解决的是通过何种方式取得资金的问题，它们之间不存在对应关系。(　　)

2. 商业信用是指商品交易中的延期付款或延期交货所形成的借贷关系，是企业之间的一种间接信用关系。(　　)

3. 周转信贷协定是指银行具有法律义务地承诺提供不超过某一最高限额的贷款协定。(　　)

4. 经营性租赁和融资性租赁都是租赁，它们在会计处理上是没有区别的。(　　)

5. 吸收直接投资按投资主体的不同，可将资本金分为国家资本金、法人资本金、个人资本金、外商资本金。(　　)

6. 企业发行长期债券筹资，债券面额 400 万元，票面利率 12%，其支付各种筹资费用 8 万元，据此可计算该种长期债券的资本成本为 12.24%。(　　)

7. 资本结构，是指企业各种资本的构成及其比例关系。资本结构问题总的来说是负债资本的比例问题，即负债在企业全部资本中的所占比重。(　　)

8. 经营杠杆和财务杠杆的系数变大，都可能导致综合杠杆系数变大。(　　)

9. 财务杠杆的作用在于通过扩大销售量以影响息前税前利润。(　　)

10. 最优资本结构是使企业筹资能力最强、财务风险最小的资本结构。(　　)

四、计算分析题

1. 某企业按年利率 10%从银行借款 100 万元，银行要求维持 10%的补偿性余额。计算该企业该借款的实际利率。

2. 某企业 2007 年 1 月向租赁公司租入设备一套，价值为 500 万元。租期为 7 年，租期年利率为 10%，租赁手续费率为设备价值的 2%。租金为每年支付一次。

要求：计算每年年末所要支付的租金。

3. 某公司拟采购一批零件，供应商报价如下。

(1) 立即付款，价格为 9630 元。

(2) 30 天内付款，价格为 9750 元。

(3) 31～60 天内付款，价格为 9870 元。

(4) 61～90 天内付款，价格为 10 000 元。

假设银行短期贷款利率为 15%，一年按 360 天计算。

要求：计算放弃现金折扣的成本，并确定对该公司最有利的付款日期和价格。

4. 靖源置业公司拟筹资 2500 万元以扩大经营规模。其中，发行债券 1000 万元，筹资费率为 2%，债券年利率为 10%，所得税税率为 25%；长期借款为 500 万元，年利率为 7%，筹资费率为 1%；普通股为 1000 万元，筹资费率为 4%，第 1 年预期股利率为 10%，以后各年增长 4%。试计算该筹资方案的综合资金成本。

5. 资料：大华股份有限公司融资的情况如表 3-10 所示。

表 3-10　大华股份有限公司融资情况

资金种类	面值/元	融资额/元	期限/年	年利率或股利率	年股利增长率	所得税率	融资费用率
长期借款		15 000 000	3	8		25	
公司债券	3 000 000	3 030 000	5	10		25	1
普通股	50 000 000	75 000 000		15	3		2
优先股	2 000 000	2 200 000		12			2
留存收益		8 000 000		15	3		

要求：

（1）分别计算各种资金的个别资金成本。

（2）计算综合资金成本。

6. 比奇纸业有限公司年销售额为 210 万元，息税前利润为 60 万元，变动成本率为 60%；全部资本为 200 万元，负债比率为 40%，负债利率为 15%。试计算该公司的经营杠杆系数、财务杠杆系数和总杠杆系数。

7. 华丰公司是一家全部以股本融资的企业，其财务报表摘要如表 3-11 所示。

表 3-11　华丰公司财务报表摘要　单位：元

资产负债表		损益表	
总资产	2 000 000	销售收入	5 000 000
普通股（100 000 股）	500 000	减：成本	4 200 000
留存利润	1 500 000	息税前利润	80 000
总权益	2 000 000	减：所得税	200 000
		税后利润	600 000

注：息税前利润为销售收入的 16%

现企业拟增新资本 800 000 元，有两种融资方案可供选择：一是按 50 元/股的价格发行普通股；二是发行利率为 10%的企业债券。若企业扩资成功，销售收入可望增加到 6 000 000 元，息税前利润将按与销售额增长的同样比例增至新的水平。

要求：

（1）计算目前华丰公司的普通股每股利润。

（2）计算两种融资方案的普通股每股利润相等时的临界点息税前利润。

（3）计算两种融资方案的普通股每股利润各为多少。

8. A 公司 2007 年 12 月 31 日资产负债表上的长期负债与股东权益的比例为 40∶60，该公司计划于 2008 年为一个投资项目筹集资金，可供选择的筹资方式包括：向银行申请长期借款和增发普通股，A 公司以现有资本结构作为目标结构。其他相关资料如下。

（1）如果 A 公司 2008 年新增长期借款在 40 000 万元以下（含 40 000 万元）时，借款年利息率为 6%；如果新增长期借款在 40 000 万～100 000 万元范围内，年利息率将提高到 9%；A 公司无法获得超过 100 000 万元长期借款。银行的借款筹资费忽略不计。

(2) 如果 A 公司 2008 年新增发的普通股规模不超过 120 000 万元（含 120 000 万元），预计每股发行价为 20 元；如果新增发规模超过 120 000 万元，预计每股发行价为 16 元。普通股筹资费率为 4%（假定不考虑有关法律对公司增发普通股的限制）。

(3) A 公司 2008 年预计普通股股利为每股 2 元，以后每年增长 5%。

(4) A 公司适用的企业所得税税率为 33%。

要求：

(1) 分别计算下列不同条件下的资金成本：①新增长期借款不超过 40 000 万元时的长期借款成本；②新增长期借款超过 40 000 万元时的长期借款成本；③增发普通股不超过 120 000 万元时的普通股成本；④增发普通股超过 120 000 万元时的普通股成本。

(2) 计算所有的筹资总额分界点。

(3) 计算 A 公司 2008 年最大筹资额。

(4) 根据筹资总额分界点确定各个筹资范围，并计算每个筹资范围内的边际资金成本。

(5) 假定上述项目的投资额为 180 000 万元，预计内部收益率为 13%，根据上述计算结果，确定本项筹资的编辑资金成本，并做出是否应当投资的决策。

9. 盛润煤电股份有限公司当前的资金结构如表 3-12 所示。

表 3-12 盛润公司资本结构

资金种类	金额/万元
长期借款（年利率 6%）	1000
长期债券（年利率 8%）	2000
普通股（4000 万股）	4000
留存收益	1000
合计	8000

因生产发展需要，公司年初准备增加资金 2000 万元，现有两个筹资方案可供选择。甲方案：增加发行 1000 万股普通股，每股市价为 2 元。乙方案：按面值发行每年年末付息、票面利率为 10%的公司债券 2000 万元。假定股票与债券的发行费用均可忽略不计，适用的企业所得税税率为 25%。

要求：

(1) 计算两种筹资方案下每股利润无差别点的息税前利润。

(2) 计算处于每股利润无差别点时乙方案的财务杠杆系数。

(3) 如果公司预计息税前利润为 1000 万元，指出该公司应采用哪个筹资方案，并简要说明理由。

(4) 如果公司预计息税前利润为 2000 万元，指出该公司应采用哪个筹资方案，并简要说明理由。

(5) 如果公司增资后预计息税前利润在每股收益无差别点上增长 1000 万元，计算采用乙方案时该公司每股利润的增长幅度。

第四章　项目投资管理

企业把资金投放到生产经营和扩充规模所需要的各项长期资产上，是为了获得预期的投资收益。在投资者投资之前必然要对拟投资的项目进行充分论证，采用决策技术从中选优。本章主要介绍了项目投资的现金流、投资决策分析指标以及运用各种指标对项目投资进行可行性分析。

【知识目标】

1. 了解项目投资的类型。
2. 掌握现金流量的计算。
3. 掌握项目投资的评价指标。
4. 掌握项目投资评价指标的应用。

【能力目标】

可以运用各种贴现与非贴现指标对企业的项目投资进行可行性分析。

【案例导入】

1988年，福特汽车公司决定重新进入微型货车市场，再次向克莱斯勒公司发起新的挑战。在过去的十多年中，福特、通用以及一些日本汽车公司纷纷进入微型货车市场，企图撼动克莱斯勒公司在这一市场的霸主地位，但克莱斯勒公司打败了所有的对手，继续占据着微型货车市场的主导地位。

从历史经验看，挑战冠军并非易事。福特公司此举的利害关系之大足以对其未来命运产生重大影响。为在微型货车市场上动摇克莱斯勒公司的统治地位，福特公司投入了15亿美元，其中5000万美元用于图样设计、工艺技术修正及检测。福特公司终于在1994年推出了新款微型货车——“风之星”。只有时间能证明福特公司的这项决策是明智之举还是失败之招。实际研究报告表明，福特公司重新进入微型货车市场的战略是正确的，“风之星”深受市场青睐。通用汽车公司也在280亿美元的微型货车市场中争夺自己的份额，并于1997年中推出了同庞蒂克（Pontiac）和奥兹莫比尔（Oldsmobile）相同版本的Chevy Venture。早期的报告均显示尽管这些产品是好的，但仍然很难撼动克莱斯勒公司在微型货车市场中的霸主地位。那么福特和通用为什么还斥几十亿元巨资开发微型货车呢？我们在本章将介绍进行投资时使用的决策方法。

资料来源：隋静．2009．财务管理实务教程．北京：清华大学出版社，北京交通大学出版社．

第一节　项目投资概述

一、项目投资的含义、特点及类型

（一）项目投资的含义

从广义上讲，投资是指为了在未来获得收益而发生的投入财力的行为。投资按照其内容的不同可分为项目投资、证券投资和其他投资等类型。本章所介绍的项目投资是一种以特定建设项目为对象，直接与新建项目或更新改造项目有关的长期投资行为。

（二）项目投资的特点

与其他形式投资相比，项目投资具有以下主要特点。

1. 投资金额大

项目投资，特别是战略性的扩大生产能力投资一般都需要较多的资金，其投资额往往是企业及其投资人多年的资金积累，在企业总资产中占有相当大的比重。因此，项目投资对企业未来的现金流量和财务状况都将产生深远的影响。

2. 影响时间长

项目投资，投资期及发挥作用的时间都较长，对企业未来的生产经营活动和长期经营活动将产生重大影响。

3. 变现能力差

项目投资一般不准备在一年或一个经营周期内变现，其变现能力也较差。因为，项目投资一旦完成，想要改变是相当困难的，不是无法实现，就是代价太大。

4. 投资风险大

因为影响项目投资未来收益的因素特别多，加上投资额大、影响时间长、变现能力差，必然造成其投资风险比其他投资大，对企业未来的命运产生决定性影响。无数事例证明，一旦项目投资决策失败，会给企业带来先天性的、无法逆转的损失。

（三）项目投资的类型

工业企业项目投资主要包括新建项目投资和更新改造项目投资两种类型。

1. 新建项目投资

新建项目包括单纯固定资产投资项目和完整工业投资项目两种：单纯固定资产投资项目仅涉及固定资产资金的投入，是投资最基本的形式，任何项目投资均包括固定资产投资；完整工业投资项目不仅包括固定资产投资，还包括无形资产投资、流动资金和开办费等其他投资。

2. 更新改造项目投资

更新改造项目是指以旧换新或者以旧的固定资产为基础进行改扩建的投资项目。以旧换新或者对旧的固定资产进行改扩建虽然需要增加资金投资，但也会带来现金流入的增加。而现金流入的增加是否会大于新增的投资是是否需要进行更新改造的关键。

二、项目投资评价的程序

任何项目投资的评价都包含以下五个基本步骤。

(1) 根据企业的发展战略和当前的投资机会，提出各种投资方案。

(2) 估计方案的相关现金流量。

(3) 计算投资方案的价值指标，如净现值、内涵报酬率等。

(4) 价值指标与可接受标准比较。

(5) 对已接受的方案进行再评价。这项工作很重要，但只有少数企业对投资项目进行跟踪审计。项目的事后评价可以告诉我们预测的偏差（我们的预测在什么地方脱离了实际），改善财务控制的线索（执行中有哪些地方出了问题），有助于指导未来决策（哪些项目值得实施或不值得实施）。

三、项目投资主体

投资主体是各种投资人的统称，也是具体投资行为的主体。从企业项目投资的角度看，其直接投资主体就是企业本身。企业在进行项目投资决策时，首先关心的是全部投资资金的投放和回收情况，而不管这些资金究竟来源于何处。但由于企业投资项目具体使用的资金分别来源于企业所有者和债权人，他们也必然会从不同角度关心企业具体投资项目的成败。因此，在进行项目投资决策时，还应考虑他们的要求，分别从自有资金提供者和借入资金贷放者的立场去分析问题，提供有关信息。本章主要从企业投资主体的角度研究项目投资问题。

四、项目投资计算期

项目投资计算期是指投资项目从投资建设开始到清理结束整个过程的全部时间，包括建设期和运营期。其中，建设期是指项目资金正式投入开始至项目建成投产为止所需要的时间，建设期第一年的年初称为建设起点，建设期最后一年的年末称为投产日。从投产日到终结点之间的时间间隔称为运营期，又包括试产期和达产期（完全达到设计生产能力期）两个阶段。试产期是指项目投入生产，但生产能力尚未完全达到设计能力时的过渡阶段。达产期是指生产运营达到设计预期水平后的时间。

项目投资计算期＝建设期＋运营期

第二节　现金流量的内容及估算

一、现金流量的含义

现金流量是指在投资决策中一个项目引起的企业现金流出和现金流入增加的数量。这里的现金是广义的现金，它不仅包括各种货币资金，而且还包括项目需要投入的企业现有的非货币资源的变现价值。

会计利润以权责发生制为基础，其大小受会计方法选择的影响，其中主要是固定资产折旧方法与无形资产摊销方法选择的影响，从而使利润指标中包含了人为的影响因素，不利于正确计算资金的时间价值。而现金流量的计算以收付实现制为基础，其大小不受会计方法选择的影响，能恰当反映投资资金回收状况，因此在进行投资决策时选用现金流量指标而不选用利润指标。

二、现金流量的内容

现金流量包括现金流入量、现金流出量和净现金流量三个具体概念。

（一）现金流入量

一个方案的现金流入量，是指该方案所引起的企业现金收入的增加额，简称现金流入，主要包括以下几种。

(1) 营业收入。营业收入是指项目投产后每年实现的全部营业收入。营业收入是经营期主要的现金流入量项目。

(2) 固定资产的余值。它是指投资项目的固定资产在终结报废清理时的残值收入，或中途转让时的变价收入。

(3) 回收的流动资金。它是指投资项目在项目计算期结束时，收回原来投放在各种流动资产上的营运资金。固定资产余值和回收流动资金统称为回收额。

(4) 其他现金流入量是指以上三项指标以外的现金流入量项目。

（二）现金流出量

现金流出量是指投资项目实施后在项目计算期内所引起的企业现金流出的增加额，简称现金流出，主要包括以下几种。

(1) 建设投资。建设投资主要有固定资产投资和无形资产投资，是建设期发生的主要现金流出量。

(2) 垫支的流动资金。它是指投资项目建成投产后为开展正常经营活动而投放在流动资产（如存货、应收账款）上的营运资金。建设投资与垫支的流动资金合称为项目的原始总投资。

(3) 付现成本（经营成本）。付现成本是指在经营期内为满足正常生产经营而需用现金支付的成本。它是生产经营期内最主要的现金流出量。

(4) 所得税税额。所得税税额是指投资项目建成投产后，因应纳税所得额增加而增加的所得税。

另外，还有其他现金流出量，主要是指不包括在以上内容中的现金流出项目。

（三）净现金流量

净现金流量（net cash flow，NCF）是指投资项目在项目计算期内现金流入量和现金流出量的净额，由于投资项目的计算期超过 1 年，且资金在不同的时间具有不同的价值，所以净现金流量是以“年”为单位的，净现金流量的计算公式为

$$净现金流量=年现金流入量-年现金流出量$$

当年现金流入量大于流出量时，净现金流量为正值；反之，净现金流量为负值。

三、确定现金流量应考虑的因素

（一）现金流量的假设

确定项目投资的现金流量是一项很复杂的工作，为了便于确定现金流量的具体内容，简化现金流量的计算过程，特作以下假设。

（1）投资项目类型假设。假设投资项目只包括单纯固定资产投资项目、完整工业投资项目和更新改造投资项目三种类型；这些项目又可进一步分为不考虑所得税因素和考虑所得税因素的项目。

（2）全投资假设。在确定项目的现金流量时，只考虑全部投资的运动情况，而不具体区分是自有资金还是借入资金。不论是自有资金还是借入资金等具体形式的现金流量，都将其视为自有资金。

（3）建设期投入全部资金假设。不论项目的原始投资是一次投入还是分次投入，假设它们都是在建设期内投入的。

（4）项目投资的经营期与折旧年限一致假设。即假设项目主要固定资产的折旧年限或使用年限与其经营期相同。

（5）时点指标假设。即现金流量的具体内容所涉及的价值指标，不论是时点指标还是时期指标，均假设按照年初或年末的时点处理。其中，建设投资在建设期内有关年度的年初发生；垫支的流动资金在建设期的最后一年年末即经营期的第一年年初发生；经营期各年的营业收入、付现成本、折旧、利润、税金等项目的确认均在年末发生；项目最终报废或清理均发生在经营期最后一年年末（中途出售项目除外）。

（6）确定性假设。假设与项目现金流量估算有关的价格、产销量、成本水平、所得税税率等因素均为已知常数。

（二）现金流量的估算

在确定项目投资的现金流量时，应遵循的基本原则是只有增量现金流量才是与投资项目相关的现金流量。所谓增量现金流量，是指由于接受或放弃某个投资项目所引起的现金变动部分。由于采纳某个投资方案引起的现金流入增加额，才是该方案的现金流入；同理，某个投资方案引起的现金流出增加额，才是该方案的现金流出。为了正确计算投资项目的增量现金流量，要注意以下几个问题。

1. 区分相关成本与非相关成本

相关成本是指与特定决策有关的、在分析评价时必须加以考虑的成本。例如，差额成本、未来成本、重置成本、机会成本等都属于相关成本。与此相反，与特定决策无关的、在分析评价时不加以考虑的成本是非相关成本。例如，沉没成本、过去成本、账面成本等往往是非相关成本。

例如，某公司在 2011 年打算新建一个车间，并请一家会计公司做过可行性分析，支付咨询费 5 万元。后来由于公司有了更好的投资机会，该项目被搁置下来，但该笔咨询费作为费用已经入账了。2013 年旧事重提，在进行投资分析时，这笔咨询费是否仍是相关成本呢？答案应当是否定的。该笔支出已经发生，不管公司是否采纳新建一个车间的方案，它都已无法收回，与公司未来的总现金流量无关。如果将非相关成本纳入投资方案的总成本，则一个有利的方案可能因此变得不利，一个较好的方案可能变为较差的方案，从而造成决策错误。

2. 不要忽视机会成本

在投资方案中，如果选择了一个投资方案，则必须放弃其他的投资机会，其他的投资机会可能取得的收益是采纳本方案的一种代价，被称为这项投资方案的机会成本。

例如，上述公司新建车间的投资方案，需要使用公司拥有的一块土地。在进行投资分析时，因为公司不必动用资金去购置土地，可否不将此土地的成本考虑在内呢？答案是否定的。因为该公司若不利用这块土地来兴建车间，则它可将这块土地移作他用，并取得一定的收入。只是由于在这块土地上兴建了车间才放弃了这笔收入，而这笔收入代表了兴建车间使用土地的机会成本。假设这块土地出售可净得 15 万元，它就是兴建车间的一项机会成本。

3. 要考虑投资方案对公司其他部门的影响

当我们采纳一个新的项目后，该项目可能对公司的其他项目造成有利或不利的影响。

例如，若新建车间生产的产品上市后，原有其他产品的销路可能减少，而且整个公司的销售额也许不增加甚至减少。因此，公司在进行投资分析时，不应将新车间的销售收入作为增量收入来处理，而应扣除其他项目因此减少的销售收入。当然，也可能发生相反的情况，新产品上市后将促进其他项目销售增长。这要看新项目和原有项目是竞争关系还是互补关系。

4. 对净营运资本的影响

一方面，在一般情况下，当公司开办一个新业务并使销售额扩大后，对于存货和应收账款等经营性流动资产的需求也会增加，公司必须筹措新的资金以满足这种额外需求；另一方面，公司扩充的结果，应付账款与一些应付费用等经营性流动负债也会同时增加，从而降低公司营运资金的实际需要。所谓营运资本的需要，是指增加的经营性流动资产与增加的经营性流动负债之间的差额。

当投资方案的寿命周期快要结束时，公司将与项目有关的存货出售，应收账款变为现金，应付账款和应付费用也随之偿付，营运资本恢复到原有水平。通常，在进行投资分析时，假定开始投资时筹措的营运资本在项目结束时收回。

四、净现金流量的计算

（一）建设期现金流量

建设期现金流量即企业在建设期所发生的现金流入量和现金流出量。它一般包括：①土地使用费支出；②固定资产方面的投资（在确定固定资产原值时，需要考虑资本化利息）；③流动资产方面的投资；④其他方面的投资，包括与固定资产投资有关的职工培训费、注册费等；⑤原有固定资产的变价收入，主要是更新改造投资项目时考虑。其

计算公式为

建设期某年的净现金流量＝－（该年发生的原始投资额－变价收入）

（二）经营期现金流量

经营期现金流量即项目投产后，企业在生产经营期间所发生的现金流入量和现金流出量。经营期现金流入量主要是由因生产经营而使企业增加的营业收入和该年回收额构成。经营期现金流出量则主要是由付现成本和所得税构成。其计算公式为

经营期净现金流量＝销售收入－付现成本－所得税＋该年回收额＋该年利息费用

＝销售收入－（销售成本－非付现成本）－所得税＋该年回收额＋该年利息费用

＝营业利润－所得税＋非付现成本＋该年回收额＋该年利息费用

＝净利润＋非付现成本＋该年回收额＋该年利息费用

＝净利润＋该年折旧额＋该年摊销额＋该年回收额＋该年利息费用

上述净利润与财务会计中净利润的计算口径一致，而非付现成本主要包括该年折旧额和该年摊销额。该年回收额主要包括以下三个方面：①固定资产残值收入或变价收入；②原来垫支在各种流动资产上的资金收回；③停止使用的土地变价收入等。

五、现金流量计算的业务实例

【例 4-1】　A 项目需要固定资产投资 210 万元，开办费用为 20 万元，流动资金垫支 30 万元。其中，固定资产投资和开办费用在建设期期初发生，开办费于投产当年一次性摊销。流动资金在经营期初垫支，在项目结束时收回。建设期为 1 年，建设期的资本化利息为 10 万元。该项目的有效期为 10 年，采用直线法计提固定资产折旧，期满有残值 20 万元。该项目投产后，第 1 年至第 5 年每年归还借款利息 10 万元，各年分别产生净利润 10 万元、30 万元、50 万元、60 万元、60 万元、50 万元、30 万元、30 万元、20 万元、10 万元。试计算该项目的净现金流量。

首先，要计算出 A 项目每年的折旧额，确定其各年的回收额或摊销额，因为该项目涉及借入资金，还需要计算年度利息费用。

其次，按照建设期和经营期分阶段计算各年的净现金流量。具体计算如下。

（1）固定资产每年计提的折旧额＝（210＋10－20）÷10＝20（万元）

（2）建设期净现金流量为

NCF_0＝－（210＋20）＝－230（万元）

NCF_1＝－30（万元）

（3）经营期净现金流量为

NCF_2＝净利润＋开办费摊销额＋折旧额＋利息费用＝10＋20＋20＋10＝60（万元）

NCF_3＝30＋20＋10＝60（万元）

NCF_4＝50＋20＋10＝80（万元）

NCF_5＝60＋20＋10＝90（万元）

NCF_6＝60＋20＋10＝90（万元）

NCF_7＝50＋20＝70（万元）

NCF_8＝30＋20＝50（万元）

NCF_9＝30＋20＝50（万元）

NCF_{10}＝20＋20＝40（万元）

NCF_{11}＝10＋20＋20＋30＝80（万元）

【例 4-2】 某企业拟更新一套尚可使用 5 年的旧设备。旧设备原价为 170 000 元，账面净值为 110 000 元，期满残值为 10 000 元，目前旧设备变价净收入为 60 000 元。旧设备每年的营业收入为 200 000 元，付现成本为 164 000 元。新设备的投资总额为 300 000 元，可用 5 年，使用新设备后每年可增加营业收入 60 000 元，并降低付现成本 24 000 元，期满残值为 30 000 元。

要求：

（1）计算新、旧方案的各年净现金流量。

（2）计算更新方案的各年差量净现金流量。

计算分析如下。

（1）继续使用旧设备的各年净现金流量为

NCF_0＝－60 000（元）

$NCF_{1\sim4}$＝200 000－164 000＝36 000（元）

NCF_5＝36 000＋10 000＝46 000（元）

采用新设备的各年净现金流量为

NCF_0＝－300 000（元）

$NCF_{1\sim4}$＝（200 000＋60 000）－（164 000－24 000）＝120 000（元）

NCF_5＝120 000＋30 000＝150 000（元）

（2）更新方案的各年差量净现金流量为

ΔNCF_0＝－300 000－（－60 000）＝－240 000（元）

$\Delta NCF_{1\sim4}$＝120 000－36 000＝84 000（元）

ΔNCF_5＝150 000－46 000＝104 000（元）

第三节　项目投资决策评价指标

一、投资决策评价指标及类型

（一）评价指标的含义

投资决策评价指标是指用于衡量和比较投资项目可行性，以便据以进行方案决策的定量化标准与尺度，是由一系列综合反映投资效益、投入产出关系的量化指标构成的。

(二) 评价指标的分类

1. 按是否考虑资金时间价值分类

评价指标按其是否考虑资金时间价值，可分为静态评价指标和动态评价指标两大类。静态评价指标是指在计算过程中不考虑资金时间价值因素的指标，又称为非折现评价指标，包括静态投资回收期和投资收益率。动态评价指标是指在计算过程中必须充分考虑和利用资金时间价值，因此动态指标又称为折现评价指标，包括净现值、净现值率和内含报酬率等。

2. 按性质不同分类

评价指标按性质不同，分为正指标和反指标。投资收益率、净现值、净现值率和内含报酬率属于正指标，在决策评价中，这些指标越大越好。

3. 按指标重要性分类

评价指标按其在决策中所处的地位，可分为主要指标、次要指标和辅助指标。净现值、净现值率和内含报酬率属于主要指标；投资回收期是次要指标；投资收益率属于辅助指标。

二、静态评价指标的含义、计算方法和特点

(一) 静态投资回收期法

静态投资回收期是指投资项目经营净现金流量抵偿原始投资所需要的全部时间。一般而言投资回收期越短，方案就越有利。

在原始投资一次支出，每年净现金流入量相等时：

$$\text{回收期}=\frac{\text{原始投资额}}{\text{每年净现金流量}}$$

如果每年净现金流量不相等，或原始投资是分几年投入的，则需计算逐年累计的净现金流量，然后用插值法计算出投资回收期。

【例 4-3】　某企业有甲、乙两个投资方案，投资总额均为 50 万元，全部用于购置新设备。折旧采用直线法，使用期均为 5 年，无残值，其他有关资料如表 4-1 所示。计算该企业甲、乙两个方案的投资回收期。

表 4-1　方案各年净现金流量　　单位：万元

项目计算期	甲方案		乙方案	
	利润	净现金流量	利润	净现金流量
0		(50)		(50)
1	7.5	17.5	5	15
2	7.5	17.5	7	17
3	7.5	17.5	9	19
4	7.5	17.5	11	21
5	7.5	17.5	13	23

根据表 4-1，甲方案的投资回收期为

$$PP_{甲}=\frac{50}{17.5}\approx 2.86(年)$$

乙方案的投资回收期为

$$PP_{乙}=2+\frac{50-32}{51-32}\approx 2.95(年)$$

当现金回收期小于企业预定的最短回收期时，这个方案就可通过；否则，就应放弃。

静态投资回收期法的优点如下：能够直观地反映原始投资的返本期限；便于理解，计算简单；可以直观地利用回收期之前的净现金流量信息。

静态投资回收期法的缺点如下：没有考虑资金的时间价值；忽略回收期后的现金流量，只着重考虑回收的时间，注重短期行为，忽略长期效益。

投资回收期法目前作为辅助方法使用，主要用来测定方案的流动性而非盈利性。

（二）投资收益率法

投资收益率法是指项目投资方案的年平均收益额占原始投资总额的百分比。

投资收益率的计算公式为

$$投资收益率=\frac{年平均净收益}{原始投资额}\times 100\%$$

【例 4-4】 根据例 4-3 的资料，求甲、乙两个方案的投资收益率。

甲方案的投资收益率$=\frac{7.5}{50}\times 100\%=15\%$

乙方案的投资收益率$=\frac{45\div 5}{50}\times 100\%=18\%$

从计算结果看，乙方案的投资收益率大于甲方案的投资收益率，应选择乙方案。

投资收益率法的优点是计算简单、明了，容易掌握；缺点是没有考虑资金的时间价值，没有考虑折旧的收回，即没有完整地反映现金流量。

三、动态评价指标的含义、计算方法及特点

（一）净现值法

净现值是指特定方案未来现金流入的现值与未来现金流出的现值之间的差额，通常用 NPV（net present value）表示。

净现值的计算公式为

$$NPV=\sum_{t=1}^{n}NCF_t\times(P/F,i,t)-A_0$$

净现值指标的决策标准是如果投资方案的净现值大于或等于 0，那么该方案可行；如果投资方案的净现值小于 0，该方案不可行；如果几个方案的投资额相同，且净现值

均大于 0，那么净现值最大的方案为最优方案。净现值大于或等于 0 是项目可行的必要条件。

1. 经营期内各年现金流量相等

经营期内各年净现金流量相等时，其计算公式为

$$净现值=年现金净流量\times年金现值系数-投资现值$$

【例 4-5】 某企业购入设备一台，价值为 30 000 元，按直线法计提折旧，使用寿命为 6 年，期末无残值。预计投产后每年可获得利润 4000 元，假定投资要求的最低报酬率或资金成本率为 12%。求该项目的净现值。

$NCF_0=-30\ 000$（元）

$NCF_{1\sim6}=4000+\dfrac{30\ 000}{6}=9000$（元）

$NPV=9000\times(P/A，12\%，6)-30\ 000=9000\times4.1114-30\ 000=7002.6$（元）

2. 经营期内各年净现金流量不相等

经营期内各年净现金流量不相等时，其计算公式为

$$净现值=\sum 各年的净现金流量\times各年的现值系数-投资现值$$

【例 4-6】 某企业购入设备一台，价值为 30 000 元，按直线法计提折旧，使用寿命为 6 年，期末无残值。预计投产后每年可获得利润 4000 元，假定投资要求的最低报酬率或资金成本为 12%，投产后每年可获得的利润分别为 3000 元、3000 元、4000 元、4000 元、5000 元、6000 元，其余资料不变。求该项目的净现值。

$NCF_0=30\ 000$（元）

$年折旧额=\dfrac{30\ 000}{6}=5000$（元）

$NCF_{1\sim2}=3000+5000=8000$（元）

$NCF_{3\sim4}=4000+5000=9000$（元）

$NCF_5=5000+5000=10\ 000$（元）

$NCF_6=6000+5000=11\ 000$（元）

$$\begin{aligned}NPV&=8000\times(P/F，12\%，1)+8000\times(P/F，12\%，2)+9000\times(P/F，12\%，3)\\&\quad+9000\times(P/F，12\%，4)+10\ 000\times(P/F，12\%，5)\\&\quad+11\ 000\times(P/F，12\%，6)-30\ 000\\&=8000\times0.8929+8000\times0.7972+9000\times0.7118+9000\times0.6355\\&\quad+10\ 000\times0.5674+11\ 000\times0.5066-30\ 000=6893.1（元）\end{aligned}$$

【例 4-7】 某企业拟建一项固定资产，需要投资 50 万元，按直线法计提折旧，使用寿命为 10 年，期末无残值。该项工程建设期为 1 年，建设资金分别于年初、年末投入 25 万元。预计投产后每年可产生 10 万元的净现金流量。假定贴现率为 10%，计算该项目投资的净现值。

$$\begin{aligned}NPV&=10\times[(P/A，10\%，11)-(P/A，10\%，1)]-[25+25\times(P/F，10\%，1)]\\&=10\times(6.4951-0.9091)-(25+25\times0.9091)\\&=8.1325（万元）\end{aligned}$$

由于净现值大于 0，所以投资方案是可以采纳的。

净现值法的优点如下：①考虑了资金的时间价值观念，并且反映了投资方案可以赚得的具体金额；②净现值法考虑了风险，因为资金成本率是随着风险的大小而调整的（风险大，贴现率就高），所以用资金成本率计算的方案的经济效果也就包含了投资风险；③净现值法考虑了项目建设期的全部净现金流量，体现了其流动性与收益性的统一。

净现值法的缺点如下：①资金成本率（贴现率）不易制定，尤其在经济动荡的时期，金融市场的利率每天都有变化；②净现值法说明了未来的盈亏数，但没有说明单位投资的效率，各方案原始投资额不同时，不同方案的净现值实际上是不可比的。

（二）净现值率与现值指数法

净现值率是指投资项目的净现值占原始投资现值总和的比率，也可将其理解为单位原始投资的现值所创造的净现值，通常用 NPVR（net present value rate）表示。其计算公式为

$$\text{NPVR}=\frac{\text{NPV}}{A_0}$$

净现值率是一个折现的相对量评价指标，其优点在于可以从动态的角度反映项目投资的资金投入与净产出之间的关系；缺点是无法直接反映投资项目的实际收益率水平。

现值指数是指投产后按基准收益率或设定折现率折算的各年净现金流量的现值合计与原始投资的现值合计之比，通常用 PI（present index）表示。其计算公式为

$$\text{PI}=\frac{\sum_{t=0}^{n}\frac{I_t}{(1+i)^t}}{\sum_{t=0}^{n}\frac{O_t}{(1+i)^t}}=1+\frac{\text{NPV}}{\sum_{t=0}^{n}\frac{O_t}{(1+i)^t}}=1+\frac{\text{NPV}}{A_0}$$

$$\text{现值指数}=\text{净现值率}+1$$

净现值率大于 0，现值指数大于 1，表明项目的报酬率高于贴现率，存在额外收益；净现值率等于 0，现值指数等于 1，表明项目的报酬率等于贴现率，收益只能抵补资金成本；净现值率小于 0，现值指数小于 1，表明项目的报酬率小于贴现率，收益不能抵补资金成本。

现值指数指标的优点是：①考虑了资金的时间价值；②克服了净现值对于投资额不同时决策不合理的缺陷。缺点是无法直接反映投资项目的实际收益率。

【例 4-8】 根据例 4-5 的资料，计算该项目的净现值率和现值指数。

通过计算得知其净现值为 7002.6 元，可得

净现值率＝7002.6÷30 000＝0.2334

现值指数＝37 002.6÷30 000＝1.2334

或

现值指数＝净现值率＋1＝0.2334＋1＝1.2334

现值指数大于 1，说明其收益超过成本，即报酬率超过预定的贴现率。如果现值指

数小于 1，说明其报酬率没有达到预定的贴现率。

（三）内含报酬率法

内含报酬率又称为内部收益率，是指投资项目的预期现金流入量现值等于现金流出量现值的贴现率，或者说是使投资项目的净现值等于 0 时的贴现率，通常用 IRR（internal rate of return）表示。内含报酬率满足如下等式：

$$\sum_{t=1}^{n} \mathrm{NCF}_t(P/F,\ \mathrm{IRR},\ t)-A_0=0$$

用内含报酬率法评价项目可行性的必要条件是，内含报酬率大于或等于贴现率（资金成本率或企业要求的最低投资报酬率）。

1. 经营期内各年现金净流量相等

经营期内各年现金净流量相等，且全部投资均于建设起点一次投入，建设期为 0，即：

$$年现金净流量\times年金现值系数-投资额=0$$

内含报酬率计算的程序如下。

（1）计算年金现值系数，公式为

$$年金现值系数=\frac{投资额}{年净现金流量}$$

（2）根据计算出来的年金现值系数与已知的年限，查年金现值系数表确定内含报酬率的范围。

（3）用插入法求出内含报酬率。

【例 4-9】　根据例 4-5 的资料，计算该项目的内含报酬率。

$$(P/A,\ \mathrm{IRR},\ 6)=30\ 000/9000=3.3333$$

查表可知：

贴现率＝18%时，$(P/A,\ 18\%,\ 6)=3.4976$

贴现率＝20%时，$(P/A,\ 20\%,\ 6)=3.3255$

$$\mathrm{IRR}=18\%+\frac{3.4976-3.3333}{3.4976-3.3255}\times(20\%-18\%)=19.91\%$$

2. 经营期内各年净现金流量不相等

在经营期内各年净现金流量不相等的情况下，采用逐次测试的方法，计算能使净现值等于 0 的贴现率，即内含报酬率。其计算步骤如下。

（1）估计一个贴现率，用它来计算净现值。如果净现值为正数，说明方案的实际内含报酬率大于预计的贴现率，应提高贴现率再进一步测试；如果净现值为负数，说明方案本身的报酬率小于估计的贴现率，应降低贴现率再进行测算。

（2）根据上述相邻的两个贴现率用插入法求出该方案的内含报酬率。

【例 4-10】　根据 4-6 的资料，计算该项目的内含报酬率。

首先，按 16%估计的贴现率进行测试，其结果净现值为 2855.8 元，是正数；将贴现率提高到 18%进行测试，净现值为 1090.6 元，仍为正数；再将贴现率提高到 20%重新测试，净现值为－526.5元，是负数，说明该项目的内含报酬率在18％～20％。有关测试计算如表4-2所示。

表4-2　内含报酬率的计算过程　　单位：万元

年次	年现金净流量	贴现率＝16％		贴现率＝18％		贴现率＝20％	
		现值系数	现值	现值系数	现值	现值系数	现值
0	(3)	1	(3)	1	(3)	1	(3)
1	0.8	0.862 1	0.689 68	0.847 5	0.678 00	0.833 3	0.666 64
2	0.8	0.743 2	0.594 56	0.718 2	0.574 56	0.694 4	0.555 52
3	0.9	0.640 7	0.576 63	0.608 6	0.547 74	0.578 7	0.520 83
4	0.9	0.552 3	0.497 07	0.515 8	0.464 22	0.482 3	0.434 07
5	1.0	0.476 2	0.476 20	0.437 1	0.437 10	0.401 9	0.401 90
6	1.1	0.410 4	0.451 44	0.370 4	0.407 44	0.334 9	0.368 39
NPV			0.285 58		0.109 06		(0.052 65)

其次，用插入法计算内含报酬率，公式为

$$\text{IRR}=18\%+\frac{1090.6-0}{1090.6-(-526.5)}\times(20\%-18\%)=19.35\%$$

如果这个方案的内含报酬率超过或等于企业的最低利率，这个方案就可以采用，否则就否决。如果 N 个方案都超过最低利率，则应选择其报酬率最高的方案。

内含报酬率的优点：①考虑了货币的时间价值；②能从动态的角度直接反映投资项目的实际收益水平。

内含报酬率的缺点：①内含报酬率中包括了一个不现实的假设，即假定这项投资每期收到的款项都可以用来再投资，并且收到的利率和内含报酬率一样；②最低内含报酬率不容易制定；③内含报酬率是一个相对值，利率大的方案不一定对企业最有利。

第四节　项目投资决策评价指标的运用

一、独立投资方案决策

独立投资方案是指在财务管理中一组相互分离、互不排斥的方案，如企业拟进行几项投资活动（扩建生产车间、购置一辆运输汽车、新建办公楼等）。这些项目之间没有什么关联，相互独立，并不存在互相比较和选择的问题。企业既可以全部不接受，也可以接受其中某一项目，或者接受多个或全部项目。对于单一投资项目，评价其财务可行性也就是对其做出最终决策的过程。

如果评价指标同时满足以下条件：净现值＞0，净现值率＞0，现值指数＞1，内含报酬率＞贴现率，则项目是可行的；反之，应放弃该项目投资。而投资回收期与投资收益率可作为辅助指标来评价投资项目的可行性。

【例4-11】　某企业购入机器一台，价值为50 000元，预计该机器可使用5年，无残值。每年可生产销售产品 6500 件，该产品售价为 7 元，单位变动成本为 4 元，固定成本总额为 4500 元（不含折旧）。假定贴现率为 12%，计算该项目的净现值、净现值率、现值指数、内含报酬率，并做出决策。

$$NCF_0 = -50\ 000\text{（元）}$$

$$NCF_{1\sim5} = 6500\times 7 - 4 - 4500 = 15\ 000\text{（元）}$$

$$\begin{aligned} NPV &= 15\ 000\times(P/A,\ 12\%,\ 5) - 50\ 000 \\ &= 15\ 000\times 3.6048 - 50\ 000 = 4072\text{（元）} \end{aligned}$$

$$NPVR = 4072 \div 50\ 000 = 0.081\ 44$$

$$PI = (50\ 000 + 4072) \div 50\ 000 = 1.081\ 44$$

年金现值系数＝50 000÷15 000＝3.3333

查年金现值系数表可知：

$i=15\%$时，$(P/A,\ 15\%,\ 5)=3.3522$

$i=16\%$时，$(P/A,\ 16\%,\ 5)=3.2743$

所以，可得

$$IRR = 15\% + \frac{(3.3522 - 3.3333)}{(3.3522 - 3.2743)}\times(16\% - 15\%) = 15.24\%$$

由于净现值为 4072 元，大于 0，内含报酬率 15.24%＞贴现率 12%，所以该项目为可行项目。

二、互斥投资方案决策

项目投资决策中的互斥方案（相互排斥方案）是指在决策时涉及多个相互排斥、不能同时实施的投资方案。

如果是投资额相同且项目使用期相等的互斥方案比较决策，可选择净现值或内含报酬率大的方案作为最优方案。

如果是投资额不相等而项目使用期相等的互斥方案比较决策，可选择差额净现值法或差额内含报酬率法来判断方案的好坏。

如果是投资额与项目使用期都不相同的互斥方案比较决策，可采用年回收额法，也就是计算年均净现值，哪个方案的年均净现值大，哪个方案就最优。

【例 4-12】 某企业现有资金 50 万元可用于固定资产项目投资，有甲、乙、丙三个互相排斥的备选方案可供选择，这三个方案的投资额均为 50 万元，且都能使用 6 年，贴现率为 10%。三个方案的净现值和内含报酬率如下：

$NPV_{甲}=6.1253$（万元）　　$IRR_{甲}=12.3\%$

$NPV_{乙}=10.25$（万元）　　$IRR_{乙}=16.35\%$

$NPV_{丙}=8.36$（万元）　　$IRR_{丙}=14.11\%$

试通过比较确定应该选择哪个方案进行投资。

因为甲、乙、丙三个备选方案的净现值均大于 0，且内含报酬率均大于贴现率。所以甲、乙、丙三个方案均符合项目可行性的必要条件。

又因为 $NPV_{乙} > NPV_{丙} > NPV_{甲}$，$IRR_{乙} > IRR_{丙} > IRR_{甲}$，所以，乙方案最优，丙方案为次，甲方案最差。

【例 4-13】 某企业有甲、乙两项投资方案，其年现金净流量如表 4-3 所示。

表 4-3 甲、乙两项投资方案各年现金流量表 单位：万元

年限	甲方案	乙方案
	年现金净流量	年现金净流量
0	(20)	(12)
1	12	5.6
2	13.2	5.6
3		5.6

该企业要求的最低报酬率为 12%，请判断哪个方案较好。

因为甲、乙两项方案的投资额不相等且使用年限不相同，所以应采用年回收额法来比较不同方案的优劣，其计算步骤如下。

（1）计算各方案的净现值。

$$NPV_{甲} = 12 \times (P/F, 12\%, 1) + 13.2 \times (P/F, 12\%, 2) - 20$$

$$= 12 \times 0.8929 + 13.2 \times 0.7972 - 20 = 1.237\,84\text{（万元）}$$

$$NPV_{乙} = 5.6 \times (P/A, 12\%, 3) - 12 = 5.6 \times 2.4018 - 12 = 1.450\,08\text{（万元）}$$

（2）计算各方案的年回收额即年均净现值。

$$\text{甲投资方案的年回收额} = \frac{1.237\,84}{(P/A, 12\%, 2)} = \frac{1.237\,84}{1.6901} = 0.7324\text{（万元）}$$

$$\text{乙投资方案的年回收额} = \frac{1.450\,08}{(P/A, 12\%, 3)} = \frac{1.450\,08}{2.4018} = 0.6037\text{（万元）}$$

甲方案的年回收额高于乙方案，即甲方案为最优方案。

【案例分析】

康元葡萄酒厂是生产葡萄酒的中型企业，该厂生产的葡萄酒酒香纯正，价格合理，长期以来供不应求。为了扩大生产能力，康元葡萄酒厂准备新建一条生产线。张晶是该厂的助理会计师，主要负责筹资和投资工作。总会计师王冰要求张晶搜集建设新生产线的有关资料，并对投资项目进行财务评价，以供厂领导决策考虑。张晶经过十几天的调查研究，得到以下有关资料：①投资新的生产线需一次性投入 1000 万元，建设期 1 年，预计可使用 10 年，报废时无残值收入；按税法要求该生产线的折旧年限为 8 年，使用直线法折旧，残值率为 10%。②购置设备所需的资金通过银行借款筹措，借款期限为 4 年，每年年末支付利息 100 万元，第 4 年年末用税后利润偿付本金。③该生产线投入使用后，预计可使工厂第 1～第 5 年的销售收入每年增长 1000 万元，第 6～第 10 年的销售收入每年增长 800 万元，耗用的人工和原材料等成本为收入的 60%。④生产线建设

期满后，工厂还需垫支流动资金 200 万元。⑤所得税税率为 30%。⑥银行借款的资金成本为 10%。

思考题：

为了完成总会计师交给的任务，请你帮助张晶完成以下工作。

(1) 预测新的生产线投入使用后，该工厂未来 10 年增加的净利润。

(2) 预测该项目各年的现金净流量。

(3) 计算该项目的净现值，以评价项目是否可行。

【课后练习】

一、单项选择题

1. 在以下各种投资中，不属于项目投资类型的是(　　)。

A. 固定资产投资　　B. 更新改造投资

C. 证券投资　　D. 完整企业项目投资

2. 项目投资的直接投资主体是(　　)。

A. 企业本身　　B. 企业所有者

C. 债权人　　D. 国家投资者

3. 项目投资的特点有(　　)。

A. 投资金额小　　B. 投资时间较长

C. 投资风险小　　D. 变现能力强

4. 投资项目的建设起点至终结点之间的时间段称为(　　)。

A. 项目建设期　　B. 项目生产经营期

C. 项目计算期　　D. 项目试运行期

5. 现金流量又称为现金流动量。在项目投资决策中，现金流量是指投资项目在其计算期内各项（　　）的统称。

A. 现金流入量　　B. 现金流出量

C. 现金流入量与现金流出量　　D. 净现金流量

6. 付现经营成本与经营成本的关系是(　　)。

A. 经营成本=付现经营成本+折旧等

B. 付现经营成本=经营成本+折旧等

C. 经营成本=付现经营成本

D. 经营成本与付现经营成本没有任何关系

7. 已知某投资项目某年实现营业收入为 1000 万元，该年经营总成本为 600 万元，该年折旧为 100 万元，在不考虑所得税的情况下，该年营业净现金流量为(　　)。

A. 400 万元　　B. 500 万元　　C. 600 万元　　D. 700 万元

8. 终结点的净现金流量等于(　　)。

A. 终结点的回收额

B. 终结点的营业净现金流量

C. 终结点的营业净现金流量与回收额之和

D. 终结点的营业净现金流量与回收额和折旧额之和

9. 下列指标中，属于静态评价指标的是(　　)。

A. 投资回收期　B. 净现值　C. 净现值率　D. 内部收益率

10. 已知某新建项目的净现金流量为：$NCF_0=-100$ 万元，$NCF_1=-50$ 万元，$NCF_{2\sim5}=25$ 万元，$NCF_{6\sim10}=40$ 万元。计算包括建设期的投资回收期为(　　)。

A. 5 年　B. 5.25 年　C. 6 年　D. 6.25 年

11. 能使投资方案的净现值为 0 的折现率是(　　)。

A. 净现值率　B. 内部收益率　C. 投资利润率　D. 资金成本率

12. 下列指标中，属于绝对指标的是(　　)。

A. 净现值　B. 净现值率　C. 投资利润率　D. 内部收益率

13. 在只有一个投资方案的情况下，如果该方案不具备财务可行性，则(　　)。

A. 净现值>0　B. 净现值率<0

C. 内部收益率>0　D. 内部收益率<0

14. 如果其他因素不变，折现率提高，则（　　）将会变小。

A. 净现值率　B. 内部收益率　C. 投资回收期　D. 投资利润率

15. 动态指标之间的关系式(　　)。

A. 当净现值>0 时，净现值率>0，内部收益率>基准收益率或资金成本

B. 当净现值>0 时，净现值率<0，内部收益率>基准收益率或资金成本

C. 当净现值<0 时，净现值率>0，内部收益率>基准收益率或资金成本

D. 当净现值<0 时，净现值率<0，内部收益率>基准收益率或资金成本

16. 下列表述中，不正确的是(　　)。

A. 净现值是未来报酬的总现值与初始投资额的现值之差

B. 当净现值大于 0 时，净现值率小于 0

C. 当净现值等于 0 时，此时的折现率为内部收益率

D. 当净现值大于 0 时，说明该投资方案可行

二、多项选择题

1. 企业的投资项目主要可分为(　　)。

A. 新建投资项目　B. 更改投资项目

C. 单纯固定资产投资　D. 完整企业投资项目

2. 下列各项中，与新建项目特征有关的说法是(　　)。

A. 以新增生产能力为目的　B. 以恢复或改善生产能力为目的

C. 属于外延式扩大再生产　D. 属于内涵式或简单再生产

3. 建设期资本化利息是指在建设期发生的与（　　）有关的借款利息。

A. 存货　B. 流动资产　C. 固定资产　D. 无形资产

4. 当建设期不为 0 时，建设期各年内的净现金流量可能(　　)。

A. 小于 0　B. 等于 0　C. 大于 0　D. 等于 1

5. 下列项目中，属于现金流入量的是(　　)。

A. 营业收入　B. 残值回收额

C. 流动资金回收额　　　　D. 建设投资

6. 在经营期任何一年内的净现金流量等于(　　)。

A. 原始投资额的负值　　　　B. 原始投资与资本化利息

C. 该年现金流入量与其流出量之差　　　　D. 该年利润加折旧、摊销和利息

7. 下列指标中，属于贴现指标的是(　　)。

A. 投资回收期　　B. 净现值　　C. 现金流量　　D. 内部收益率

8. 下列因素中，影响内部收益率的是(　　)。

A. 银行利率　　　　B. 资金成本率

C. 投资项目计算期　　　　D. 初始投资金额

9. 下列属于评价投资项目的主要指标有(　　)。

A. 净现值　　B. 净现值率　　C. 内部收益率　　D. 投资回收期

10. 对于单个投资项目，当净现值大于 0 时，有（　　）关系成立。

A. 净现值率大于 0　　　　B. 内部收益率大于 0

C. 各年现金流入量大于现金流出量　　　　D. 该项目具有财务可行性

11. 对于资金受限的多个独立方案，下列说法中正确的是(　　)。

A. 按净现值率大小排序　　　　B. 尽量使净现值最大

C. 按内部收益率大小排序　　　　D. 尽量使利润最大

12. 下列项目投资决策指标中，考虑了资金时间价值的有(　　)。

A. 内含报酬率　　　　B. 净现值

C. 静态投资回收期　　　　D. 投资收益率

三、判断题

1. 项目投资是一种以特定项目为对象，直接与新建项目或更新改造项目有关的长期投资行为。一般将它视为固定资产投资。(　　)

2. 凡在建设期发生的投资统称为建设投资。(　　)

3. 财务管理中的现金流量与财务会计中的现金流量含义一致。(　　)

4. 假定每年的赊销额与回收以前年度的款项相等，则该年的销售收入等于该年的收现营业收入。(　　)

5. 判断投资方案财务可行性的主要指标有净现值、净现值率、内部收益率、投资回收期，但不包括投资收益率。(　　)

6. 评价指标按性质不同，可分为折现指标和非折现指标两大类。(　　)

7. 静态投资回收期简称为回收期，是指投资项目收回原始总投资所需要的时间，即以投资项目经营现金流量抵偿原始投资所需要的全部时间。它是一个辅助指标。(　　)

8. 在资金总量受限制时，对多个相互排斥的项目进行组合排队，先需要以各方案的净现值高低为序，逐项计算累计投资额，并与限定投资总额进行比较，最后确定最优组合。(　　)

9. 净现值是一个绝对数，不便于在不同投资规模的投资方案之间进行对比。(　　)

10. 在项目投资决策中，内部收益率的计算本身与项目设定的折现率无关。（ ）

四、业务分析题

1. 某投资项目的每年净现金流量与相关资料如表 4-4 所示。

要求：

（1）计算投资回收期、净现值、净现值率（假定折现率为 10%）。

（2）判断该投资项目的财务可行性。

表 4-4 项目每年净现金流量表 单位：万元

建设期	0	1	2	3	4	5	6	7	8	9	10
净现金流量	−400	−100	80	100	120	150	100	95	95	90	60

2. 某公司有 A、B、C 三种投资方案，其相关资料如表 4-5 所示。如果折现率为 10%，计算三种投资方案的净现值、净现值率、内部收益率。

表 4-5 方案每年净现金流量表 单位：万元

投资方案	0	1	3
A	(10 000)	3 000	12 000
B	(10 000)	5 000	7 000
C	(10 000)	12 500	—

3. 某企业拟用新设备取代已使用 3 年的旧设备。旧设备原价为 14 950 元，使用年限为 9 年，预计尚可使用的年限为 5 年，每年付现操作成本为 2150 元，预计最终残值为 1750 元，目前变现价值为 8500 元；购置新设备需投资 13 750 元，预计可使用 6 年，每年付现操作成本为 850 元，预计最终残值为 2500 元，该企业预计报酬率为 10%，所得税税率为 30%。新旧设备均采用直线法计提折旧，残值为原价的 10%。做出是否更新的决策。

4. 某科技公司有一个投资项目，需要投入固定资产 300 万元，建设期资本化利息为 50 万元，经营期为 5 年，固定资产期满的残值收入为 30 万元。该项目投产以后，预计营业收入为 160 万元，年经营成本为 60 万元。经营期每年支付借款利息为 35 万元，经营期结束时还本。该企业采用直线法计提折旧，所得税税率为 25%，资金成本率为 10%。

要求：

（1）计算该投资项目建设期净现金流量、经营期净现金流量及终结点净现金流量。

（2）计算该投资项目静态投资回收期。

（3）计算该投资项目的净现值、净现值率及获利指数。

（4）根据计算结果，评价该投资项目的可行性。

第五章　证券投资管理

随着证券市场的发展和完善，证券投资已经成为企业财务管理的重要组成部分。科学地进行证券投资管理，在降低风险的同时增加公司收益，有利于财务管理目标的实现。本章共分为四节，重点介绍了债券投资和股票投资的估价、投资报酬率的计算、投资基金的管理。

【知识目标】

1. 了解债券投资与股票投资的特点。
2. 掌握债券投资以及股票投资的价值和投资报酬率的计算。

【能力目标】

1. 能解释债券投资风险问题。
2. 能应用证券投资的价值和投资报酬率的计算进行实际决策。

【案例导入】

甲、乙、丙三个企业投资行为如下。

甲企业购进国库券 85 万元，深发展股票 3 万股，每股 15 元，共 45 万元，深科技 2 万股，每股 20 元，计 40 万元，准备用于长期投资。乙企业用 170 万元全部购买 3 年期的广发稳健基金。丙企业用 170 万元全部购买广发展股票 10 万股，短期投资。

试分析甲、乙、丙三个企业哪一个投资方案最可行?

甲企业的投资既考虑投资风险又考虑投资的收益，国库券占投资总额的一半，股票占一半，国库券的投资属于无风险投资，股票投资则是风险投资，在股票投资中甲企业又选择了较有前途的行业：金融业和高科技行业。这两个行业较其他行业相对成长性较好、收益快。甲企业的投资是一种较佳的投资。乙企业属于保守性的投资，因为广发稳健基金投资风险最小，但其收益率较差，用于短期投资都很难获取较高的收益。丙企业是冒险性投资，因为将全部资金投向股市，而且仅选一种股票，风险最大。在设计投资组合时，要遵循的一个原则就是：“不要把所有的鸡蛋都放在同一个篮子里。”

第一节　证券投资概述

一、证券投资的概念和目的

证券投资，是指用现金、银行存款等资产购买有价证券（股票、债券、基金等）的对外投资。

证券是由国家、金融机构或企业根据有关法律法规发行的，记载并代表一定权利的凭证，它用以证明持有人有权依其所持凭证记载的内容取得相应的权益。股票、债券、基金、票据、保险单、存款单等都是证券。我们通常所说的证券投资更多的是指债券、股票和投资基金等的投资。

证券投资，主要出于以下几种目的。

1. 有效地利用闲置资金

企业若将闲置的资金存在银行，不作任何使用，除了获得很少一部分利息外，没有任何收益；另外，闲置的资金如果长期得不到有效利用，会造成资金沉淀，以至资金的贬值。为此，企业就有必要为正常经营中多余的资金寻找出路，用暂时闲置的资金购入各种可随时变现的证券或其他资产，以取得一定的收益。

2. 企业扩张的需要

为了保证本企业的正常生产有足够的原材料或零配件的供应，扩大企业产品销售，实现企业生产规模扩大等目的，对其他企业进行投资，其目的不仅是取得投资收益，还有实现企业扩张之意。

3. 控制相关企业

为了控制相关企业，增强企业竞争能力，企业有时从经营战略上考虑需要控制某些相关企业，可通过购买该企业大量股票，从而取得对被投资企业的控制权，以增强企业的竞争力。企业的战略转型和孵化也往往需要企业投资其战略转向的行业或市场。

二、证券投资的特点

1. 流动性

证券可以随时抛售取得现金。证券资产的流动性明显高于实物资产。

2. 收益性

证券持有者凭借证券可以获得相应的报酬。证券收益一般由当前收益和资本利得构成。以股息、红利或利息所表示的收益称为当前收益。由证券价格上升（或下降）而产生的收益（或亏损）称为资本利得或差价收益。

3. 风险性

证券投资者达不到预期的收益或遭受各种损失的可能性。证券投资既有可能获得收益，更有可能带来损失，具有不确定性。

三、证券投资的分类

1. 债券投资

债券投资是指企业将资金投入各种债券，如国债、公司债券和金融债券等，相对于股票投资，债券投资一般风险较小，能获得稳定收益，但要注意投资对象的信用级别。

2. 股票投资

股票投资是指企业购买其他企业发行的股票作为投资，如普通股、优先股股票。股票投资风险较大，收益也相对较高。

3. 基金投资

投资基金，就是众多投资者出资、专业基金管理机构和人员管理的资金运作方式。投资基金一般由发起人设立，通过发行证券募集资金。基金的投资人不参与基金的管理和操作，只定期取得投资收益。基金管理人根据投资人的委托进行投资运作，收取管理费收入。

4. 组合投资

组合投资是指企业将资金同时投放于债券、股票等多种证券，这样可分散证券投资风险，组合投资是企业证券投资的常用投资方式。

四、证券投资组合的策略和方法

1. 证券投资组合的策略

在证券投资组合理论的发展过程中，形成了各种各样的派别，从而也形成了不同的组合策略，现介绍其中最常见的几种。

(1) 保守型策略。这种策略认为，最佳证券投资组合策略是要尽量模拟市场现状，将尽可能多的证券包括进来，以便分散掉全部可分散风险，得到与市场所有证券的平均收益同样的收益。这种投资组合的好处是：能分散掉全部可分散风险；不需要高深的证券投资的专业知识；证券投资的管理费比较低。但这种组合获得的收益不会高于证券市场上所有证券的平均收益。因此，此种策略属于收益不高，风险不大的策略，称为保守型策略。

(2) 冒险型策略。这种策略认为，与市场完全一样的组合不是最佳组合，只要投资组合做得好，就能击败市场或超越市场，取得远远高于平均水平的收益。在这种组合中，一些成长型的股票比较多，而那些低风险、低收益的证券不多。另外，其组合的随意性强，变动频繁。采用这种策略的人都认为，收益就在眼前，何必死守苦等。对于追随市场的保守派，他们是不屑一顾的。这种策略收益高，风险大，因此称冒险型策略。

(3) 适中型策略。这种策略认为，证券的价格，特别是股票的价格，是由特定企业的经营业绩来决定的。市场上股票价格的一时沉浮并不重要，只要企业经营业绩好，股票一定会升到其本来的价值水平。采用这种策略的人，一般都善于对证券进行分析。适中型策略如果做得好，可获得较高的收益，而又不会承担太大风险。但进行这种组合的人必须具备丰富的投资经验，拥有进行证券投资的各种专业知识。这种投资策略风险不太大，收益却比较高，所以是一种最常见的投资组合策略。各种金融机构、投资基金和企事业单位在进行证券投资时一般都采用此种策略。

2. 证券投资组合的方法

进行证券投资组合的方法有很多，但最常见的方法通常有以下几种。

(1) 选择足够数量的证券进行组合。这是一种最简单的证券投资组合方法。在采用这种方法时，不是进行有目的的组合，而是随机选择证券。随着证券数量的增加，可分散风险会逐步减少，当数量足够时，大部分可分散风险的都能分散掉。为了有效地分散风险，每个投资者拥有股票的数量最好不少于 14 种。我国股票种类还不太多，同时投资于 10 种股票，就能达到分散风险的目的了。

（2）把风险大、风险中等、风险小的证券放在一起进行组合。这种组合方法又称1/3法，是指把全部资金的1/3投资于风险大的证券；1/3投资于风险中等的证券；1/3投资于风险小的证券。一般而言，风险大的证券对经济形势的变化比较敏感，当经济处于繁荣时期，风险大的证券获得高额收益，但当经济衰退时，风险大的证券却会遭受巨额损失；相反，风险小的证券对经济形势的变化则不十分敏感，一般都能获得稳定收益，而不致遭受损失。因此，这种1/3的投资组合法，是一种进可攻、退可守的组合法，虽不会获得太高的收益，但也不会承担巨大风险，是一种常见的组合方法。

（3）把投资收益呈负相关的证券放在一起进行组合。一种股票的收益上升而另一种股票的收益下降的两种股票，称为负相关股票。把收益呈负相关的股票组合在一起，能有效地分散风险。

第二节　债券投资

一、债券投资的特点

（1）流通性。债券一般都可以在流通市场上自由转让。

（2）安全性。与股票相比，债券通常规定有固定的利率，与企业绩效没有直接联系，收益比较稳定，风险较小。此外，在企业破产时，债券持有者享有优先于股票持有者对企业剩余资产的索取权。

（3）收益性。债券的收益性主要表现在两个方面：一是投资债券可以给投资者定期或不定期地带来利息收入；二是投资者可以利用债券价格的变动，买卖债券赚取差额。

二、债券的种类

债券的种类繁多，通常按照发行主体不同，分为政府债券、金融债券和公司债券。

（一）政府债券

政府债券是指由中央政府或地方政府发行的债券。一般政府债券安全系数较高，因为有税收作为偿还保障，风险小，收益高，所以政府债券也被称为“无风险债券”。

中央政府债券也称国家债券，简称国债。地方政府债券也称地方债，目前，我国尚未允许地方政府发行债券。

从债券形式来看，我国发行的国债可分为凭证式国债、无记名（实物）国债和记账式国债三种。

（1）凭证式国债是一种国家储蓄债，可记名、挂失，以“凭证式国债收款凭证”记录债权，不能上市流通，从购买之日起计息。在持有期内，持券人如遇特殊情况需要提取现金，可以到购买网点提前兑取。提前兑取时，除偿还本金外，利息按实际持有天数及相应的利率档次计算，经办机构按兑付本金的千分之二收取手续费。

（2）无记名（实物）国债是一种实物债券，以实物券的形式记录债权，面值不等，不记名，不挂失，可上市流通。发行期内，投资者可直接在销售国债机构的柜台购买。在证券交易所设立账户的投资者，可委托证券公司通过交易系统申购。发行期结束后，实物券持有者可在柜台卖出，也可将实物券交证券交易所托管，再通过交易系统卖出。

（3）记账式国债以记账形式记录债权，通过证券交易所的交易系统发行和交易，可以记名、挂失。投资者进行记账式证券买卖，必须在证券交易所设立账户，其交易方式类似于股票。由于记账式国债的发行和交易均无纸化，所以效率高、成本低、交易安全。

（二）金融债券

金融债券是指由银行或非银行金融机构为筹集资金而向投资者发行的债券。金融债券能够较有效地解决银行等金融机构的资金来源不足和期限不匹配的矛盾。因银行的信用高于一般商业信用，所以，金融债券的风险及利率通常也较低。

（三）公司债券

公司债券是公司依照法定程序发行的、约定在一定期限还本付息的有价证券。

公司债券的主要特点包括：一是风险性较大，公司债券的还款来源是公司的经营利润，但是任何一家公司的未来经营都存在很大的不确定性，因此公司债券持有人承担着损失利息甚至本金的风险；二是收益率较高，风险与收益成正比的原则，要求较高风险的公司债券需提供给债券持有人较高的投资收益。

另外，根据债券利率在偿还期内是否变化，可将债券区分为固定利率债券和浮动利率债券。固定利率债券指在发行时规定利率在整个偿还期内不变的债券。固定利率债券不考虑市场变化因素，因而其筹资成本和投资收益可以事先预计，不确定性较小，但债券发行人和投资者仍然必须承担市场利率波动的风险，如果未来市场利率下降，发行人能以更低的利率发行新债券，则原来发行的债券成本就显得相对高昂，而投资者则获得了相对现行市场利率更高的报酬，原来发行的债券价格将上升；反之，如果未来市场利率上升，新发行债券的成本增大，则原来发行的债券成本就显得相对较低，而投资者的报酬则低于购买新债券的收益，原来发行的债券价格将下降。

浮动利率债券是指发行时规定债券利率随市场利率定期浮动的债券，也就是说，债券利率在偿还期内可以进行变动和调整。浮动利率债券往往是中长期债券。浮动利率债券的利率通常根据市场基准利率加上一定的利差来确定。

三、债券投资的收益评价

（一）债券估价

债券的价值又称债券的内在价值。根据资产的收入资本化定价理论，任何资产的内在价值都是在投资者预期的资产可获得的现金收入的基础上进行贴现决定的。运用到债券上，债券的价值是指进行债券投资时投资者预期可获得的现金流入的现值。债券的现金流入主要包括利息和到期收回的本金或出售时获得的现金两部分。

1. 债券估价的基本模型

$$V=\sum_{t=1}^{n}\frac{I}{(1+K)^{t}}+\frac{M}{(1+K)^{n}}$$
$$=I\times(P/A，K，n)+M\times(P/F，K，n)$$

式中，n 为债券期限，M 为债券面值，K 为投资收益率，I 为债券年利息。

【例 5-1】 某债券的票面价值为 1000 元，每年计息一次，到期归还本金，票面利率 8%，期限为 3 年。如果市场利率是 10%，问该债券市场价格是多少时值得投资？

$$V = 1000\times 8\%\times (P/A, 10\%, 5) + 1000\times (P/F, 10\%, 5)$$
$$= 80\times 3.791 + 1000\times 0.621 = 924.28 \text{（元）}$$

该债券的市价小于其内在价值 924.28 元时值得投资。

2. 到期一次还本付息的债券估价模型

$$V = (M + M\cdot i\cdot n)\cdot (P/F, k, n)$$

【例 5-2】 若上例中的债券为到期一次还本付息的债券，其他条件相同，问该债券市场价格是多少时值得投资？

$$V = (1000 + 1000\times 8\%\times 5)\times (P/F, 10\%, 5)$$
$$= 1400\times 0.621 = 869.4 \text{（元）}$$

该债券的市价低于 869.4 元时值得投资。

（二）债券收益率

1. 短期债券收益率分析

短期债券由于期限不超过一年，一般不考虑资金时间价值。债券投资收益率是债券收益与其投入本金的比率，通常用年收益率表示。

债券投资收益率＝（利息收入＋买卖差价）/（买入价格×持有期限）×100%

【例 5-3】 某企业投资 1050 元购入一张面值 1000 元、票面利率 8%、每年付息一次的债券，持有一年后以 1075 元的价格将其转让，计算投资收益率。

债券投资收益率＝（1000×8%＋1075－1050）/1050×100%＝10%

2. 长期债券到期收益率分析

长期债券投资的持有期长，需要考虑资金时间价值。长期债券的到时期收益率就是使未来现金流入量的现值之和等于债券购买价格的贴现率。

（1）利息分期支付的长期债券到期收益率为

$$V_0 = I\times (P/A, r, n) + M\times (P/F, r, n)$$

【例 5-4】 某公司 2008 年 4 月 1 日以 1105 元购买一张面值为 1000 元的债券，票面利率 8%，每年 4 月 1 日支付一次利息，并于 2013 年 3 月 31 日到期。该公司计划持有该债券至到期日。计算其到期收益率。

$$1105 = 80\times (P/A, r, 5) + 1000\times (P/F, r, 5)$$

当 $r=4\%$ 时

$$80\times (P/A, 4\%, 5) + 1000\times (P/F, 4\%, 5)$$
$$= 80\times 4.452 + 1000\times 0.822 = 1178.16 > 1105$$

当 $r=6\%$ 时

$$80\times (P/A, 6\%, 5) + 1000\times (P/F, 6\%, 5)$$
$$= 80\times 4.212 + 1000\times 0.747 = 1083.96 < 1105$$

可知到期收益率在4%～6%，利用插入法计算

$$r=4\%+\frac{1178.16-1105}{1178.16-1083.96}\times(6\%-4\%)=5.55\%$$

（2）到期一次还本付息的长期债券到期收益率为

$$V_0=(M+M\cdot i\cdot n)\cdot(P/F, r, n)$$

【例 5-5】 若上例中的债券改为到期一次还本付息，其他条件不变，计算到期收益率。

$$1105=1000\times(1+5\times8\%)\times(P/F, r, 5)$$

$$(P/F, r, 5)=\frac{1105}{1000\times(1+5\times8\%)}=0.7893$$

查复利现值系数表，得该债券的到期收益率约等于5%，准确值可以用插入法计算取得。

（三）债券投资的风险

一般来说，债券的主要风险形式有利率风险、通货膨胀风险、政策风险、违约风险和流动性风险，前三者属于系统风险，而后两种属于非系统风险。

（1）利率风险。利率风险是指市场利率变动导致债券价格与收益发生变动的风险。由于大多数债券有固定的利率及偿还价格，市场利率波动将引起债券价格反方向变化。当市场利率上升并超过债券票面利率时，投资人就不愿意购买债券，导致债券需求下降，债券价格因此下跌。反之，当市场利率下跌至低于债券票面利率时，投资者就会争相购买债券，使债券需求量上升，价格上涨。此外，债券利率风险与债券持有期限的长短密切相关，期限越长，利率风险就越大。

（2）通货膨胀风险。通货膨胀风险又称为购买力风险，是指由于通货膨胀而使债券到期或出售时所获得的现金的购买力减少，从而使投资者的实际收益低于名义收益的风险。在通货膨胀情况下，货币的购买力下降，而债券是一种货币性资产，债券发行者在协议中承诺付给债券持有人的利息和本金都是事先约定好的固定金额，此金额不会因通货膨胀而有所增加，其结果是债券持有人从债券投资中得到的货币的实际购买力越来越低。

（3）政策风险。政策风险是指由国家或地方政府的经济政策变化导致债券价格发生波动而产生的风险。它具有多种形式，如投资人购买某种债券时，国家并不要求对其利息收入纳税，但在后期突然宣布债券要交利息税，就使投资者的实际收益率下降；又如，投资者购买免税的政府债券，就面临着利息税下调的风险，因为利息税越高，免税价值越大，该债券的价格就越高。

（4）违约风险。违约风险也称为信用风险，是指债券发行人不能履行合约规定的义务，无法按期支付利息和偿还本金而产生的风险。企业发行债券后，其营运成绩、财务状况都直接反映在债券的市场价格上，一旦企业的营运状况不良，企业就有可能丧失还本付息的能力，债券的市场价格就会下降。一般而言，政府债券被认为是无违约风险的

"金边债券"。

（5）流动性风险。流动性风险是指债券持有人打算出售债券获取现金时，其所持有债券不能按目前合理的市场价格在短期内出售而形成的风险，又称为变现能力风险。如果一种债券能够在较短时间内按市价大量出售，则说明这种债券的流动性较强，投资于这种债券所承担的流动性风险较小；反之，如果一种债券按市价卖出很困难，则说明其流动性较差，投资者会因此而遭受损失。一般来说，政府债券以及一些著名的大公司债券的流动性较强。

四、影响债券投资价值的因素

（一）影响债券投资价值的内部因素

1. 债券的期限

一般说来，在其他条件不变的情况下，债券的期限越长，其市场价格变动的可能性越大，投资者要求的收益率补偿越高。

2. 债券的票面利率

债券的票面利率越低，债券价格的易变性也就越大。当在市场利率提高的时候，票面利率较低的债券的价格下降较快。但是，当市场利率下降时，它们的增值潜力也很大。

3. 债券的提前赎回条款

债券的提前赎回条款是债券发行人所拥有的一种选择权，允许债券发行人在债券到期前按约定的赎回价格部分或全部偿还债务。对投资者来说，提前赎回使他们面临较低的再投资利率。这种风险要从价格上得到补偿。因此，具有提前赎回可能性的债券具有较高的票面利率。

4. 债券的税收待遇

一般来说，免税债券的到期收益率比类似的应税债券的到期收益率低。

5. 债券的流动性

债券的流动性是指债券可以随时变现的性质，反映债券规避由市场价格波动而导致的实际价格损失的能力。流动性较弱的债券按市价变现困难，持有者会因此面临遭受损失的风险，这种风险必须在债券的定价中得到补偿。

6. 债券的信用级别

债券的信用级别是指债券发行人按期履行合约规定的义务、足额支付利息和本金的可靠程度。信用级别越低的债券，投资者要求的收益率越高。

（二）影响债券投资价值的外部因素

1. 基础利率

基础利率一般是指无风险利率。一般来说，短期政府债券风险小，其收益率可被当成确定基准利率的参照物。此外，银行的信用度很高，且银行利率应用广泛，因此基础利率也可参照银行存款利率来确定。

2. 市场利率

市场利率是债券利率的替代物，是投资于债券的机会成本。在市场整体利率水平上升时，债券的收益水平也应上升，债券价格降低。反之，在市场总体利率下降时，债券的价格上升。

3. 其他因素

影响债券定价的外部因素还有通货膨胀水平以及外汇汇率等。

第三节　股票投资

一、股票投资的特点

(1) 风险性。任何一种投资都是有风险的，股票投资也不例外。股票投资者能否获得预期的回报，首先取决于企业的盈利情况，利大多分，利小少分，公司破产时则可能血本无归。其次，股票作为交易对象，就如同商品一样，有着自己的价格。而股票的价格除了受制于企业的经营状况之外，还受经济的、政治的、社会的甚至人为的等诸多因素的影响，处于不断变化的状态中，大起大落的现象也时有发生。股票市场上股票价格的波动虽然不会影响上市公司的经营业绩，从而影响股息与红利，但股票的贬值还是会使投资者蒙受部分损失。

(2) 责权性。股票作为股东向公司入股，获取收益的所有者凭证，持有它就拥有公司的一份资本所有权，成为公司的所有者之一，股东不仅有权按公司章程从公司领取股息和分享公司的经营红利，还有权出席股东大会，选举董事会，参与企业经营管理的决策。从而，股东的投资意愿通过其行使股东参与权而得到实现，同时股东也要承担相应的责任和风险 。

(3) 流通性。股票可以在股票市场上随时转让。

二、股票投资收益分析

(一) 股票估价

股票带给投资者的现金流入包括两部分：股利收入和股票出售时的价格。因此，股票的内在价值是预期的各期股利和将来出售股票时售价的现值。

(1) 股票估价的基本模型为

$$V=\sum_{t=1}^{n}\frac{D_t}{(1+K)^t}+\frac{V_n}{(1+K)^n}$$

式中，n 为预计持有期限；D_t 为第 t 期的股利；V_n 为股票出售价格；K 为投资收益率。

(2) 长期持有、股利稳定不变的股票估价模型为

$$V=\frac{D}{K}$$

【例 5-6】　某企业拟投资 A 公司的股票，预计每年每股股利为 3 元，该投资者的

必要投资收益率为 15%，该企业最高出价是多少？

$$V=\frac{3}{15\%}=20(\text{元})$$

该股票价值为 20 元，该企业最高应出价 20 元。

（3）长期持有、股利固定增长的股票估价模型为

$$V=\frac{D_1}{K-g}$$

式中，g 为股利增长率。

【例 5-7】 某投资者拟投资购买 N 公司的股票，该股票上年每股股利为 3 元，以后每年以 4%的增长率增长。该投资者要求获得 15%的报酬率，当市场价格为 35 元时，问该股票是否值得投资？

$$V=\frac{3\times(1+4\%)}{15\%-4\%}=28.4(\text{元})$$

股票市价高于其价值 28.4 元，不值得投资。

（4）两阶段增长股票估价模型将增长分为两个阶段：高速增长阶段和随后的稳定增长阶段。公式为

$$V=\sum_{t=1}^{n}\frac{D_t}{(1+K)^t}+\frac{D_{n+1}}{K-g}\times(1+K)^{-n}$$

【例 5-8】 某信息咨询公司最近支付了每股 2 元的股利，预计在以后的 3 年内股利将以 20%的年增长率增长，在此之后转为正常增长，增长率为 12%，假定投资者要求的必要报酬率为 15%。要求：估算该公司股票的价值。

$D_1=2\times(1+20\%)=2.4$

$D_2=2\times(1+20\%)^2=2.88$

$D_3=2\times(1+20\%)^3=3.456$

$D_4=3.456\times(1+12\%)=3.871$

$V=2.4\times(P/F，15\%，1)+2.88\times(P/F，15\%，2)+3.456\times(P/F，15\%，3)$
$\quad+3.871/(15\%-12\%)\times(P/F，15\%，3)$
$=2.4\times0.87+2.88\times0.756+3.456\times0.658+129.02\times0.658$
$=91.44$（元）

（二）股票投资收益率

如果短期持有，不考虑时间价值，股票投资收益率是股票收益与其投入本金的比率，通常用年收益率表示。股票收益包括股利收入和股票资本利得。

股票投资收益率＝（股息＋卖出价格－买进价格)/(买进价格×持有年限）×100%

【例 5-9】　某企业以 6000 元买进某公司股票 1000 股，一年内分得股息 400 元（每股 0.4 元），一年后以每股 7 元卖出，计算投资收益率。

股票投资收益率＝（400＋7000－6000）/6000×100％≈23.3％

考虑资金时间价值，股票投资收益率就是使未来现金流入量的现值之和等于股票购买价格的贴现率。即：

$$V_0=\sum_{t=1}^{n}\frac{D_t}{(1+i)^t}+\frac{V_n}{(1+i)^n}$$

【例 5-10】　八达公司在 2006 年 7 月 2 日以 60 000 元的价格购入了四通公司15 000 股普通股。该股票在 2007 年到 2011 年每年 7 月 2 日分别发放现金股利每股 0.32 元、0.4 元、0.44 元、0.52 元、0.4 元，并于 2011 年 7 月 2 日以每股 5 元的价格出售，计算投资收益率。

$$\begin{aligned}4&=0.32\times(1+i)^{-1}+0.4\times(1+i)^{-2}+0.44\times(1+i)^{-3}\\&\quad+0.52\times(1+i)^{-4}+5.4\times(1+i)^{-5}\end{aligned}$$

和债券到期收益率计算方法一样，可以通过逐步测试法和插入法求出股票投资收益率。

收益率越高获利越多，收益率越低获利越少。投资者可以通过收益率的对比，来选择最有利的投资方式。

三、影响股票投资价值的因素

（一）影响股票投资价值的内部因素

（1）公司净资产。公司净资产是总资产减去总负债后的净值，理论上讲，净值应与股价保持一定比例，即净值增加，股价上涨；净值减少，股价下跌。

（2）公司盈利水平。公司盈利增加，可分配的股利相应增加，股票的市场价格上涨；公司盈利减少，可分配的股利相应减少，股票的市场价格下降。但要注意，股票价格的涨跌和公司盈利的变化并不完全同时发生。

（3）公司的股利政策。股利与股票价格成正比，通常股利高，股价涨；股利低，股价跌。

（4）股份分割。股份分割一般在年度决策月份进行，通常会刺激股价上升。股份分割往往比增加股利分配对股价上涨的刺激作用更大。

（5）增资和减资。公司因业务发展需要增加资本额而发行新股，在没有产生相应效益前将使每股净资产下降，因而会促使股价下跌。但对那些业绩优良、财务结构健全、具有发展潜力的公司而言，增资意味着将增加公司经营实力，会给股东带来更多回报，股价不仅不会下跌，可能还会上涨。公司宣布减资，多半是因为经营不善、亏损严重、需要重新整顿，所以股价会大幅下降。

（6）公司资产重组。要分析公司重组对公司是否有利，重组后是否会改善公司的经营状况，这是决定股价变动方向的决定因素。

（二）影响股票投资价值的外部因素

（1）宏观经济因素。宏观经济走向（经济周期、通货变动、国际经济形势等）、国家货币政策、财政政策、收入分配政策、证券市场监管政策等都会对股票投资价值产生影响。

（2）行业因素。产业发展状况和趋势、国家产业政策和相关产业发展等都会对该产业上市公司的股票投资价值产生影响。

（3）市场因素。证券市场上投资者对股票走势的心理预期（如散户投资者的从众心理）会对股票价格走势产生助涨助跌的作用。

四、股票投资的程序

1. 选择合适的投资对象

企业进行证券投资首先要选择合适的投资对象，即选择投资于何种证券，投资于哪家企业的证券。投资对象的选择是证券投资最关键的一步，它关系到投资的成败。

2. 确定合适的证券买入价格

证券的价格受各种因素的影响，通常变化较大，尤其是股票的价格更甚。买入价格的确定实际上是投资决策的一个重要方面，需要结合各种因素进行分析。投资者即使选择了一只好股票，但若买入的时机不对，价格太高，也会增加投资风险，降低投资收益。

3. 委托买卖

投资者在选定投资于何种证券并确定了买入价格后，就可以委托证券经纪人委托买卖证券。在委托经纪人买卖股票前，必须先行开设账户（股票账户和资金账户），证券和资金都登记在账户里，证券交易以转账方式进行。

4. 进行交割和清算

经纪人在接受投资者委托后，即按投资者指令进行申报竞价，然后拍板成交。证券的清算与交割是一笔证券交易达成后的后续处理，是价款结算和证券交收的过程。由证券登记结算公司为投资者进行交割和清算，投资者不需要另行办理任何手续。

5. 过户

股票过户是办理股权变更的一种程序，投资者持有的股票只有在该公司的登记部门或代理机构办理了股东名册变更以后才能成为该公司的股东，享有应有的股权。投资者在证券市场上买卖股票而引起的过户，对此投资者不需要亲自去办理过户，而由证券登记结算公司通过电脑统一办理，过户与交易同步进行。

第四节　投资基金

一、投资基金的概念及特点

（一）投资基金的概念

基金投资是基金管理公司通过发行基金份额，集中投资者的资金，由基金托管人

（即具有资格的银行）托管，由基金管理人管理和运用资金，从事股票、债券等金融工具投资，然后共担投资风险、分享收益。人们平常所说的基金主要是指证券投资基金。通俗地说，证券投资基金是通过汇集众多投资者的资金，交给银行保管，由专业的基金管理公司负责投资于股票和债券等证券，以投资组合的方式进行证券投资的一种利益共享、风险共担的集合投资方式（图 5-1）。

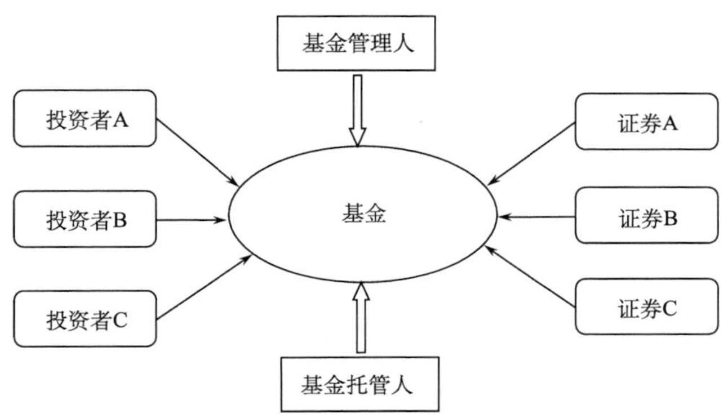

图 5-1　投资基金概念示意图

基金投资者、基金管理人与基金托管人为基金的当事人。基金市场上的各种服务机构通过自己的服务参与市场，监管机构则对市场上的各种参与主体实行全面的监管（图 5-2）。

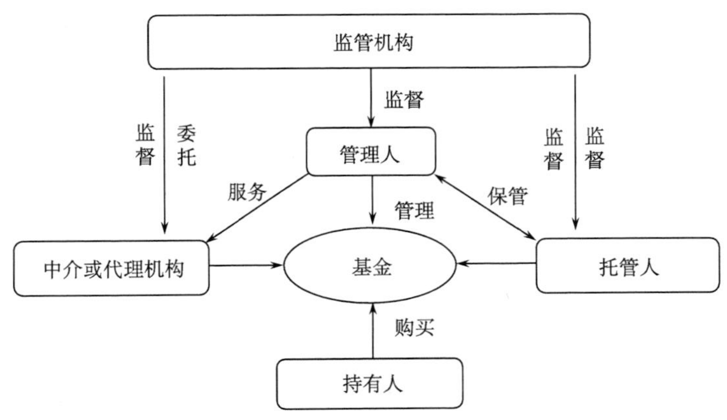

图 5-2　投资基金运作关系简图

在证券市场品种不断增多、交易复杂程度不断提高的背景下，普通人与专业人士比较，在经营业绩方面的差距越来越大。将个人不多的资金委托给专门的投资管理人集中运作，也可以实现投资分散化和降低风险的效果。

投资基金是一种由众多不确定投资者自愿将不同的出资份额汇集起来，交由专家管理投资，所得收益由投资者按出资比例分享的一种金融组织。

投资基金的资金来源于公众、企业、团体和政府机构。居民个人投资，可以在基金募集发行时申请购买，也可以在二级市场上购买已挂牌上市的基金。

投资基金的投资领域可以是股票、债券，也可以是实业、期货等，而且对一家上市公司的投资额不得超过该基金总额的10%（这是中国的规定，各国都有类似的投资额限制）。这使得投资风险随着投资领域的分散而降低，所以投资基金是介于储蓄和股票两者之间的一种投资方式。

在我国，基金托管人必须由合格的商业银行担任、基金管理人必须由专业的基金管理公司担任。基金投资人享受证券投资基金的收益，也承担亏损的风险。

（二）投资基金的特点

1. 集合理财、专业管理

基金将众多投资者的资金集合起来，积少成多，有利于发挥规模优势，降低投资成本。基金由基金管理人进行投资管理和运作。基金管理公司配备了大量的投资专家，他们不仅掌握了广博的投资分析和投资组合理论知识，而且在投资领域也积累了相当丰富的经验。

2. 组合投资、分散风险

中小投资者由于资金量小，精力有限，一般无法通过购买太多的不同证券分散投资风险。证券投资基金则可以同时把投资者的资金分散投资于各种证券，使某些证券跌价造成的损失可以用其他证券涨价的盈利来弥补，分散了投资风险。

3. 利益共享、风险共担

基金投资者是基金的所有者。基金投资收益在扣除由基金承担的费用后的盈余全部归基金投资者所有，并依据各投资者持有的份额比例进行分配。基金管理人、托管人只按规定收取一定比例的管理费、托管费。

4. 独立托管、保障安全

基金管理人负责基金的运作，本身并不经手基金财产的保管，基金财产的保管由独立于基金管理人的基金托管人负责。这种相互制约、相互监督的制衡机制对投资者的利益提供了重要的保护。

二、投资基金的构成主体

1. 基金发起人

基金发起人是指按照共同投资、共享收益、共担风险的基本原则和股份公司的某些原则，运用现代信托关系的机制，以基金方式将投资者分散的资金集中起来以实现预先规定的投资目的的投资组织机构。中国规定证券投资基金发起人为证券公司、信托投资公司及基金管理公司。

2. 基金托管人

基金托管人是指安全保管基金财产；按照规定开设基金财产的资金账户和证券账户；对所托管的不同基金财产分别设置账户，确保基金财产的完整与独立；保存基金托管业务活动的记录、账册、报表和其他相关资料；按照基金合同的约定，根据基金管理人的投资指令，及时办理清算、交割事宜；办理与基金托管业务活动有关的信息披露等事项的机构。

3. 基金管理人

基金管理人是指依法募集基金，办理或者委托经国务院证券监督管理机构认定的其他机构代为办理基金份额的发售、申购、赎回和登记事宜；办理基金备案手续；对所管理的不同基金财产分别管理、分别记账，进行证券投资；进行基金会计核算并编制基金财务会计报告；编制中期和年度基金报告等事项的机构。

4. 基金份额持有人

基金份额持有人即基金的投资者。

三、投资基金的分类

1. 根据基金单位是否可增加或赎回分类

根据基金单位是否可增加或赎回，投资基金可分为开放式基金和封闭式基金。开放式基金是指基金设立后，投资者可以随时申购或赎回基金单位，基金规模不固定的投资基金；封闭式基金是指基金规模在发行前已确定，在发行完毕后的规定期限内，基金规模固定不变的投资基金。

2. 根据投资对象的不同分类

根据投资对象的不同，投资基金可分为股票基金、债券基金、货币市场基金、指数基金等。股票基金是指以股票为投资对象的投资基金；债券基金是指以债券为投资对象的投资基金；货币市场基金是指以国库券、大额银行可转让存单、商业票据、公司债券等货币市场短期有价证券为投资对象的投资基金；指数基金是指以某种证券市场的价格指数为投资对象的投资基金。

3. 根据投资风险与收益的不同分类

根据投资风险与收益的不同，投资基金可分为成长型投资基金、收入型投资基金和平衡型投资基金。成长型投资基金是指把追求资本的长期成长作为其投资目的的投资基金；收入型投资基金是指以能为投资者带来高水平的当期收入为目的的投资基金；平衡型投资基金是指以支付当期收入和追求资本的长期成长为目的的投资基金。

四、投资基金价格的确定

1. 封闭式基金价格的确定

封闭式基金的价格取决于市场供求关系，由买卖基金的投资者双方通过交易所系统达成成交价格。

2. 开放式基金价格的确定

开放式基金的价格是按照当日收市价计算的。

认购/申购价，是买基金时的价格，公式为

$$\text{认购 / 申购价} = \text{基金单位资产净值} + \text{认购 / 申购费}$$

赎回价，是向基金公司卖出基金时的价格，公式为

$$\text{赎回价} = \text{基金单位资产净值} - \text{赎回费}$$

所谓单位基金资产净值，是指每一单位基金代表的基金资产的净值。单位基金资产净值计算的公式为

单位基金资产净值＝(总资产－总负债)/ 基金单位总数

式中，总资产是指基金拥有的所有财产按照公允价格计算的资产总额；总负债是指基金运作及融资时形成的负债；基金单位总数是指当时发行在外的基金单位的总量。

【案例分析】

河北金牛能源股份有份公司（000937），简称“金牛能源”，于1999年8月26日以募集方式设立，注册资本42 500万元。其中国有法人股32 500万股，社会公众流通股10 000万股。社会公众股于1999年9月9日在深圳证券交易所挂牌上市。该公司主要从事煤炭的开采与经营等业务。2007年11月29日，国家发展和改革委员会正式公布了《煤炭产业政策》，将新建煤矿的产能规模一律提高至30万吨/年以上，且国家对重大建设项目实行安全核准制，这意味着煤炭行业的进入壁垒逐步提高。同时，煤炭行业又是重要的能源基础产业，在我国国民经济运行中处于举足轻重的地位，属国家重点支持的行业。假设金牛能源在未来3年超常增长，随后进入稳定增长阶段。相关资料如下。

经查询，2007年度利润分配方案：每股股利0.2元，未来3年高速增长，增长率为13%，以后进入稳定增长阶段，增长率为7%。选择沪市2007年发行的10年期国债0703的年利率3.4%作为无风险利率，根据2003年1月至2007年12月金牛能源及深证成指经调整后的月收盘价格计算得出金牛能源的β系数为1.02，假设深证成指的市场风险溢价为6%。

思考题：

估计金牛能源的股票价值。

【课后练习】

一、单项选择题

1. 下列投资中收益最高，风险最大的投资品种是（　　）。

A. 国债　　B. 企业债　　C. 基金　　D. 股票

2. 当市场利率大于票面利率时，债券发行价格一般（　　）债券的面值。

A. 大于　　B. 小于　　C. 等于　　D. 不确定

3. 下列哪一项为债券投资的缺点(　　)。

A. 对企业资产和盈利的求偿权居后

B. 购买力风险比较大

C. 价格受众多因素的影响

D. 收入不稳定，与企业经营状况有关

4. 下列投资中，风险最小的是(　　)。

A. 购买政府债券　　B. 购买企业债券

C. 购买股票　　D. 投资开发新项目

5. 按照发行主体的不同，债券可分为（　　）。

A. 短期债券和长期债券　　B. 固定利率债券和浮动利率债券

C. 政府债券、金融债券和公司债券　　D. 记名债券和不记名债券

6. 选择高质量的股票和债券，组成投资组合，既可以获得较高的收益，又不会承担太大的风险。这种证券投资组合策略为(　　)。

A. 保守型策略　　B. 冒险型策略

C. 适中型策略　　D. 稳健型策略

7. 在财务管理中，由那些影响所有公司的因素引起的、不能通过多角化投资分散的风险称为(　　)。

A. 财务风险　　B. 经营风险

C. 系统风险　　D. 公司持有风险

8. 下列因素引起的风险中，投资者可以通过证券投资组合予以分散的是(　　)。

A. 经济危机　　B. 通货膨胀

C. 利率上升　　D. 企业经营管理不善

二、多项选择题

1. 股票投资有哪些优点(　　)。

A. 能获得比较高的收益　　B. 拥有一定的经营控制权

C. 收益稳定　　D. 本金可归还，安全性较高

2. 证券投资风险中的违约风险，可能由（　　）情况造成。

A. 企业财务管理失误，不能及时清偿债务

B. 利息率变动引起证券价格变动而使投资人遭受损失

C. 自然原因（如火灾）引起的非常破坏事件

D. 投资人想出售有价证券但不能立即出售

3. 证券投资的风险主要有（　　）。

A. 违约风险　　B. 利息率风险

C. 购买力风险　　D. 经营风险

4. 债券投资的优点主要有（　　）。

A. 收入稳定性强　　B. 投资收益高

C. 市场流动性好　　D. 没有风险

5. 债券投资收益包括(　　)。

A. 股利收入　　B. 利息收入　　C. 资本利得　　D. 购买价格

6. 影响债券价值的因素有（　　）。

A. 债券面值　　B. 票面利率　　C. 债券发行价格　　D. 付息方式

7. 证券投资组合的策略主要有(　　)。

A. 保守型策略　　B. 冒险型策略

C. 适中型策略　　D. 稳健型策略

8. 债券投资的风险主要有(　　)。

A. 违约风险　　B. 利息率风险

C. 购买力风险　　D. 流动性风险

9. 股票投资的缺点有(　　)。

A. 价格不稳定　　B. 收入稳定性强

C. 求偿权居后　　D. 风险小

10. 投资基金的构成主体有(　　)。

A. 基金发起人　　B. 基金托管人

C. 基金管理人　　D. 基金份额持有人

三、计算分析题

1. M公司1月1日发行3年期债券，面值为2000元，票面利率为10%，利息于每年12月31日支付。当市场利率为8%时，估算该债券的价值。

2. 大华股份有限公司打算投资A公司的普通股，预计第1年股利为3元，每年以5%的增长率增长，大华公司的必要报酬率为7%，则只有该股票价格不高于多少时，投资才比较合算?

3. 某企业于2004年4月1日以10 000元购得面值为100元的新发行债券，票面利率为12%，两年后一次还本付息。若到2005年7月1日以113元的价格出售。求该企业持有债券期间的收益率。

第六章　营运资金管理

营运资金是一个企业保持正常生产经营活动顺利实施的必备资金。营运资金管理是企业财务管理活动中非常重要的内容，营运资金管理的目标是在保证营运资金时间上继起性的前提下，加速资金的运转，尽量减少资金的过度占用，利用商业信用，解决资金短期周转困难，提高资金运用的效率，从而降低资金的使用成本。本章主要介绍了营运资金管理中的现金管理、应收账款管理、存货管理。

【知识目标】

1. 掌握最佳现金持有量的确定。
2. 掌握信用政策的制定。
3. 掌握存货经济批量模型的应用。

【能力目标】

1. 能够为企业确定最佳现金持有量。
2. 能够制定合理的信用政策。
3. 能够确定存货经济批量。

【案例导入】

曾在我国证券市场闯荡多年的金杯汽车，其 2001 年的年报富有戏剧性。2002 年 4 月 13 日，金杯汽车发布了业绩预亏公告：金杯汽车 2001 年度业绩将出现巨额亏损。随后，该公司又公布了 2001 年度经营业绩预亏的补充公告，公告中解释道，巨额亏损是由于公司变更会计政策，计提坏账准备而产生的。金杯汽车在公布了预亏公告及补充公告之后，直到 4 月底，才公布 2001 年度报告。

在金杯汽车迟缓公布年报的背后，自然是一份令人不满意的答卷。金杯汽车 2001 年度报告显示，主管业务收入 64 846.90 万元，同比减少 18%；净利润－82 503.87 万元，同比减少 42%；调整后的每股净资产 1.252 元，同比减少 27%；股东权益 155 085.29万元，同比减少 34%；每股收益－0.7551 元，净资产收益率－53.2%，均大幅度下滑。

造成金杯汽车巨额亏损的主要原因是，在公司的资产构成中，充斥着大量的应收账款。截至报告期末，该公司的应收账款高达 19.87 亿元，其中 5 年期以上的应收账款达 7.88 亿元，占应收账款总额的 39.6%。按账龄分析法，金杯汽车需要计提的坏账准备金高达 9.47 亿元，占应收账款总额的 47.6%。正是巨额的坏账，导致金杯汽车的巨额亏损，这说明公司在资产运作上存在很多问题。

第一节 营运资金管理概述

一个企业要维持正常的运转就必须要拥有适量的营运资金，因此，营运资金管理是企业财务管理的重要组成部分。营运资金的管理既包括流动资产的管理，也包括流动负债的管理。

一、营运资金的概念

营运资金是指企业在生产经营活动中占用在流动资产上的资金。营运资金有广义和狭义之分，广义的营运资金又称营运资金总额，是指一个企业流动资产的总额；狭义的营运资金又称营运资金净额，是指流动资产减去流动负债后的余额。企业理财更关注营运资金净额。

使用营运资金这一概念，是因为在企业的流动资产中，来源于流动负债的部分由于面临债权人的短期索求权，而无法供企业在较长期限内自由运用。只有扣除短期负债之后的剩余流动资产，即营运资金，才能为企业提供一个宽裕的自由使用期间。

营运资金是流动资产的一个有机组成部分，因其具有较强的流动性而成为企业日常生产经营活动的润滑剂和衡量企业短期偿债能力的重要指标。在客观上存在现金流入量和流出量不同步和不确定的现实情况下，企业持有一定量的营运资金是十分重要的。

二、营运资金的分类

在营运资金的管理中，流动资产和流动负债的匹配占有十分重要的地位，因此，必须对流动资产和流动负债进行恰当的分类。

（一）流动资产

流动资产是指可以在1年以内或超过1年的一个营业周期内变现或运用的资产，流动资产具有占用时间短、周转快、易变现等特点。企业拥有较多的流动资产，可在一定程度上降低财务风险。流动资产按不同的标准可进行不同的分类，常见分类方式如下。

(1) 按占用形态不同，分为现金、交易性金融资产、应收及预付款项和存货等。

(2) 按在生产经营过程中所处的环节不同，分为生产领域中的流动资产、流通领域中的流动资产以及其他领域的流动资产。

（二）流动负债

流动负债是指需要在1年或者超过1年的一个营业周期内偿还的债务。流动负债又称短期负债，具有成本低、偿还期短的特点。流动负债按不同标准可进行不同分类，最常见的分类方式如下。

(1) 以应付金额是否确定为标准，可以分为应付金额确定的流动负债和应付金额不确定的流动负债。应付金额确定的流动负债是指那些根据合同或法律规定到期必须偿付、并有确定金额的流动负债。应付金额不确定的流动负债是指那些要根据企业生产经营状况，到一定时期或具备一定条件才能确定的流动负债，或应付金额需要估计的流动负债。

（2）以流动负债的形成情况为标准，可以分为自然性流动负债和人为性流动负债。自然性流动负债是指不需要正式安排，由于结算程序或有关法律法规的规定等原因而自然形成的流动负债。人为性流动负债是指根据企业对短期资金的需求情况，通过人为安排所形成的流动负债。

（3）以是否支付利息为标准，可以分为有息流动负债和无息流动负债。凡是要付息的归为有息流动负债；凡是无需付息的归为无息流动负债，如应付账款、其他应付款等。

三、营运资金的特点

为了有效地管理企业的营运资金，必须研究营运资金的特点，以便有针对性地进行管理。营运资金一般具有如下特点。

（1）营运资金的来源具有灵活多样性。与筹集长期资金的方式相比，企业筹集营运资金的方式较为灵活多样，通常有银行短期借款、短期融资券、商业信用、应交税金、应交利润、应付工资、应付费用、预收货款、票据贴现等多种内外部融资方式。

（2）营运资金的数量具有波动性。流动资产的数量会随企业内外条件的变化而变化，时高时低，波动很大。季节性企业如此，非季节性企业也如此。随着流动资产数量的变动，流动负债的数量也会相应发生变动。

（3）营运资金的周转具有短期性。企业占用在流动资产上的资金，通常会在1年或一个营业周期内收回。根据这一特点，营运资金可以用商业信用、银行短期借款等短期筹资方式来加以解决。

（4）营运资金的实物形态具有变动性和易变现性。企业营运资金的实物形态是经常变化的，一般按照现金、材料、在产品、产成品、应收账款、现金的顺序转化。为此，在进行流动资产管理时，必须在各项流动资产上合理配置资金数额，做到结构合理，以促进资金周转顺利进行。此外，短期投资、应收账款、存货等流动资产一般具有较强的变现能力，如果遇到意外情况，企业出现资金周转不灵、现金短缺时，便可迅速变卖这些资产，以获取现金。这对财务上应付临时性资金需求具有重要意义。

四、营运资金的管理原则

企业的营运资金在全部资金中占有相当大的比重，而且周转期短，形态易变，是企业财务管理工作的一项重要内容。实证研究也表明，财务经理的大量时间都用于营运资金的管理。企业进行营运资金管理，应遵循以下原则。

1. 保证合理的资金需求

企业应认真分析生产经营状况，合理确定营运资金的需求数量。企业营运资金的需求数量与企业生产经营活动有直接关系。一般情况下，当企业产销两旺时，流动资产会不断增加，流动负债也会相应增加；而当企业产销量不断减少时，流动资产和流动负债也会相应减少。营运资金的管理必须把满足正常合理的资金需求作为首要任务。

2. 提高资金使用效率

加速资金周转是提高资金使用效率的主要手段之一。提高营运资金使用效率的关键就是采取得力措施，缩短营业周期，加速变现过程，加快营运资金周转。因此，企业要千方百计地加速存货、应收账款等流动资产的周转，以便用有限的资金，服务于更大的产业规模，为企业取得更好的经济效益提供条件。

3. 节约资金使用成本

在营运资金管理中，必须正确处理保证生产经营需要和节约资金使用成本两者之间的关系。要在保证生产经营需要的前提下，遵守勤俭节约的原则，尽力降低资金使用成本。一方面，要挖掘资金潜力，盘活全部资金，精打细算地使用资金；另一方面，积极拓展融资渠道，合理配置资源，筹措低成本资金，服务于生产经营。

4. 保持足够的短期偿债能力

偿债能力的高低是企业财务风险高低的标志之一。合理安排流动资产与流动负债的比例关系，保持流动资产结构与流动负债结构的适配性，保证企业有足够的短期偿债能力是营运资金管理的重要原则之一。流动资产、流动负债以及两者之间的关系能较好地反映企业的短期偿债能力。流动负债是在短期内需要偿还的债务，而流动资产则是在短期内可以转化为现金的资产。因此，如果一个企业的流动资产比较多，流动负债比较少，说明企业的短期偿债能力较强；反之，则说明短期偿债能力较弱。但如果企业的流动资产太多，流动负债太少，也不是正常现象，这可能是因流动资产闲置或流动负债利用不足所致。

第二节 现金管理

一、现金概述

现金有广义、狭义之分。广义的现金是指在生产经营过程中以货币形态存在的资金，包括库存现金、银行存款和其他货币资金等。狭义的现金仅指库存现金。这里所讲的现金是指广义的现金。

保持合理的现金水平是企业现金管理的重要内容。现金是变现能力最强的资产，可以用来满足生产经营开支的各种需要，也是还本付息和履行纳税义务的保证。拥有足够的现金对于降低企业的风险，增强企业资产的流动性和债务的可清偿性有着重要的意义。但库存现金是唯一的不创造价值的资产，对其持有量不是越多越好。即使是银行存款，其利率也非常低。因此，现金存量过多，它所提供的流动性边际效益便会随之下降，从而使企业的收益水平下降。

除了应付日常的业务活动之外，企业还需要拥有足够的现金偿还贷款、把握商机以及防止不时之需。企业必须建立一套管理现金的方法，持有合理的现金数额，使其在时间上继起，在空间上并存。企业必须编制现金预算，以衡量企业在某段时间内的现金流入量与流出量，以便在保证企业经营活动所需现金的同时，尽量减少企业的现金数量，提高资金收益率。

二、现金的持有动机

持有现金是出于三种需求：交易性需求、预防性需求和投机性需求。

1. 交易性需求

企业的交易性需求是企业为了维持日常周转及正常商业活动所需持有的现金额。企业每日都发生许多支出和收入，这些支出和收入在数额上不相等及时间上不匹配使企业需要持有一定现金来调节，以使生产经营活动能持续进行。

在许多情况下，企业向客户提供的商业信用条件和它从供应商那里获得的信用条件不同，使企业必须持有现金。例如，供应商提供的信用条件是 30 天付款，而企业迫于竞争压力，则向顾客提供 45 天的信用期，这样，企业必须筹集够 15 天的营运资金来维持企业运转。

另外，企业业务的季节性，要求企业逐渐增加存货以等待季节性的销售高潮。这时，一般会发生季节性的现金支出，企业现金余额下降，随后又随着销售高潮到来，存货减少，而现金又逐渐恢复到原来水平。

2. 预防性需求

预防性需求是指企业需要维持充足现金，以应付突发事件。这种突发事件可能是政治环境变化，也可能是企业的某大客户违约导致企业突发性偿付等。尽管财务主管试图利用各种手段来较准确地估算企业需要的现金数量，但这些突发事件会使原本很好的财务计划失去效果。因此，企业为了应付突发事件，有必要维持比日常正常运转所需金额更多的现金。

为应付意料不到的现金需要，企业掌握的现金额取决于：①企业愿冒缺少现金风险的程度；②企业预测现金收支可靠的程度；③企业临时融资的能力。希望尽可能减少风险的企业倾向于保留大量的现金余额，以应付其交易性需求和大部分预防性需求。另外，企业会与银行维持良好关系，以备现金短缺之需。

3. 投机性需求

投机性需求是企业为了抓住突然出现的获利机会而持有的现金，这种机会大都是一闪即逝的，如证券价格的突然下跌，企业若没有用于投机的现金，就会错过这一机会。

除了上述三种基本的现金需求以外，还有许多企业是将现金作为补偿性余额来持有的。补偿性余额是企业同意保持的账户余额，它是企业对银行所提供借款或其他服务的一种补偿。

三、最佳现金持有量的确定

（一）成本分析模式

成本分析模式是通过分析企业置存货币资金的各相关成本，测算各相关成本和最小时的现金持有量的一种方法。在成本分析模式下应分析机会成本、管理成本和短缺成本。

1. 机会成本

现金的机会成本，是指企业因持有一定现金余额丧失的再投资收益。再投资收益是企业不能同时用该现金进行有价证券投资所产生的机会成本，这种成本在数额上等于资金成本。例如，某企业的资本成本为10%，年均持有现金50万元，则该企业每年的现金机会成本为5万元（50×10%）。放弃的再投资收益即机会成本属于变动成本，它与现金持有量的多少密切相关，即现金持有量越大，机会成本越大，反之就越少。

2. 管理成本

现金的管理成本，是指企业因持有一定数量的现金而发生的管理费用。例如，管理者工资、安全措施费用等。一般认为这是一种固定成本，这种固定成本在一定范围内和现金持有量之间没有明显的比例关系。

3. 短缺成本

现金的短缺成本是指在现金持有量不足，又无法及时通过有价证券变现补充给企业造成的损失，包括直接损失与间接损失。现金的短缺成本随现金持有量的增加而下降，随现金持有量的减少而上升，即与现金持有量负相关。

成本分析模式是根据现金有关成本，分析预测其总成本最低时现金持有量的一种方法。其计算公式为

$$最佳现金持有量 = \min(管理成本 + 机会成本 + 短缺成本)$$

成本分析模式下的最佳现金持有量可用图解法确定，如图6-1所示。在直角坐标平面内，以横轴表示现金持有量，以纵轴表示成本，画出各项成本的图像。一般来说，机会成本是一条由原点出发向右上方的射线，管理成本是一条水平线，短缺成本是一条由左上方向右下方的直线或上凹的曲线，它与横轴相交，表示企业持有相当大的一笔货币资金数额时不再存在短缺成本。总成本线由各项成本线纵坐标相加后得到，它是一条上凹的曲线，总成本线最低点处对应的横坐标即为最佳现金持有量。

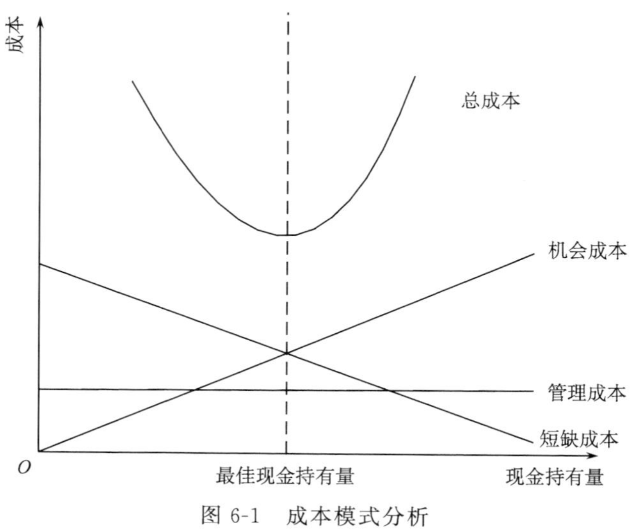

图6-1 成本模式分析

成本分析模式下的最佳现金持有量也可用编制持有成本分析表来确定，如表6-1所示。由表6-1可知该企业持有60万元现金最好，最小持有总成本为8万元。

表 6-1　某企业货币资金持有成本分析表　单位：万元

项目	甲	乙	丙	丁
货币资金持有量	50	60	70	80
机会成本	5	6	7	8
管理成本	1	1	1	1
短缺成本	3	1	0.5	0
持有总成本	9	8	8.5	9

由成本分析模式可知，如果减少现金持有量，则增加短缺成本；如果增加现金持有量，则增加机会成本。改进上述关系的一种方法是：当拥有多余现金时，将现金转换为有价证券；当现金不足时，将有价证券转换成现金。但现金和有价证券之间的转换，也需要成本，称为转换成本。转换成本是指企业用现金购入有价证券以及用有价证券换取现金时付出的交易费用，即现金同有价证券之间相互转换的成本，如买卖佣金、手续费、证券过户费、印花税、实物交割费等。转换成本可以分为两类：一是与委托金额相关的费用；二是与委托金额无关，只与转换次数有关的费用，如委托手续费、过户费等。证券转换成本与现金持有量即有价证券变现额的多少，必然对有价证券的变现次数产生影响，即现金持有量越少，进行证券变现的次数越多，相应的转换成本就越大。

（二）存货分析模式

存货分析模式是借用存货管理经济批量公式来确定最佳现金持有量的一种方法。这一模式的使用有以下几种假定。

（1）企业在某一段时期内需用的现金已事先筹措得到，并以短期有价证券的形式存放在证券公司内。

（2）企业对现金的需求是均匀、稳定、可知的，可通过分批抛售有价证券取得。

（3）短期有价证券的利率稳定、可知。

（4）每次将有价证券变现的交易成本可知。

在存货分析模式下有两项相关成本，即机会成本和转换成本。

机会成本是指企业因持有现金而丧失的将这些资金投资于证券可得到的投资收益，此项成本与有价证券收益率有关，也与持有现金的平均余额有关。

转换成本是指与交易次数成正比的经济费用。

机会成本和转换成本的变化方向是相反的。若每次抛售有价证券金额大，会使现金平均余额大而增加机会成本，但会使交易次数少而减少交易成本；若每次抛售有价证券金额小，会减少机会成本和增加转换成本。存货分析模式旨在使相关总成本，即机会成本和转换成本之和最小化。

现金管理相关总成本与持有机会成本、转换成本的关系如图 6-2 所示。

从图 6-2 可以看出，现金管理的相关总成本与现金持有量呈凹形曲线关系。持有现金的机会成本与证券变现的交易成本相等时，现金管理的相关总成本最低，此时的现金持有量为最佳现金持有量。其相关计算公式为

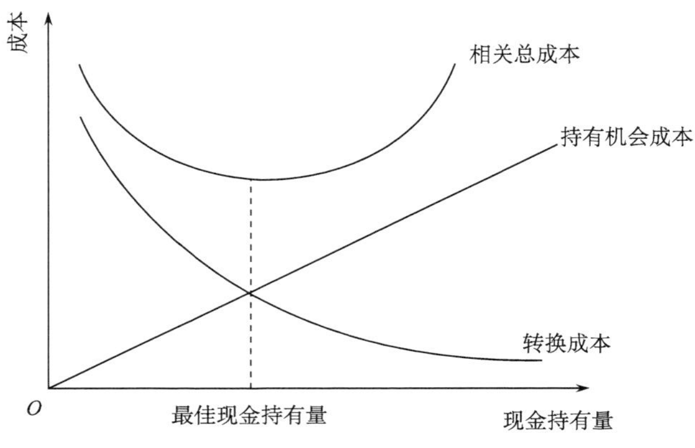

图 6-2　存货模式示意图

$$\begin{aligned} TC &= T_1 + T_2 \\ &= \frac{Q}{2} \times K + \frac{T}{Q} \times F \end{aligned}$$

$$TC' = \frac{K}{2} - \frac{TF}{Q^2}$$

令 $TC' = 0$，得

$$Q = \sqrt{\frac{2FT}{K}}$$

$$TC = \sqrt{\frac{2FT}{K}} \times \frac{K}{2} + TF \times \sqrt{\frac{K}{2FT}} = \sqrt{2TFK}$$

因为 $TC'' = \frac{2TF}{Q^3} > 0$，所以 $\sqrt{2TFK}$ 是 TC 的最小值。

可得到结论如下：最佳现金持有量 $Q^* = \sqrt{\frac{2FT}{K}}$ 时，相关总成本达最小值 $TC^* = \sqrt{2TFK}$。

式中，TC 为存货分析模式下的相关总成本；T_1 为相关的机会成本；T_2 为相关的转换成本；Q 为一次交易资金量，也即企业最高货币资金存量；K 为有价证券收益率；T 为一个周期内货币资金的总需求量；F 为有价证券一次交易的固定成本。

这里最佳现金持有量即一次抛售有价证券的金额，也即企业库存现金的最大值。

【例 6-1】　某企业预计 1 个月内经营所需货币资金约为 800 万元，准备用短期有价证券变现取得，证券每次交易的固定成本为 100 元，证券市场年利率为 12%。计算最佳货币资金持有量及最小相关总成本。

最佳货币资金持有量为

$$Q^* = \sqrt{\frac{2 \times 100 \times 8\ 000\ 000}{12\%/12}} = 400\ 000(\text{元})$$

最小相关总成本为

$$TC^* = \sqrt{2 \times 100 \times 8\ 000\ 000 \times 12\%/12} = 4\ 000(\text{元})$$

(三) 随机模型

随机模型又称米勒-奥尔模式，它是由美国经济学家 Mertton Mill 和 Deniel Orr 首先提出来的。该模型适用于现金需求量难以预知的情况下进行现金持有量的控制。

假定每日现金净流量的分布接近正态分布，每日现金流量可能低于也可能高于期望值，其变化是随机的。由于现金流量波动是随机的，只能对现金持有量确定一个控制区域，定出上限和下限。当企业现金余额在上限和下限之间波动时，表明企业现金持有量处于合理水平，无需进行调整；当现金余额下降到下限时，则卖出部分证券（图 6-3）。

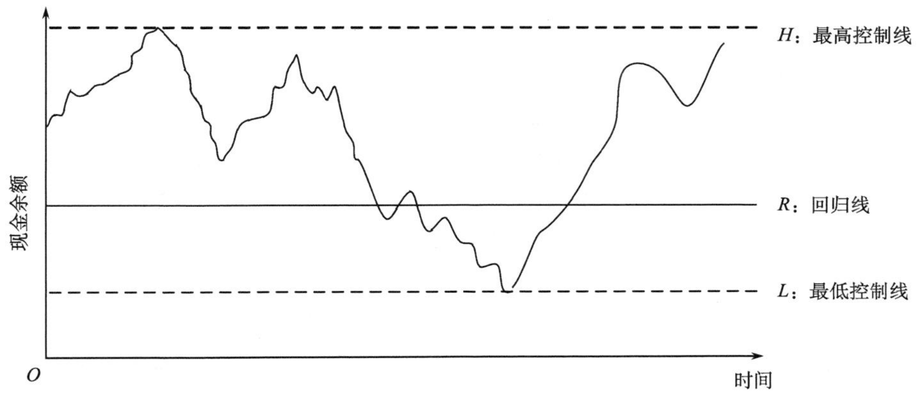

图 6-3　随机模型下的最佳现金持有量

图 6-3 显示了随机模型，该模型有两条控制线和一条回归线。最低控制线 L 取决于模型之外的因素，其数额是由现金管理部经理在综合考虑短缺现金的风险程度、公司借款能力、公司日常周转所需资金、银行要求的补偿性余额等因素的基础上确定的。回归线 R 可按下列公式计算：

$$R = \sqrt[3]{\frac{3b\delta^2}{4i}} + L$$

式中，R 为最优现金返回线（最佳现金持有量）；b 为证券转换为现金或现金转换为证券的成本；δ 为公司每日现金流变动的标准差；i 为以日为基础计算的现金机会成本。

最高控制线 H 的计算公式为

$$H = 3R - 2L$$

【例 6-2】　假设某公司现金部经理决定 L 值应为 10 000 元，估计公司现金流量标准差 δ 为 1000 元，持有现金的年机会成本为 15%，换算为 i 值是 0.000 39，$b=150$ 元。根据该模型，可求得

$$Q = \sqrt[3]{\frac{3 \times 150 \times 1000^2}{4 \times 0.000\ 39}} = 16\ 607(\text{元})$$

$$R = Q + L = 16\ 607 + 10\ 000 = 26\ 607(\text{元})$$

$$H = 3 \times \mathrm{R} - 2\mathrm{L} = 59\ 821(\text{元})$$

该公司目标现金余额为 16 607 元。如现金持有额达到 29 821 元，则买进 13 214 元的证券；若现金持有额降至 10 000 元，则卖出 6607 元的证券。

一方面，运用随机模型求货币资金最佳持有量符合随机思想，即企业现金支出是随机的，收入是无法预知的，所以，适用于所有企业现金最佳持有量的测算。另一方面，随机模型建立在企业的现金未来需求总量和收支不可预测的前提下，因此，计算出来的现金持有量比较保守。

四、现金的日常管理

企业在确定了最佳现金持有量后，还应加强现金的日常管理，使现金得到最有效的利用。

1. 现金收入的管理

现金收入的管理重在缩短收款时间。企业销售款项的收取一般要经历如下过程：由客户开出支票邮寄到收款企业，收款企业收到支票后交付银行，银行凭支票通过银行结算系统向客户的开户银行结算划转款项。以上过程需要较长时间，应尽量缩短这一过程的时间，使应收款项尽早进入本企业的银行账户。

2. 现金支出的管理

现金支出的管理重在推迟付款日期。当企业购买原材料等发生应付款项时，如何合理合法地推迟付款日期是最为重要的，因为该付的钱推迟支付等于在推迟期间筹措到一笔可用资金。在诸多结算付款方式中若有可能则优先考虑用汇票结算，在异地结算中应选用有利的结算手段。

【例 6-3】　某公司需在指定日期前将一笔款项汇到某外地单位。若用普通邮寄需 3 元，若用电汇需 13 元，但可快 4 天时间到账。假定该公司资金成本率为 10%，需汇款 9 万元。判断应采用普通邮寄还是电汇？

本问题相当于筹措到 4 天可用资金 9 万元，其得益为

$$90\ 000 \times 100\% \times \frac{4}{360} = 100(\text{元})$$

而为此增加的成本为

$$13 - 3 = 10(\text{元})$$

该公司应采用电汇，净得益为 90（100－10）元。

3. 闲置现金的利用

企业开出支票到开户银行实际划出这笔款项总会有一定的时间间隔，形成企业现金账户余额与银行账户上的存款余额有一定差额，称为现金浮游量。只要把准时间，浮游量是可以利用的。例如，企业用于资本投资或经营支出的款项，往往是资金先到位，然后再发生支付，这一段时间也会造成现金的闲置。上述情况如果估算准确，又能熟悉证券市场的情况，就能利用闲置资金进行短期证券投资而获利。由于企业的资金流量大，虽说证券投资期短，也能得到可观的收益，从财务管理来讲，不失为生财的一种手段。

第三节　应收账款管理

应收账款是企业销售产品、商品或提供劳务，应向购货或接受劳务的单位及其他单位收取而未收取的款项。当代经济中，商业信用的使用日趋增多，应收账款的数额也日趋增大，成为流动资金中的重要项目。

一、应收账款的功能

1. 增加销售功能

在激烈的市场竞争中，通过提供赊销可有效地促进销售。因为企业提供赊销不仅向顾客提供了商品，也在一定时间内向顾客提供了购买该商品的资金，顾客将从赊销中得到好处。所以赊销会带来企业销售收入和利润的增加。

2. 减少存货功能

企业持有一定产成品存货时，会相应地占用资金，形成仓储费用、管理费用等，而赊销则可避免这些成本的产生。所以当企业的产成品存货较多时，一般会采用优惠的信用条件进行赊销，将存货转化为应收账款，节约支出。

二、应收账款的成本

应收账款作为企业为增加销售和盈利进行的投资，必然会发生一定的成本。应收账款的成本主要有以下几种。

1. 应收账款的机会成本

应收账款会占用企业一定量的资金，而企业若不把这部分资金投放于应收账款，便可以用于其他投资并可能获得收益，如投资债券获得利息收入。这种因投放于应收账款而放弃其他投资所带来的收益，即为应收账款的机会成本。

2. 应收账款的管理成本

应收账款的管理成本主要是指在进行应收账款管理时，所增加的费用。主要包括：调查顾客信用状况的费用、收集各种信息的费用、账簿的记录费用、收账费用等。

3. 应收账款的坏账成本

在赊销交易中，债务人由于种种原因无力偿还债务，债权人就有可能无法收回应收账款而发生损失，这种损失就是坏账成本。可以说，企业发生坏账成本是不可避免的，而此项成本一般与应收账款发生的数量成正比。

三、信用政策

为了确保企业能一致性地运用信用和保证公平性，企业必须保持恰当的信用政策，包括信用标准、信用条件和收账政策。

（一）信用标准

信用标准代表企业愿意承担的最大的付款风险的金额。如果企业执行的信用标准过于严格，可能会降低对符合可接受信用风险标准客户的赊销额，因此会限制企业的销售机会；如果企业执行的信用标准过于宽松，可能会对不符合可接受信用风险标准的客户提供赊销，因此会增加随后还款的风险并增加坏账费用。为了有效地控制应收款项，通常采用的评估方法有两种。

1. 5C 信用评价系统

信用评价取决于可以获得的信息类型、信用评价的成本与收益。传统的信用评价主要考虑以下五个因素。

（1）品质（character）。品质是指个人申请人或企业申请人管理者的诚实和正直表现。品质反映了个人或企业在过去的还款中所体现的还款意图和愿望。

（2）能力（capacity）。能力反映的是企业或个人在其债务到期时可以用于偿债的当前和未来的财务资源。可以使用流动比率和现金流预测等方法评价申请人的还款能力。

（3）资本（capital）。资本是指如果企业或个人当前的现金流不足以还债，他们在短期和长期内可供使用的财务资源。

（4）抵押（collateral）。抵押是指当企业或个人不能满足还款条款时，可以用做债务担保的资产或其他担保物。

（5）条件（condition）。条件是指影响顾客还款能力和还款意愿的经济环境，对申请人的这些条件进行评价以决定是否给其提供信用。

2. 信用评分法

信用评分法是根据有关指标和情况计算出客户的信用分数，然后与既定的标准比较，确定其信用等级的方法。

对客户信用进行评分的指标体系主要包括流动比率、速动比率、销售利润率、负债比率、应收账款周转率等指标。此外还要考虑其赊购支付历史及企业未来发展状况等情况。在进行信用评定时，要先将上述各因素打分，然后再乘上一个权数（按重要性而定）确定其信用分数。计算公式为

$$\text{某客户信用分数} = \sum(\text{某项指标或情况分数} \times \text{权数})$$

在采用信用评分法时，企业应先确定一个最低信用分数，若某客户信用分数低于该分数，则不给予信用。分数越高，则表明信用品质越好，信用等级越高。通常分数在 80 分以上者，表明其信用状况良好；分数在 60～80 分者，表明其信用状况一般；分数在 60 分以下者则信用情况较差。

【例 6-4】 某客户信用评分情况如表 6-2 所示。

表 6-2 信用评分情况表

项目	财务比率或有关情况①	分数②	预计权数③	加权平均数④＝②×③
流动比率	1.8	85	0.1	8.5
速动比率	0.9	90	0.2	18
销售利润率	20%	80	0.1	8

续表

项目	财务比率或有关情况①	分数②	预计权数③	加权平均数④＝②×③
负债比率	60％	70	0.15	10.5
应收账款周转率	12 次	85	0.15	12.75
赊购支付历史	尚好	75	0.25	18.75
未来发展预计	好	85	0.05	4.25
合计			1	80.75

由计算结果可知，该客户信用状况较好，可以考虑提供信用。

（二）信用条件

信用条件是销货企业要求赊购客户支付货款的条件，由信用期限和现金折扣两个要素组成。信用条件包括设计销售合同或协议来明确规定在什么情形下可以给予信用。企业必须建立信息系统或购买软件对应收账款进行监控以保证信用条款的执行，并且查明顾客还款方式在总体和个体方面可能发生的变化。

1. 信用期限

信用期限是企业允许顾客从购货到付款之间的时间，或者说是企业给予顾客的付款期间。例如，若某企业允许顾客在购货后的 50 天内付款，则信用期为 50 天，信用期过短，不足以吸引顾客，在竞争中会使销售额下降；信用期过长，对销售额增加固然有利，但只顾及销售增长而盲目放宽信用期，所得到的收益有时会被增长的费用抵消，甚至造成利润减少。因此，企业必须慎重研究，确定出恰当的信用期。

信用期的确定，主要是分析改变现行信用期对收入和成本的影响。延长信用期，会使销售额增加，产生有利影响；与此同时，应收账款、收账费用和坏账损失增加，会产生不利影响。当前者大于后者时，可以延长信用期，否则不宜延长。如果缩短信用期，情况与此相反。

【例 6-5】　A 公司目前采用 30 天按发票金额（即无现金折扣）付款的信用政策，拟将信用期间放宽至 60 天，仍按发票金额付款。假设该风险投资的最低报酬率为 15％，其他有关数据如表 6-3 所示。

表 6-3　信用期决策数据

项目	信用期间（30 天）	信用期间（60 天）
全年销售量/件	100 000	120 000
全年销售额（5 元/件）/元	500 000	600 000
全年销售成本/元		
变动成本（4 元/件）/元	400 000	480 000
固定成本/元	50 000	50 000

续表

项目	信用期间（30天）	信用期间（60天）
毛利/元	50 000	70 000
可能发生的收账费用/元	3 000	4 000
可能发生的坏账损失/元	5 000	9 000

注：全年字样要特别注意，千万不能理解为“30天内销售100 000件”及“60天内销售120 000件”，正确的理解应为，在30天信用期和60天信用期两种销售政策下，年销售量分别为100 000件和120 000件

在分析时，首先计算放宽信用期得到的收益，其次计算增加的成本，最后根据两者比较的结果做出判断。

1）收益增加

$$\begin{aligned}收益的增加&=销售量的增加\times单位边际贡献\\&=(120\ 000-100\ 000)\times(5-4)\\&=20\ 000(元)\end{aligned}$$

2）应收账款占用资金应计利息增加的计算

（1）应收账款平均余额 ＝ 日销售额×信用期间或平均收现期

若顾客主动遵守信用，没有延期付款的则为信用期，如果顾客拖延付款，则为平均收现期。

（2）应收账款占用资金 ＝ 应收账款平均余额×变动成本率

（3）应收账款占用资金的应计利息

＝ 应收账款占用资金×资本成本

＝ 应收账款平均余额×变动成本率×资本成本

＝ 日销售额×信用期间或平均收现期×变动成本率×资本成本

＝（全年销售额×变动成本率）/360×信用期间或平均收现期×资本成本

＝全年销售变动成本/360×信用期间或平均收现期×资本成本

改变信用期间导致的应计利息增加

＝ 60天信用期应计利息－30天信用期应计利息

$$=\frac{600\ 000}{360}\times60\times\frac{480\ 000}{600\ 000}\times15\%-\frac{500\ 000}{360}\times30\times\frac{400\ 000}{500\ 000}\times15\%$$

$$=\frac{480\ 000}{360}\times60\times15\%-\frac{400\ 000}{360}\times30\times15\%$$

＝7000（元）

3）收账费用和坏账费用损失增加

收账费用增加＝4000－3000＝1000（元）

坏账损失增加＝9000－5000＝4000（元）

4）改变信用期的税前损益

$$\begin{aligned}改变信用期间的税前损益&=收益增加-成本费用增加\\&=20\ 000-7000-1000-4000=8000（元）\end{aligned}$$

由于收益的增加大于成本增加，所以应采用 60 天信用期。

上述信用期分析的方法比较简略，可以满足一般制定信用政策的需要。如有必要，也可以进行更细致的分析，如进一步考虑：销售增加引起存货增加而占用的资金。

2. 现金折扣

现金折扣是企业对顾客在商品价格上的扣减。向顾客提供这种价格上的优惠，主要目的在于吸引顾客为享受优惠而提前付款，缩短企业的平均收款期。另外，现金折扣也能招揽一些视折扣为减价出售的顾客前来购货，借此扩大销售量。

折扣的表示常用如 5/10，3/20，*N*/30 这样的符号。这三个符号的含义分别为：5/10表示 10 天内付款，可享受 5%的价格优惠，即只需支付原价的 95%，如原价为 10 000 元,只需支付 9500 元；3/20 表示 20 天内付款，可享受 3%的价格优惠，即只需支付原价的 97%，若原价为 10 000 元，则只需支付 9700 元；*N*/30 表示付款的最后期限为 30 天，此时付款无优惠。

企业采用什么程度的现金折扣，要与信用期间结合起来考虑。例如，要求顾客最迟不超过 30 天付款，若希望顾客 20 天、10 天付款，能给予多大折扣？或者给予 5%，3%的折扣，能吸引顾客在多少天内付款？不论是信用期间还是现金折扣，都可能给企业带来收益，但也会增加成本。现金折扣带给企业的好处前面已经讲过，它使企业增加的成本，则指的是价格折扣损失。当企业给予顾客某种现金折扣时，应当考虑折扣所能带来的收益与成本孰高孰低，权衡利弊。

因为现金折扣是与信用期间结合使用的，所以确定折扣程度的方法与程序实际上与前述确定信用期间的方法与程序一致，只不过要把所提供的延期付款时间和折扣综合起来，计算各方案的延期与折扣能取得多大的收益增量，再计算各方案带来的成本变化，最终确定最佳方案。

现金折扣成本＝赊销净额×折扣期内付款的销售额比例×现金折扣率

【例 6-6】 沿用上述信用期决策的数据，假设该公司在放宽信用期的同时，为了吸引顾客尽早付款，提出了 0.8/30，*N*/60 的现金折扣条件，估计会有一半的顾客（按 60 天信用期所能实现的销售量计算）将享受现金折扣优惠。

1）收益的增加

$$\begin{aligned}\text{收益的增加} &= \text{销售量的增加}\times\text{单位边际贡献}\\ &= (120\,000-100\,000)\times(5-4)=20\,000\text{（元）}\end{aligned}$$

2）应收账款占用资金的应计利息增加

$$30\text{ 天信用期应计利息}=\frac{500\,000}{360}\times 30\times\frac{400\,000}{500\,000}\times 15\%=5000\text{（元）}$$

提供现金折扣的应计利息

$$=\frac{600\,000\times 50\%}{360}\times 60\times\frac{480\,000\times 50\%}{600\,000\times 50\%}\times 15\%+\frac{600\,000\times 50\%}{360}$$

$$\times 30\times\frac{480\,000\times 50\%}{600\,000\times 50\%}\times 15\%$$

$$=6000+3000=9000\text{（元）}$$

应收账款占用资金的应计利息增加＝9000－5000＝4000（元）

3）收账费用和坏账损失增加

收账费用增加＝4000－3000＝1000（元）

坏账损失增加＝9000－5000＝4000（元）

4）估计现金折扣成本的变化

现金折扣成本增加＝新的销售水平×新的现金折扣率×享受现金折扣的顾客比例

－旧的销售水平×旧的现金折扣率×享受现金折扣的顾客比例

＝600 000×0.8%×50%－500 000×0×0＝2400（元）

5）提供现金折扣后的税前损益

收益增加－成本费用增加＝ 20 000－（4000＋1000＋4000＋2400）＝8600（元）

由于可获得税前收益，所以应当放宽信用期，提供现金折扣。

【例 6-7】 某公司现在的信用条件是 30 天内付款，无现金折扣，年度平均收现期为 40 天，销售收入为 10 万元。预计下年年销售利润率与本年相同，仍保持 3000，现为扩大销售，若应收账款的机会成本为 10%有两个方案可供选择。

A. 信用条件为“3/10，*n*/20”，预计销售收入增加 3 万元，所增加的销售额中坏账损失率为 4%，客户获得现金折扣的比率为 60%，平均收现期为 15 天。

B. 信用条件为“2/20，*n*/30”，预计销售收入增加 4 万元，所增加的销售额中坏账损失率为 5%，客户获得现金折扣的比率为 70%，平均收现期为 25 天。

分析 A 方案和 B 方案哪个为优？

A 方案：

增加的销售利润＝30 000×30%＝9 000（元）

增加的应收账款的机会成本＝［30 000÷360×15＋（15－40）÷360×100 000］×10%

＝－570 元

增加的现金折扣额＝130 000×60%×3%＝2340（元）

增加的坏账损失＝ 30 000× 4% ＝1200（元）

信用政策变化对利润综合影响为

9000－（－570＋2340＋1200）＝6030（元）

B 方案：

增加的销售利润＝40 000× 30% ＝12 000（元）

增加的应收账款的机会成本＝［40 000÷360 ×25＋（25－40）÷360×100 000］×10%

＝－138.89 元

增加的现金折扣额＝140 000×70%×2%＝1960（元）

增加的坏账损失＝40 000×5%＝2000（元）

信用政策变化对利润综合影响为

12 000－（－138.89＋1960＋2000）＝8178.89（元）

由以上计算可知，选择 B 方案。

（三）收账政策

收账政策是指客户违反信用条件，拖欠甚至拒付账款时企业应采取的策略。

首先，企业应投入一定收账费用以减少坏账的发生。一般地说，随着收账费用的增加，坏账损失会逐渐减少，但收账费用不是越多越好，因为收账费用增加到一定数额后，坏账损失不再减少，说明在市场经济条件下不可能绝对避免坏账。收账费用应当投入多少要在权衡增加的收账费用和减少的坏账损失后做出。制定收账政策要考虑收账费用与因此减少的坏账损失和机会成本之比，通常，企业加强收账管理可及早收回货款，减少坏账损失和机会成本，但也会增加收账费用。收账政策过于宽松，会导致逾期未付的客户拖欠时间过长，机会成本和坏账损失增加；过于严格会伤害无意拖欠的客户，影响未来的交易和利润，另外收账费用也会增加。

其次，企业对客户欠款的催收应做到有理、有利、有节。对超过信用期限不多的客户宜采用电话、发短信等方式“提醒”对方付款。对久拖不还的欠款，应具体调查分析客户欠款不还的原因。如客户确因财务困难而无力支付，则应与客户相互协商沟通，寻求解决问题的较理想的办法，甚至对客户予以适当帮助、进行债务重整等。如果客户欠款属恶意赖账、品质恶劣，则应逐渐加强催账力度，直至诉诸法律，并将该客户从信用名单中排除。对客户的强硬措施应尽量避免，要珍惜与客户之间的友情，以有利于树立企业的良好形象。不仅要想到争取更多的回头客，也要想到如果日后与客户地位倒置的话，留下回旋的余地。

【例 6-8】　某公司的年赊销收入为 720 万元，平均收账期为 60 天，坏账损失为赊销额的 10%，年收账费用为 5 万元。该公司认为通过增加收账人员等措施可以使平均收账期降为 50 天，坏账损失降为赊销额的 7%。假设公司的资本成本率为 6%，变动成本率为 50%。计算为使上述变更在经济上合理而新增收账费用的上限（每年按 360 天计算）。

原方案总成本＝应收账款平均余额×变动成本率×资本成本率＋赊销额×原坏账损失率＋原收账费用

＝720×（60/360）×50%×6%＋720×10%＋5%

＝80.6（万元）

新增收账费用上限＝80.6－［720×（50/360）×50%×6%＋720×7%］－5

＝22.2（万元）

故采取新收账措施而增加的收账费用不应超过 22.2 万元。

四、应收账款的监控

实施信用政策时，企业应当监督和控制每一笔应收账款和应收账款总额。例如，可以运用应收账款周转天数衡量企业需要多长时间收回应收账款，也可以通过账龄分析表追踪每一笔应收账款等。

(一) 应收账款周转天数

应收账款周转天数或平均收账期是衡量应收账款管理状况的一种方法。应收账款周转天数的计算方法为：将期末在外的应收账款除以该期间的平均日赊销额。应收账款周转天数提供了一个简单的指标，将企业当前的应收账款周转天数与规定的信用期限、历史趋势以及行业正常水平进行比较可以反映企业整体的收款效率。然而，应收账款周转天数可能会被销售量的变动趋势和销售的剧烈波动以及季节性销售所破坏。

【例 6-9】 本例提供了一个计算 90 天期应收账款周转天数的基本方法。在没有考虑该期间销售方式的情况下所计算出的平均每日销售额为 3 444.44 元。

假设 20××年 3 月底的应收账款为 285 000 元，信用条件为在 60 天按全额付清货款，过去 3 个月的赊销情况如下。

1 月份：90 000.00 元

2 月份：105 000.00 元

3 月份：115 000.00 元

应收账款周转天数的计算：

$$\text{平均日销售额}=\frac{90\ 000.00+105\ 000.00+115\ 000.00}{90}\approx 3444.44(\text{元})$$

$$\text{应收账款周转天数}=\frac{\text{期末应收账款}}{\text{平均日销售额}}=\frac{285\ 000.00}{3444.44}\approx 82.74(\text{天})$$

平均逾期天数的计算：

平均逾期天数 ＝ 应收账款周转天数－平均信用期天数 ＝ 82.74－60 ＝ 22.74（天）

(二) 账龄分析表

账龄分析表将应收账款划分为未到信用期的应收账款和以 30 天为间隔的逾期应收账款，这是衡量应收账款管理状况的另外一种方法。企业既可以按照应收账款总额进行账龄分析，也可以分顾客进行账龄分析。账龄分析法可以确定逾期应收账款，随着逾期时间的增加，应收账款收回的可能性变小。假定信用期限为 30 天，表 6-4 中的账龄分析表反映出 30％的应收账款为逾期收款。

表 6-4 账龄分析表

账龄/天	应收账款金额/元	占应收账款总额的百分比/％
0～30	1 750 000	70
31～60	375 000	15
61～90	250 000	10
91 及以上	125 000	5
合计	2 500 000	100

账龄分析表比计算应收账款周转天数更能揭示应收账款变化趋势，因为账龄分析表给出了应收账款分布的模式，而不仅是一个平均数。应收账款周转天数有可能与信用期限一致，但是有一些账户可能拖欠很严重。因此，应收账款周转天数不能明确地表现出账款拖欠情况。当各个月之间的销售额变化很大时，账龄分析表和应收账款周转天数都可能发出类似的错误信号。

第四节　存 货 管 理

一、存货的概述

存货是指企业在生产经营过程中为销售或者耗用而储备的物资，包括材料、燃料、低值易耗品、在产品、半成品、产成品、协作件、商品等。存货管理水平的高低直接影响着企业的生产经营能否顺利进行，并最终影响企业的收益、风险等状况。因此，存货管理是财务管理的一项重要内容。

存货管理的目标，就是要尽力在各种存货成本与存货效益之间做出权衡，在充分发挥存货功能的基础上，降低存货成本，实现两者的最佳组合。存货的功能是指存货在企业生产经营过程中起到的作用，具体包括以下几个方面。

1. 保证生产正常进行

生产过程中需要的原材料和在产品，是生产的物质保证，为保障生产的正常进行，必须储备一定量的原材料；否则可能会造成生产中断、停工待料的现象。

2. 有利于销售

一定数量的存货储备能够增加企业在生产和销售方面的机动性和适应市场变化的能力。当企业市场需求量增加时，若产品储备不足就有可能失去销售良机，所以保持一定量的存货是有利于市场销售的。

3. 便于维持均衡生产，降低产品成本

有些企业产品属于季节性产品或者需求波动较大的产品，此时若根据需求状况组织生产，则可能有时生产能力得不到充分利用，有时又超负荷生产，这会造成产品成本的上升。

4. 降低存货取得成本

一般情况下，当企业进行采购时，进货总成本与采购物资的单价和采购次数有密切关系。而许多供应商为鼓励客户多购买其产品，往往在客户采购量达到一定数量时，给予价格折扣，所以企业通过大批量集中进货，既可以享受价格折扣，降低购置成本，也因减少订货次数，降低了订货成本，使总的进货成本降低。

5. 防止意外事件的发生

企业在采购、运输、生产和销售过程中，都可能发生意料之外的事故，保持必要的存货保险储备，可以避免和减少意外事件的损失。

二、存货的成本

与存货成本有关的成本，包括以下三种。

（一）取得成本

取得成本指为取得某种存货而支出的成本，通常用 TC_a 来表示。取得成本又分为订货成本和购置成本。

1. 订货成本

订货成本指取得订单的成本，如办公费、差旅费、邮资、电报电话费、运输费等支出。订货成本中有一部分与订货次数无关，如常设采购机构的基本开支等，称为固定的订货成本，用 F_1 表示；另一部分与订货次数有关，如差旅费、邮资等，称为订货的变动成本。每次订货的变动成本用 K 表示；订货次数等于存货年需要量 D 与每次进货量 Q 之商。订货成本的计算公式为

$$\text{订货成本} = \frac{D}{Q} \times K + F_1$$

2. 购置成本

购置成本指为购买存货本身所支出的成本，即存货本身的价值，经常用数量与单价的乘积来确定。年需要量用 D 表示，单价用 U 表示，于是购置成本为 DU。

订货成本加上购置成本，就等于存货的取得成本。其公式可表达为

$$\text{取得成本} = \text{订货成本} + \text{购置成本} = \text{订货固定成本} + \text{订货变动成本} + \text{购置成本}$$

$$TC_a = F_1 + \frac{D}{Q} \times K + DU$$

（二）储存成本

储存成本指为保持存货而发生的成本，包括存货占用资金所应计的利息、仓库费用、保险费用、存货破损和变质损失等，通常用 TC_c 来表示。

储存成本也分为固定成本和变动成本。固定成本与存货数量的多少无关，如仓库折旧、仓库职工的固定工资等，常用 F_2 表示。变动成本与存货的数量有关，如存货资金的应计利息、存货的破损和变质损失、存货的保险费用等，单位储存变动成本用 K_c 来表示。用公式表达的储存成本为

$$\text{储存成本} = \text{储存固定成本} + \text{储存变动成本}$$

$$TC_c = F_2 + K_c \times \frac{Q}{2}$$

（三）缺货成本

缺货成本指由于存货供应中断而造成的损失，包括材料供应中断造成的停工损失、产成品库存缺货造成的拖欠发货损失和丧失销售机会的损失及造成的商誉损失等；如果生产企业以紧急采购代用材料解决库存材料中断之急，那么缺货成本表现为紧急额外购入成本。缺货成本用 TC_s 表示。

如果以 TC 来表示储备存货的总成本，计算公式为

$$\mathrm{TC}=\mathrm{TC}_a+\mathrm{TC}_c+\mathrm{TC}_s=F_1+\frac{D}{Q}\times K+DU+F_2+K_c\times\frac{Q}{2}+\mathrm{TC}_s$$

企业存货的最优化，就是使企业存货总成本即上式 TC 值最小。

三、最优存货量的确定

（一）经济批量基本模型

经济批量是指能使一定时期内某项存货的相关总成本达到最小时的订货批量。经济批量模型的分析研究要有若干基本假设，主要有存货单价不变、不允许缺货、存货的消耗均匀、订货能瞬间一次到达、变动性的单位订货、储存成本都不变等。在此条件下，存货储存情况如图 6-4 所示。

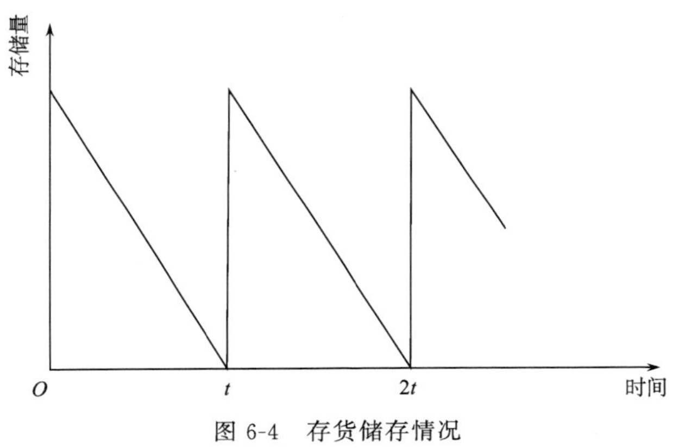

图 6-4　存货储存情况

经济批量基本模型中的相关总成本 TC 是由两项相关成本合成的，即变动性订货成本 TC_0 和变动性储存成本 TC_c。

设存货年需用量为 A，每次订货的变动性订货成本为 B，全年订货 N 次，每次订货量为 Q，则：

$$\mathrm{TC}_0=B\times N=B\times\frac{A}{Q}$$

设存货年平均单位变动性储存成本为 C，年平均储存量为 $\overline{Q}$，则：

$$\mathrm{TC}_c=C\times\overline{Q}=C\times\frac{Q}{2}$$

存货的年相关总成本 TC 是 TC_0 与 TC_c 之和，则：

$$\mathrm{TC}=\mathrm{TC}_0+\mathrm{TC}_c=B\times\frac{A}{Q}+C\times\frac{Q}{2}$$

显然，每次订货量少，则储存成本小，但必然导致订货次数增多，引起订货成本增大；反之，则储存成本大，但可使订货次数减少，导致订货成本降低。可见，每次订货量太多或太少都不好。存货控制就是要寻求最优的订货量 Q^*，使全年存货相关总成本达到最小值 TC*。这个 Q^* 就是经济订货量，或称为经济批量。

$$TC'=-\frac{BA}{Q^2}+\frac{C}{2}$$

令 TC′=0，可得

$$Q=\sqrt{\frac{2BA}{C}}$$

这时可得

$$TC=\sqrt{2BAC}$$

因为 $TC''=\frac{2BA}{Q^3}>0$，所以$\sqrt{2BAC}$是 TC 的最小值。

可知，经济批量基本模型的最优解为

$$Q^*=\sqrt{\frac{2BA}{C}}$$

$$TC^*=\sqrt{2BAC_1}$$

式中，Q^* 为经济订货批量；TC* 为存货相关总成本。

根据上述公式，还可以得到其他的演变公式。

存货经济订货批量占用资金为

$$I=\frac{Q}{2}\times K=\sqrt{\frac{BA}{2C}}\times K$$

式中，K 为存货的单价。

每年最佳订货次数为

$$N=\frac{A}{Q}=\sqrt{\frac{AC}{2B}}$$

存货最佳订货周期为

$$t=\frac{1\text{年}}{N}=\sqrt{\frac{2B}{CA}}$$

经济批量基本模型下，存货成本之间的关系如图 6-5 所示。

经济订货批量出现在变动性订货成本和变动性储存成本之和最小，也即变动性订货成本和变动性储存成本相等时。

【例 6-10】 某企业耗用甲材料 5000 千克，该材料的单位成本为 20 元，每次订货成本为 50 元，单位存储成本为 2 元。计算该企业存货的经济订货批量、存货经济订货批量下的存货总成本、存货经济订货批量占用的资金、每年最佳订货次数、存货最佳订货周期。

存货的经济订货批量为

$$Q^*=\sqrt{\frac{2BA}{C}}=\sqrt{\frac{2\times5000\times50}{2}}=500(\text{千克})$$

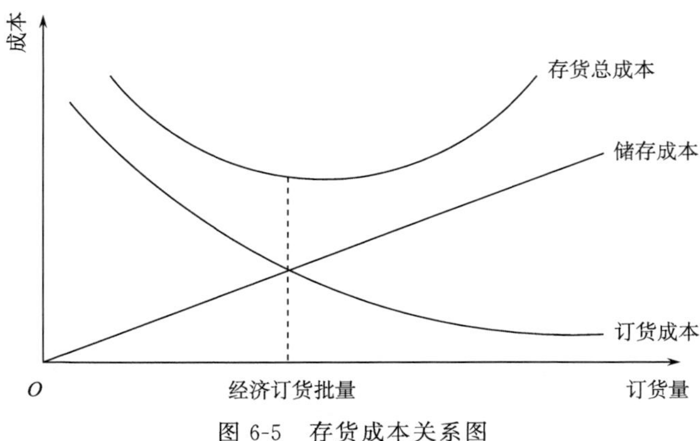

图 6-5　存货成本关系图

存货经济订货批量下的存货总成本为

$$\mathrm{TC}^* = \sqrt{2BAC} = \sqrt{2 \times 50 \times 5000 \times 2} = 1000(\text{元})$$

存货经济订货批量占用的资金为

$$I = \frac{Q}{2} \times K = \frac{500}{2} \times 20 = 5000(\text{元})$$

每年最佳订货次数为

$$N = \frac{A}{Q} = \frac{5000}{500} = 10(\text{次})$$

存货最佳订货周期为

$$t = \frac{1\text{ 年}}{N} = \frac{12\text{ 月}}{10} = 1.2(\text{月})$$

（二）陆续到货模型

在经济批量基本模型介绍中，做了六项基本假设，其中一项是订货能瞬间一次到达。然而这一项假设实际未必如此，为此需要分析讨论存货陆续到达情况下的最优决策。

本模型下，存货储存情况如图 6-6 所示。图 6-6 中时间段 XZ 是一个订货周期，这一周期分成两部分，在 XY 段陆续到货又陆续耗用，在 YZ 段只耗用。

设存货年需用量为 A，每次订货量为 Q，每次订货的变动性订货成本为 B，全年订货 N 次，则相关订货成本 TC_0 为

$$\mathrm{TC}_0 = B \times N = B \times \frac{A}{Q}$$

设存货年平均单位变动性储存成本为 C，年平均储存量为 $\overline{Q}$，存货每日到货量为 m，每日耗用量为 n，则在 XY 段，每日增加储存量为 $m-n$，到货共需天数为 $\frac{Q}{m}$ 天。

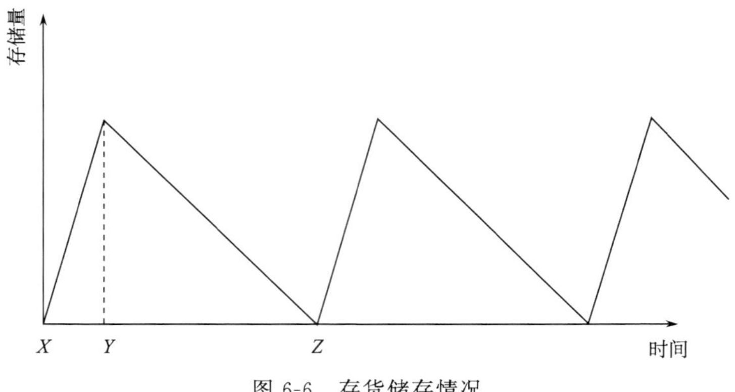

图 6-6 存货储存情况

则最大库存量 $\tilde{Q}$ 及相关储存成本 TC_c 为

$$\tilde{Q}=(m-n)\times\frac{Q}{m}=\left(1-\frac{n}{m}\right)\times Q$$

$$TC_c=C\times\overline{Q}=\frac{C}{2}\times\left(1-\frac{n}{m}\right)\times Q$$

陆续到货模型的相关总成本 TC 为

$$TC=TC_0+TC_c=B\times\frac{A}{Q}+\frac{C}{2}\times\left(1-\frac{n}{m}\right)\times Q$$

$$TC'=-\frac{BA}{Q^2}+\frac{C}{2}\times\left(1-\frac{n}{m}\right)$$

令 $TC'=0$，得

$$Q^*=\sqrt{\frac{2BA}{C\times\left(1-\frac{n}{m}\right)}}$$

因为 $TC''=\dfrac{2AB}{Q^3}>0$，所以 Q^* 处 TC 有最小值为

$$TC^*=\sqrt{2BAC\times\left(1-\frac{n}{m}\right)}$$

陆续到货模型的最优解为

$$Q^*=\sqrt{\frac{2BA}{C\times\left(1-\frac{n}{m}\right)}}$$

$$TC^*=\sqrt{2BAC\times\left(1-\frac{n}{m}\right)}$$

【例 6-11】 明光化工厂全年需 A 原料 2700 千克，每次订货的变动性订货成本为 100 元，每千克 A 原料年平均变动性储存成本为 6 元。每次订货后每天能运达 A 原料

25 千克，而该厂每天生产消耗 A 原料 9 千克。计算 A 原料的经济订货批量及全年最小相关总成本。

解：经济订货批量$=\sqrt{\dfrac{2\times100\times2700}{6\times\left(1-\dfrac{9}{25}\right)}}=375$（千克）

全年最小相关总成本$=\sqrt{2\times100\times2700\times6\times\left(1-\dfrac{9}{25}\right)}=1440$（元）

（三）保险储备

前面讨论的经济订货量是以供需稳定为前提的。但实际情况并非完全如此，企业对存货的需求量可能发生变化，交货时间也可能会延误。在交货期内，如果发生需求量增大或交货时间延误，就会发生缺货。为防止由此造成的损失，企业应该有一定的保险储备。图 6-7 显示了在具有保险储备时的存货水平。图 6-7 中，在再订货点，企业按 EOQ 订货。在交货期内，如果对存货的需求量很大，或交货时间由于某种原因被延误，企业可能发生缺货。为防止存货中断，再订货点应等于交货期内的预计需求与保险储备之和。即：

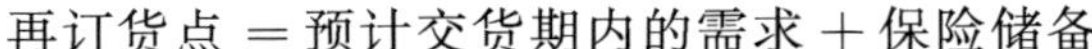

再订货点 ＝ 预计交货期内的需求 ＋ 保险储备

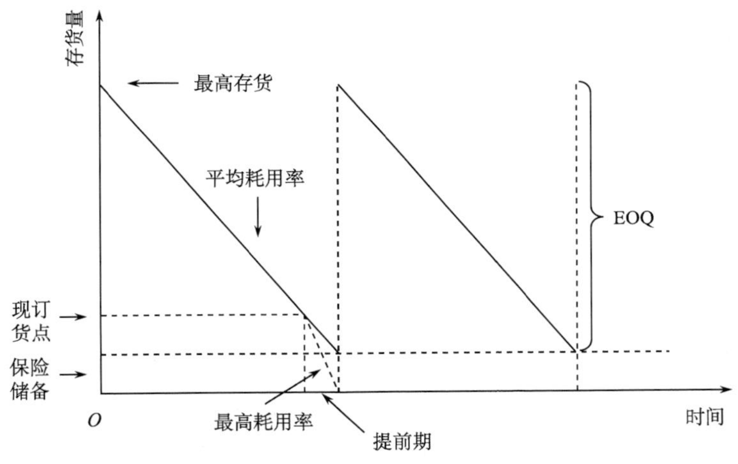

图 6-7 不确定需求和保险储备下的存货水平

企业应保持多少保险储备才合适？这取决于存货中断的概率和存货中断的损失。较高的保险储备可降低缺货损失，但也增加了存货的持有成本。因此，最佳的保险储备应该是使缺货损失和保险储备的持有成本之和达到最低。

设总成本为 TC（S，B），缺货成本为 C_S，保险储备成本为 C_B，则

$$TC(S, B)=C_S+C_B$$

设单位缺货成本为 K_u，一次订货缺货量为 S，年订货次数为 N，保险储备量为 B，单位存货成本为 K_C，则

$$C_S = K_u \cdot S \cdot N$$

$$C_B = B \cdot K_C$$

$$TC(S, B) = K_u \cdot S \cdot N + B \cdot K_C$$

一般来说，缺货量 S 具有概率性，其概率可根据历史经验估计得出，保险储备量 B 可选择而定。

【例 6-12】 某存货的年需要量 $D=3600$ 件，单位储存变动成本 $K_C=2$ 元，单位缺货成本 $K_u=4$ 元，交货时间 $L=10$ 天；已计算出的经济订货量 $Q=300$ 件，每年订货次数 $N=12$ 次。交货期内的存货需要量及其概率分布如表 6-5 所示。

表 6-5 交货期内的存货需要量及其概率分布

需要量/件	70	80	90	100	110	120
概率	0.01	0.04	0.20	0.50	0.20	0.04

(1) 不设立保险储备量的总成本，即 $B=0$，以 100 件为再订货点。

当 $B=0$ 时，缺货的期望值为

$$S_0 = (110-100)\times 0.2 + (120-100)\times 0.04 = 2.8(\text{件})$$

$$TC(S, B) = 4\times 2.8\times 12 + 0\times 2 = 134.4(\text{元})$$

(2) 保险储备量为 10 件时，即 $B=10$，以 110 件为再订货点。

当 $B=10$ 时，缺货的期望值为

$$S_{10} = (120-110)\times 0.04 = 0.4(\text{件})$$

$$TC(S, B) = 4\times 0.4\times 12 + 10\times 2 = 39.2(\text{元})$$

当 $B=10$ 时，总成本为 39.2 元，低于 $B=0$ 时的总成本，故应设定的保险储备量为 10 件或应设定的再订货点为 110 件。

四、存货的控制系统

伴随着业务流程重组的兴起以及计算机行业的发展，库存管理系统也得到了很大的发展。从物料资源规划（MRP）发展到制造资源规划（MRP-II）、企业资源规划（ERP）以及后来的柔性制造和供应链管理，甚至是外包（out sourcing）等管理方法的快速发展，都大大促进了企业库存管理方法的发展。这些新的生产方式把信息技术革命进步融为一体，提高了企业的整体运作效率。以下将对两个典型的库存控制系统进行介绍。

1. ABC 控制系统

ABC 控制系统就是把企业种类繁多的存货，依据其重要程度、价值大小或者资金占用等标准分为三大类：A 类高价值库存，品种数量约占整个库存的 10%～15%，但价值约占全部库存的 50%～70%；B 类中等价值库存，品种数量约占全部库存的 20%～25%，价值约占全部库存的 15%～20%；C 类低价值库存，品种数量多，约占整个库存的 60%～70%，价值约占全部库存的 10%～35%。针对不同类别的库存分别采用不同的管理方法，A 类库存应作为管理的重点，实行重点控制、严格管理；而对 B 类和 C 类库存的重视程度则可依次降低，采取一般管理。

2. 适时制库存控制系统

适时制库存控制系统，又称零库存管理、看板管理系统。它最早是由丰田公司提出并将其应用于实践，是指制造企业事先与供应商和客户协调好，只有当制造企业在生产过程中需要原料或零件时，供应商才会将原料或零件送来；而每当产品生产出来就被客户拉走。这样，制造企业的库存持有水平就可以大大下降。显然，适时制库存控制系统需要的是稳定而标准的生产程序以及供应商的诚信，否则，任何一环出现差错将导致整个生产线的停止。目前，已有越来越多的公司利用适时制库存控制系统减少甚至消除对库存的需求，即实行零库存管理，如沃尔玛、丰田、海尔等。适时制库存控制系统进一步被应用于企业整个生产管理过程中，集开发、生产、库存和分销于一体，大大提高了企业运营管理效率。

【案例分析】

Home Depot（HD）公司是世界上最大的家用产品零售商和全美十大零售商之一。在 1995 年年底，该公司经营着 400 多家完全服务的仓储式商店。每家商店储存 40 000～50 000 种不同的建筑材料、家用产品和园艺用品。顾客们可以自己动手选择商品，或许你或你的家人最近曾在它的某个商店里购买过商品。

HD 公司正在考虑让它的浴室设备部供应一种新型豪华马桶。它试图拓宽其产品线以吸引家用产品的承包商，该产品最近在《建筑文摘》上进行了特别的广告。这种马桶有特别之处：当有人坐下时，喷出空气清新剂细雾和播放古典音乐的系统即被激活，消费者可以选择音乐。

据测试，这种新型马桶的促销很成功。HD 公司估计年平均销量是 1000 个。每个的年存货储存成本是 100 美元，固定的再订货成本是 80 美元。HD 公司购买价格是每个 500 美元。

思考题：

（1）HD 公司豪华马桶的经济进货量是多少？平均存货量是多少？保持豪华马桶存货的年总成本是多少？

（2）在以下假设后，经济进货量怎样变化？当销售量翻倍，增至每年 2000 个；订货成本翻倍，每次订货成本 160 美元；储存成本翻倍，每个每年 200 美元。

（3）如果 HD 公司每次订货 50 个或超过 50 个，供应这种豪华马桶的公司将向其提供 5%的折扣。HD 公司是否在每次购买时订 50 个？

资料来源：荆新，王化成，刘俊彦 . 2009. 财务管理学 . 5 版 . 北京：中国人民大学出版社；唐现杰，孙长江 . 2013. 财务管理 . 2 版 . 北京：科学出版社 .

【课后练习】

一、单项选择题

1. 企业用现金购进存货是（　　）。

A. 资金转化为实物的过程　　B. 价值转化为使用价值的过程

C. 货币资金转化为商品资金的过程　　D. 资金转化为价值的过程

2. 对临时性现金的余裕，可如何处置（　　）。

A. 进行长期有价证券投资　　B. 购买短期有价证券

C. 举借长期负债　　D. 出售一年期的债券

3. 下列各项中不属于信用政策的是（　　）。

A. 信用标准　　B. 信用条件　　C. 收账政策　　D. 现销政策

4. 某企业预测的年度赊销收入净额为 600 万元，应收账款收账期为 30 天，变动成本率为 60%，资金成本率为 10%，则应收账款的机会成本为（　　）万元。

A. 10　　B. 6　　C. 3　　D. 2

5. 下列关于现金的说法错误的有（　　）。

A. 现金是变现能力强的资产

B. 现金是一种盈利性极低的资产

C. 持有现金过多，势必给企业造成的机会损失

D. 现金是一种非营利性资产

6. 下列各项中，不属于信用条件构成要素的是（　　）。

A. 信用期限　　B. 现金折扣

C. 现金折扣期限　　D. 商业折扣

7. 某企业每年需耗用材料 16 000 吨，该材料的单位储存成本 2 元，平均每次进货费用为 40 元，则该批材料的经济订货量为（　　）吨。

A. 5000　　B. 700　　C. 800　　D. 900

8. 若某企业预测的年度赊销收入净额为 900 万元，应收账款周转期为 30 天，则该企业的应收账款平均余额为（　　）万元。

A. 75　　B. 70　　C. 40　　D. 60

9. 经济订货量是（　　）。

A. 订货成本最低的采购批量

B. 储存成本最低的采购批量

C. 缺货成本最低的采购批量

D. 存货相关总成本最低的采购批量

10. 某企业目前的信用条件为“$n/30$”，赊销额为 3600 万元。如果将信用期延长到 60 天，预计赊销额将增加到 7200 万元。若该企业变动成本率为 60%，资本成本率为 10%，则该企业应收账款占用资金的变化额则（　　）万元。

A. 增加 36　　B. 增加 54

C. 增加 360　　D. 增加 540

二、多项选择题

1. 企业持有现金的动机有（　　）。

A. 交易动机　　B. 预防动机

C. 投机动机　　D. 维持补偿性余额

2. 出于投机动机，企业应（　　）。

A. 利用证券市价在幅度上涨时购入有价证券

B. 利用证券市价大幅度跌落时购入有价证券

C. 当证券价格上涨时卖出证券

D. 当证券价格下跌时卖出证券

3. 在其他情况不变的情况下，缩短应收账款周转天数，则有利于（　　）。

A. 提高资产的流动性　　B. 缩短现金周转期

C. 企业减少资金占用　　D. 企业扩大销售规模

4. 信用条件包括（　　）。

A. 现金折扣　　B. 商业折扣　　C. 信用期限　　D. 折扣期限

5. 假设某企业预测的年度赊销额为 3 000 000 元，应收账款平均收账天数为 60 天，变动成本率为 60%，资金成本率为 10%。下列说法中正确的有（　　）。

A. 应收账款平均余额为 500 000 元

B. 维持赊销业务所需的资金为 300 000 元

C. 维持赊销业务所需的资金为 30 000 元

D. 应收账款的机会成本为 30 000 元

6. 甲企业给予客户的信用条件为“2/10，*n*/30”，则下列说法中正确的有（　　）。

A. 现金折扣率为 2%　　B. 商业折扣率为 2%

C. 折扣期限为 10 天　　D. 信用期限为 30 天

7. 信用标准过高导致的结果有（　　）。

A. 降低违约风险　　B. 降低收账费用

C. 降低销售水平　　D. 影响企业竞争能力

8. “5C”系统包括（　　）。

A. 资本　　B. 偿付能力　　C. 信用品质　　D. 抵押品

9. 在确定经济订货量时，下列表述中正确的有（　　）。

A. 随每次进货批量的变动，进货费用和储存成本呈反方向变化

B. 储存成本的高低与每次进货批量成正比

C. 订货成本的高低与每次进货批量成反比

D. 年变动储存成本与年变动进货费用相等时的采购批量，即为经济订货量

10. 下列对现金折扣的表述中，不正确的有（　　）。

A. 折扣率越高，赊销企业付出的代价越低

B. 规定现金折扣能增加企业的销售额

C. 现金折扣是销售量大而给予的价格优惠

D. 规定现金折扣的目的是加快应收账款的收回

三、判断题

1. 一般来说，资产的流动性越低，其获利能力就越强。(　　)

2. 存货经济批量是指使一定时期存货的订购成本达到最低点的进货数量。(　　)

3. 应收账款的机会成本等于年赊销净额和资金成本率的乘积。(　　)

4. 现金折扣是企业为了鼓励客户提前还款而给予的价格优惠，是信用条件的组成因素。(　　)

5. 确定最佳现金持有量的成本分析模式与存货模式相同，均只考虑现金的持有成本与短缺成本，而不考虑转换成本。(　　)

6. 一般而言，应收账款的逾期时间越长，收回的可能性就越小，即发生坏账的可能性就越大。(　　)

7. 一般来讲，当某种存货的数量比重达到80%左右时，可将其划分为A类存货，进行重点管理和控制。(　　)

8. 存货的保本天数是根据本量利的平衡关系推导出来的。(　　)

9. 由于现金的收益能力较差，企业不宜保留过多的现金。(　　)

10. 企业持有现金所发生的管理费用是一种固定成本，与现金持有量之间无明显的比例关系。(　　)

四、计算分析题

1. 某企业有四种现金持有方案，各方案有关成本资料如表6-6所示。计算该企业的最佳现金持有量。

表6-6　现金持有成本资料

方案	甲	乙	丙	丁
现金持有量/元	15 000	25 000	35 000	45 000
机会成本率/%	10	10	10	10
短缺成本/元	8 500	4 000	3 500	2 200

2. 某公司资金成本率为10%。现采用30天按发票金额付款的信用政策，销售收入为800万元，边际贡献率为20%，平均收现期为45天，收账费用和坏账损失均占销售收入的1%。公司为了加速账款回收和扩大销售收入以充分利用剩余生产能力，准备将信用政策调整为“2/20，1/30，*n*/40”。预计调整后销售收入将增加5%，收账费用和坏账损失分别占销售收入的1%和1.2%，有30%的客户在20天内付款，有40%的客户在30天内付款。根据计算结果说明公司应否改变信用政策。

3. 某公司每年耗用某种材料14 400千克，该材料单位成本为20元，单位存储成本为4元，每次订货成本为50元。

计算：

(1) 存货最佳订货批量。

(2) 一年存货最佳订货次数。

(3) 存货与订货批量相关的总成本。

（4）最佳存货订货周期。

（5）经济订货量占用资金。

（6）完成表 6-7。

表 6-7　存货成本表

项目	订货批量/千克					
	200	400	600	800	1000	1200
平均存量/千克						
储存成本/元						
订货次数/次						
进货费用/元						
进价成本/元						
订货量相关成本/元						
总成本/元						

4. 礼士公司每年需用 A 材料 3000 千克，每次订货成本为 60 元，每千克材料的年储存成本为 4 元。该材料的进货单价为 15 元/千克，一次订货量在 1000 千克以上时可获得 2%的折扣，在 1500 千克以上时可获 4%的折扣，在 2000 千克以上时可获得 5%的折扣。

计算公司的最佳进货批量。

5. 某企业预测的年度赊销收入净额为 6000 万元，其信用条件是：$N/30$，变动成本率为 65%，资金成本（或有价证券利息率）为 20%。假设企业收账政策不变，固定成本总额不变。该企业准备了三个信用条件的备选方案：A 维持 $N/30$ 的信用条件；B 将信用条件放宽到 $N/60$；C 将信用条件放宽到 $N/90$。为各种备选方案估计的赊销水平、坏账百分比和收账费用等有关数据如表 6-8 所示。

表 6-8　信用条件备选方案表

项目	A	B	C
	（N /30）	（N/60）	（N/90）
年赊销额/万元	6000	6300	6600
应收账款平均余额/万元			
维持赊销业务所需资金/万元			
坏账损失/年赊销额/万元			
坏账损失率/%	3	3	3
收款费用/万元	40	50	70

要求：

（1）在 A、B、C 三方案中选择最有利的方案。

（2）如果企业选择了某方案，为了加速应收账款的回收，决定将赊销条件改为

“2/10,1/20，$N/60$” 的D方案，估计约有10%的客户会享受2%的折扣，25%的客户将利用1%的折扣，坏账损失率将为2%，收账费用为60万元。

试选择最佳方案。

6. 前景公司2011年A产品销售收入为1260万元，变动成本率为60%，固定成本为250万元。2012年，公司有两种信用政策可供选择（前景公司的资金成本率为10%）。

甲方案信用条件为“2/10，1/30，$n/90$”，预计销售收入可达2000万元，将有50%的货款于第10天收到，10%的货款于第30天收到，其余40%的货款于第90天收到。估计只有最后一批货款有坏账风险，坏账损失率为5%，收账费用为20万元。

乙方案给予客户45天信用期限“$n/45$”，预计销售收入可达1800万元。货款将于第45天收到，其信用成本为50万元。解答下列问题。

（1）计算甲方案的下列指标：①应收账款平均收账天数；②应收账款平均余额；③应收账款平均占用资金；④应收账款的机会成本；⑤坏账成本；⑥采用甲方案的信用成本。

（2）计算下列指标：①甲、乙两个方案的现金折扣；②甲、乙两个方案的信用成本前收益之差；③甲、乙两个方案的信用成本后收益之差。

（3）前景公司应如何决策？为什么？

第七章　利润分配管理

利润分配是企业在法律的规定范围内，对其获得的收益在企业所有者之间进行分配。企业的利润分配政策的核心是决定利润支付率的问题。因此，利润政策与企业的资本预算政策和长期融资政策有着极为密切的联系。本章主要介绍利润分配及其影响，通过本章的学习，应当深入理解影响利润分配的因素及其实践指导意义。

【知识目标】

1. 了解利润分配的内容和程序。
2. 理解影响利润分配的因素。
3. 掌握各种股利政策的基本原理、优缺点和适用范围。

【能力目标】

1. 能解释利润分配政策考虑的因素。
2. 能应用各种影响因素进行利润分配政策的制定。

【案例导入】

五粮液（000858）2008 年度的利润分配方案：股票简称为五粮液股票，代码为 000858，公告编号为 2009/第 014 号宜宾五粮液股份有限公司，2008 年度分配方案实施公告本公司及董事会全体成员保证信息披露的内容真实、准确、完整，没有虚假记载、误导性陈述或重大遗漏。

宜宾五粮液股份有限公司（简称公司或本公司）2008 年度分配方案已经在 2009 年 4 月 3 日召开的 2008 年度股东大会审议通过，股东大会决议公告已于 2009 年 4 月 4 日刊登在《中国证券报》和巨潮资讯网。

1. 分配方案

公司 2008 年度分配方案为：以公司现有总股本 3 795 966 720 股为基数，向全体股东每 10 股派现金 0.50 元（含税，扣税后，个人股东、投资基金、合格境外投资者实际每 10 股派现金 0.45 元）。对于其他非居民企业，本公司代扣代缴所得税，由纳税人在所得发生地缴纳。

2. 股权登记日、除息日

股权登记日：2009 年 5 月 8 日。

除息日：2009 年 5 月 11 日。

3. 分红派息对象

本次分红派息对象为，截止 2009 年 5 月 8 日下午深圳证券交易所收市后，在中国证券登记结算有限责任公司深圳分公司登记在册的本公司全体股东。

4. 分红派息方法

(1) 本公司此次委托中国证券登记结算有限责任公司深圳分公司代派的股息于2009年5月11日通过股东托管证券公司(或其他托管机构)直接划入其资金账户。

(2) 本公司高管固定股份的股息由本公司直接派发。

第一节 利润预测

利润预测是企业经营预测的一个重要方面，它是在销售预测的基础上，通过对产品的销售水平、价格水平、成本状况进行分析和测算，预测出企业未来一定时期的利润水平。利润预测要在了解企业过去和现在的生产经营状况及所处经济环境的基础上，运用一定的科学方法，对影响利润的各种因素进行分析，测算出企业未来的利润水平。利润预测的方法很多，本节主要介绍本量利分析法、相关比率法和因素测算法。

一、本量利分析法

(一) 本量分析法的概念

本量利分析全称为成本-业务量(生产量或者销售量)-利润分析法，也称损益平衡分析法，它主要根据成本、业务量和利润三者之间的变化关系，分析某一因素的变化对其他因素的影响。本量利分析法既可用于利润预测，也可用于成本和业务量的预测。

(二) 本量利的相互关系

企业管理者在决定生产和销售数量时，为了了解它们对利润的影响，需要建立一个数学模型。这个模型应当除了业务量和利润以外都是常数，使业务量和利润之间建立直接的函数关系。为此，人们首先研究成本和业务量之间的关系，并确定了成本按性态的分类，然后在此基础上明确成本、业务量和利润之间的相互关系。

本量利分析法是以成本性态研究为基础的。所谓成本性态是指成本总额对业务量的依存关系。在此，业务量是指企业生产经营活动水平的标志量，可以是产出量也可以是投入量，可以用实物、时间度量，也可以用货币度量。当业务量变化后，各项成本有不同的性态：变动成本、固定成本和混合成本。变动成本是指随业务量增长而成正比例的成本；固定成本是指在一定业务范围内，不受业务量影响的成本；混合成本介于两者之间，是指随着业务量增长而增长，但不按比例增长的成本，可以将其分为固定成本和可变成本。这样全部成本都可以分为固定成本和变动成本两部分。

(三) 本量利的数学模型

在将成本分解成变动成本和固定成本之后，就可建立本量利的数学模型，进行预测分析。

1. 损益方程式

利润＝销售收入－总成本

销售收入＝单价×销售量

总成本＝变动成本＋固定成本

变动成本＝单位变动成本×销售量

可以得到公式：利润＝（单价－单位变动成本）×销售量－固定成本

上式明确表达了本量利之间的数学关系。其中利润一般指息税前收益。在预测期间利润时，通常把单价、单位变动成本和固定成本视为稳定的常量，只有销售和利润两个自由变量。给定销量时，可利用方程式直接计算出预期利润；给定目标利润时，可直接计算出应达到的销售量。

【例 7-1】 某企业每月固定成本 1000 元，生产一种产品，单价 10 元，单位变动成本 6 元，本月计划销售 500 件，问预期利润是多少？

利润＝(单价－单位变动成本)×销售量－固定成本
＝(10－6)×500－1000
＝1000(元)

2. 计算销售量的方程式

销售量＝(固定成本＋利润)÷(单价－单位变动成本)

【例 7-2】 假设例 7-1 企业拟实现目标利润 1100 元，问应销售多少产品？

销售量＝(1000＋1100)÷(10－6)＝525（件）

3. 计算单价的方程式

单价＝(固定成本＋利润)÷销售量＋单位变动成本

【例 7-3】 假设例 7-1 企业计划销售 600 件，欲实现利润 1640 元，问单价应定为多少？

单价＝(1000＋1640)÷600＋6＝10(元)

4. 计算单位变动成本的方程式

单位变动成本＝单价－(固定成本＋利润)÷销售量

【例 7-4】 假设例 7-1 企业每月固定成本 1000 元，单价 10 元，计划销售 600 件，欲实现目标利润 800 元，问单位变动成本应控制在什么水平？

单位变动成本＝10－(1000＋800)÷600＝7(元)

5. 计算固定成本的方程式

固定成本＝单价×销售量－单位变动成本×销售量－利润

6. 边际贡献方程式

边际贡献＝销售收入－变动成本

产品的边际贡献可以理解为产品的销售收入扣除自身的变动成本后给企业所作的贡献，它首先用于弥补企业的固定成本，如果还有剩余即为企业的利润，如果不足以收回固定成本则发生亏损。

单位边际贡献的性质是反映某种产品的盈利能力，即每增加一个单位产品销售可提供的贡献毛益。其计算公式为

单位边际贡献＝单价－单位变动成本

【例 7-5】 某企业只生产一种产品，单价 6 元，单位变动成本 3 元，销售 600 件，则：

边际贡献＝6×600－3×600＝1800 元

单位边际贡献＝6－3＝3（元）

（1）边际贡献率是边际贡献在销售收入中所占的百分比，可以用边际贡献率来反映某种产品的边际贡献。它反映了每一元的销售收入所提供的边际贡献。

边际贡献率＝(边际贡献÷销售收入)×100％

＝(单位边际贡献×销售量)÷(单价×销量)×100％

＝单位边际贡献÷单价×100％

（2）变动成本率是指变动成本在销售收入中占的百分比，与边际贡献率相对应。

变动成本率＝变动成本÷销售收入×100％

＝（单位变动成本×销量）÷（单价×销量）×100％

＝单位变动成本÷单价×100％

由于销售收入被分为变动成本和边际贡献两部分，前者是产品自身的耗费，后者是给企业的贡献，两者的百分比之和应为 1。

（四）本量利图

（1）将成本、销量、利润之间的关系反映在直角坐标系中，所形成的图形，就是本量利图。该图形能够直观地反映企业盈利和亏损时的销售量，故称为盈亏临界图或损益平衡图。在直角坐标系中，本量利图是由三条直线构成的，如图 7-1 所示。

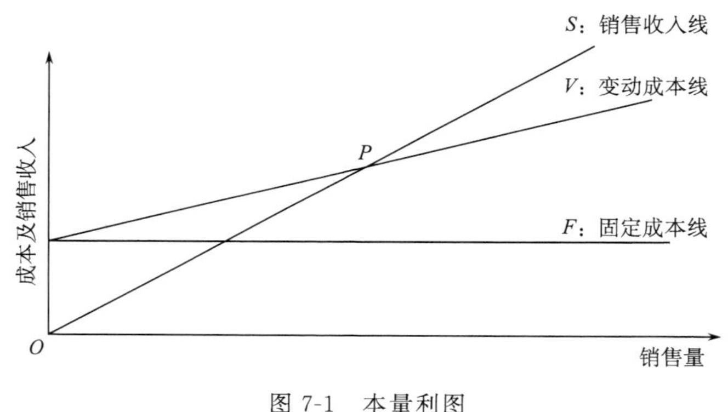

图 7-1　本量利图

图 7-1 中直角坐标系的横轴表示销售量，纵轴表示成本及销售收入的金额；平行于横轴的直线 F 为固定成本线；以原点（O，固定成本）为起点，以单位变动成本为斜率的直线 V 为变动成本线；以原点为起点，以单价为斜率的直线 S 为销售收入线。

（2）基本的本量利图主要表示的意义为如下。

固定成本线与横轴之间的距离为固定成本值，它不因产量增减而变动。

变动成本线与固定成本线之间的距离为变动成本，它随产量而成正比例变化。

变动成本线与横轴之间的距离为总成本。

销售收入线与变动成本线的交点 P 为盈亏平衡点也称保本点。当销售量大于 P 时为盈利，小于 P 时为亏损。

（3）盈亏平衡点分析如下。

对于生产单一产品的企业，盈亏平衡点可用销售量表示。

利润＝单价×销量－单位变动成本×销量－固定成本

令利润等于 0，此时的销量为盈亏平衡点的销售量。

0＝单价×盈亏平衡点销售量－单位变动成本×盈亏平衡点销售量－固定成本

盈亏平衡点销售量＝固定成本÷（单位－单位变动成本）

【例 7-6】 某企业生产的一种产品，单价 2 元，单位变动成本 1.20 元，固定成本 1600 元/月，计算其盈亏平衡点销售量。

盈亏平衡点销售量＝1600÷（2－1.20）＝2000（件）

单一产品企业在现代经济中只有少数，大部分企业产销多种产品。多品种企业的盈亏临界点一般用销售额表示。

盈亏平衡点销售额＝固定成本÷边际贡献率

本量利分析法不仅可以进行保本点分析，而且可以进行目标利润的预测。目标利润预测是现代企业管理的一个重要方法。企业通过量本利分析法，可以预测在一定水平下的目标利润，也可以预测出为了达到一定的目标利润所需要实现的目标销售额或目标销售量。通过这种分析方法，企业就可以比较分析现有的销售水平与实现目标利润的销售水平的差距，以研究提高利润的各种方案，如降低售价、薄利多销；改进产品设计，降低成本；压缩固定成本等。下面举例说明目标利润的预测方法。

【例 7-7】 某企业根据市场调查分析，预测出计划期间甲产品的销售量为 100 000 件，该产品销售单价为 8 元，单位变动成本为 5 元，固定成本总额为 16 000 元。要求预测出计划期间甲产品预计可实现的目标利润。

预计目标利润＝8×100 000－5×100 000－16 000

＝284 000（元）

企业可以根据计划期的生产能力、技术条件、市场环境等因素确定企业的目标利润。然后根据目标利润，利用本量利分析法预测出实现目标利润的销售量——目标销售量。其计算公式为

$$\text{实现目标利润的销售量}=\frac{\text{固定成本}+\text{目标利润}}{\text{单价}-\text{单位变动成本}}$$

$$\text{实现目标利润的销售额}=\frac{\text{固定成本}+\text{目标利润}}{\text{边际贡献率}}$$

【例 7-8】 某企业经过调查分析，确定计划期间的目标利润为 200 000 元，该企业的产品销售单价为 10 元，单位变动成本为 6 元，固定成本总额为 100 000 元。要求预测实现目标利润的目标销售量的目标销售额。

目标销售量＝(100 000＋200 000)/(10－6)

＝75 000(件)

目标销售额＝目标销售量×销售单价

＝75 000×10＝750 000(元)

二、相关比率法

企业一定时期所实现的利润总额一般而言与销售收入、资金占用总额是正相关的。相关比率法就是根据利润与这些指标之间的关系，对计划期间的利润进行分析的一些方法。常有的相关比率有销售收入利润率、资金利润率等。

相关比率法的计算公式为

利润＝预计销售收入×销售收入利润率

利润＝预计平均资金占用额×资金利润率

从公式中可知，利润的预测是以销售收入的预测和资金占用额的预测为基础的。销售收入和资金占用额预测的准确与否直接影响到利润预测的准确性。

【例 7-9】 某企业基期的销售收入利润率为 20%，根据对市场的预测分析，计划期的销售收入利润率与基期相同，预计企业的销售收入为 8200 万元。要求预测企业计划期的利润额。根据相关比率法，计划期企业的利润额为

利润＝预计销售收入×销售收入利润率

＝8200×20%

＝1640（万元）

【例 7-10】 某企业预测计划期内的资金占用额为 8500 万元，同行业的平均先进资金利润率为 18%。要求预测企业计划期的利润额。

根据相关比率法，计划期企业的利润额为

利润＝预计平均资金占用额×资金利润率

＝8500×18%

＝1530(万元)

三、因素测算法

因素测算法是在基期利润水平的基础上，根据计划期间影响利润变动的各项因素预测出企业计划期间的利润额。因素测算法是以本量利分析法的基本原理为基础的。

计算公式为

计划期利润＝基期利润±计划期各种因素的变动而增加或减少的利润

在采用因素测算法时，首先必须对影响利润的各种因素进行测算。这些因素有外部因素也有内部因素；然后将变化了的各种因素代入本量利方程式，测算出对利润影响的结果。通常，销售量和销售价格与利润是正相关的，而单位变动成本和固定成本和利润是负相关的。有时，采用该法，则是先确定了目标利润，然后再确定为了实现目标利润需要采取的各项措施，如降低单位变动成本或固定成本、增加销售量、提高售价等措施。

【例 7-11】 某企业上一年度的甲产品的销售量为 50 000 件，销售单价为 20 元，该产品的单位变动成本为 12 元，固定成本为 80 000 元，该年度的利润总额为 320 000 元。经过对市场供需状况的调查，本年度甲产品的预计销售量为 55 000 件，销售单价为 19 元。据预测，该企业因改进产品设计，单位变动成本可降低至 10 元，但固定成本

会增加到 90 000 元。要求采用因素测算法计算各因素的变化对利润的影响。

根据所给的资料，测算出各因素的变化对利润的影响。

销售量增加对利润的影响为

$$(55\ 000-50\ 000)\times 20=100\ 000(\text{元})$$

销售单价降低对利润的影响为

$$(19-20)\times 55\ 000=-55\ 000(\text{元})$$

单位变动成本降低对利润的影响为

$$50\ 000\times 12-55\ 000\times 10=50\ 000(\text{元})$$

固定成本增加对利润的影响为

$$80\ 000-90\ 000=-10\ 000(\text{元})$$

以上各种因素对利润的综合影响为

$$100\ 000-55\ 000+50\ 000-10\ 000=85\ 000(\text{元})$$

计划年度企业利润为

$$\text{计划年度预计利润总额}=320\ 000+85\ 000=405\ 000(\text{元})$$

以上是先预测出各因素的变化，然后再根据各项因素来预测企业的利润。但是，有时则是先确定了目标利润，然后再预测为了实现目标利润需要采取的各项措施，如降低单位变动成本或固定成本、增加销售量、提高销售价格等措施。下面举例说明为了实现目标利润，需要采取的措施。

【例 7-12】　某企业上年度甲产品的销售数量 Q 为 1000 件，售价 P 为 18 000 元，单位变动成本 V 为 12 000 元，固定成本总额 F 为 5 000 000 元。那么，甲产品上年度的利润为

$$P=1000\times 18\ 000-1000\times 12\ 000-5\ 000\ 000=1\ 000\ 000(\text{元})$$

在此基础上，如果要求下年度的利润增长 12%，即达到 1 120 000 元 [1 000 000×(1+12%)]，可以从以下几方面采取措施。

(1) 增加销售数量，公式为

$$1\ 120\ 000=18\ 000Q-12\ 000Q-5\ 000\ 000$$

$$Q\times(18\ 000-12\ 000)\ =6\ 120\ 000$$

$$Q=6\ 120\ 000/18\ 000-12\ 000=1020\ (\text{件})$$

在其他条件不变时，销售数量增加 2%[(1020—1000)/1000×100%]，达到 1020 件时，可实现目标利润。

(2) 提高销售价格，公式为

$$1\ 120\ 000=1000\times P-1000\times 12\ 000-5\ 000\ 000$$

$$1000\times P=18\ 120\ 000$$

$$P=18\ 120\ 000/1000=18\ 120\ (\text{元})$$

在其他条件不变时，销售价格提高 0.67%[(18 120－18 000)/18 000×100%]，达到 18 120 元时，可实现目标利润。

(3) 降低固定成本总额，公式为

$$1\ 120\ 000=1000\times 18\ 000-1000\times 12\ 000-F$$

$$1\ 120\ 000=18\ 000\ 000-12\ 000\ 000-F$$

$$F=18\ 000\ 000-12\ 000\ 000-1\ 120\ 000=4\ 880\ 000\ (\text{元})$$

在其他条件不变时，固定成本总额降低2.4%[(4 880 000－5 000 000)/5 000 000×100%]，降低为4 880 000元时，可实现目标利润。

(4) 降低单位变动成本，公式为

$$1\ 120\ 000=1000\times 18\ 000-1000\times V-5\ 000\ 000$$

$$1000\times V=1000\times 18\ 000-5\ 000\ 000-1\ 120\ 000=11\ 880\ 000$$

$$V=11\ 880\ 000/1000=11\ 880\ (\text{元})$$

在其他条件不变时，单位变动成本降低1.00% [(11 880－12 000)/12 000×100%]，降低为11 880元时，可实现目标利润。

第二节　影响股利政策的因素

一、利润分配的基本原则

1. 依法分配的原则

企业利润分配的对象是在一定会计期间内实现的税后利润。税后利润是企业投资者拥有的权益，对这部分权益的处置与分配，以《公司法》为核心的有关法律都有明确的规定和要求，充分反映了国家制定的利润分配中的各种限制因素；并制定了缴税、提留、分红的基本程序。企业的税前利润首先应按国家规定做出相应调整，增减应纳税所得额，然后依法缴纳所得税。税后利润的分配应按顺序弥补以前年度亏损，提取法定公积金、公益金，再向投资者分配利润。

2. 利润激励的原则

在保障投资者应分配利润的前提下，如何确保经营者和职工的利益，通过利润分配时确定的激励政策，提高职工的主人翁意识，调动职工的积极性，是现代企业管理层面临的重要而又特别的课题。我国现行法规规定，在税后利润应当提取公益金，用于职工集体福利设施的开支；在现行企业中，使用税后可供分配利润对具有一定工作年限或做出较大贡献的职工发送红股，使员工也成为企业的主人参与企业利润的分配。这种红股虽然在其转让、继承等方面进行了一定的限制，但对提高职工的归属感和参与意识无疑具有积极的意义；也有部分企业试行“内部职工股”与“期权”，这是一种积极有效的探索。

3. 权益对等的原则

企业在利润分配中应遵守公平、公正、公开的原则，企业的投资者在企业中只以其股权比例享有合法权益，不得在企业中谋取私利，企业的获利情况应当向所有的投资人及时公开，利润的分配方案应交股东会讨论，并充分考虑小股东的意见，利润分配的方式应当在所有股东中一视同仁。

二、利润分配的基本程序

利润分配就是对企业所实现的经营成果在各个方面之间进行分配。作为分配基础的企业利润可能指税前利润，也可能指税后利润。现在财务管理上的利润分配主要是指企业净利润的分配。分配程序如下。

（1）用于抵补被没收的财物损失，支付违反税法规定的各项滞纳金和罚款。

（2）弥补超过用所得税前利润弥补期限、按规定可用税后利润弥补的亏损。

（3）按税后净利润扣除前两项以后的10%计提法定盈余公积金。公积金是企业在税后利润中提取的积累资金，是企业用于防范和抵御风险，补充资本的重要资金来源。公积金从性质上看属于企业所有者的权益，包括法定盈余公积金和任意盈余公积金两种。企业提取的公积金主要用于以下两个方面：用于弥补企业的亏损，企业以前年度的亏损按税法规定不能用税前利润弥补时，可用税后利润弥补，也可用公积金弥补；用于增加企业的注册资本。

（4）向投资者分配利润。企业以前年度未分配的利润，可以并入本年度向投资者分配。向投资者分配的利润是投资者从企业获取的投资收益。企业应当在弥补亏损、提取公积金和公益金之后才能向投资者分配利润。如果企业当年无利润一般不得向投资者分配利润。

三、制定股利政策的主要影响因素

股利政策是股份有限公司财务管理的一项重要内容，它不仅是对投资收益的分配，也关系到公司的投资融资以及股票价格等各个方面。一般来说，股利政策的制定应考虑以下因素的影响。

1. 法律因素

（1）资本保全的约束。资本保全是为了保护投资者利益而做出的法律限制。股份公司只能用当期利润或留用利润来分配股利，不能用公司出售股票而募集的资本发放股利。

（2）企业积累的约束。要求股份公司在分配股利之前，应当按法定的程序先提取各种公积金。这也是为了增强企业抵御风险的能力，维护投资者的利益。

（3）企业利润的约束。规定只有在企业以前年度的亏损全部弥补完之后，若还有剩余利润才能用于分配股利，否则不能分配股利。

（4）偿债能力的约束。规定企业在分配股利时必须保持充分的偿债能力。企业分配股利不能只看利润表上的净利润的数额，还必须考虑到企业的现金是否充足。

2. 债务契约因素

债务契约是指债权人为了防止企业过多发放股利，增加债务风险，而以契约的形式限制企业现金股利的分配。这种限制通常包括：规定每股股利的最高限额；规定未来股息只能用贷款协议签订以后的新增收益来支付，而不能动用签订协议之前的留存利润；规定企业的流动比率、利息保障倍数低于一定标准时不得分配现金股利等等。

3. 公司自身因素

（1）现金流量。公司在分配现金股利时，必须要考虑到现金流量以及资产的流动性，否则过多的分配现金股利会影响公司未来的支付能力，甚至可能会出现财政困难。

（2）举债能力。如果举债能力较强，公司缺乏资金时能够较容易地在资本市场上筹集资金，可以采取比较宽松的股利政策。反之，只能采取较为紧缩的股利政策，少发放现金股利，留有较多的公积金。

(3) 投资机会。在企业有良好的投资机会时，应考虑少发放现金股利，增加留存利润，用于再投资，这样可以加速企业的发展。

(4) 资本成本。资本成本是企业选择筹资方式的基本依据。留用利润是企业内部筹资的一种重要方式，它同发行新股或举借债务相比，具有成本低隐蔽性好的优点。合理的股利政策实际上是要解决分配与留用的比例关系以及如何合理有效地的利用留用利润的问题。

4. 股东因素

股东要求也会对公司的股利政策产生影响，主要表现在：①追求稳定的收入规避风险。有些股东依赖公司发放的现金股利维持生活，有些股东认为现实的股利比较稳妥，可以规避风险。这些股东倾向于可以多分配股利。②担心控制权的稀释。大股东持股比例较高，对公司拥有一定的控制权，他们出于对公司控制权可能被稀释的担心，往往倾向于公司少分配现金股利，多留存利润。③规避所得税。按照税法的规定，政府对企业征收所得税之后，还要对股东分得的股息红利征收个人所得税。因此，高收入阶层的股东为了避税往往反对公司发放更多的现金股利，而低收入阶层的股东则正相反。

第三节 股利分配政策

一、股利政策的类型

股利政策受多种因素的影响，并且不同的股利政策也会对公司的股票价格产生不同的影响。因此，对于股份公司来说，制定一个正确的、合理的股利政策是十分重要的，其核心问题是股利支付比率问题。常有的股利政策有以下两种。

（一）剩余股利政策

剩余股利政策，就是在企业确定的最佳资本结构下，税后净利润首先要满足投资的需求，然后若有剩余才用于分配股利。这是一种投资优先的股利政策。

剩余股利政策的决策步骤如下。

(1) 根据公司的投资计划确定公司的最佳资本预算。

(2) 根据公司的目标资本结构及最佳资本预算预计公司资金需求中所需要的权益资本数额。

(3) 尽可能用留存收益来满足资金需求中所需增加的股东权益数额。

(4) 留存收益在满足公司股东权益增加需求后，如果有剩余再用来发放股利。

【例 7-13】 航通股份公司 2001 年的税后净利润为 8000 万元，由于公司尚处于初创期，产品市场前景看好，产业优势明显。确定的目标资本结构为：负债资本为 70%，股东权益资本为 30%。如果 2002 年该公司有较好的投资项目，需要投资 6000 万元，该公司采用剩余股利政策，则该公司应当如何融资和分配股利。

首先，确定按目标资本结构需要筹集的股东权益资本为

$$6000 \times 30\% = 1800 \text{（万元）}$$

其次，确定应分配的股利总额为

$$8000-1800=6200\text{（万元）}$$

因此，航通股份公司还应当筹集的负债资金为

$$6000-1800=4200\text{（万元）}$$

1. 优点

留存收益优先保证再投资的需要，从而有助于降低再投资的资金成本，保持最佳的资本结构，实现企业价值的长期最大化。

2. 缺点

如果完全遵照执行剩余股利政策，股利发放额就会每年随投资机会和盈利水平的波动而波动。即使在盈利水平不变的情况下，股利也将与投资机会的多寡呈反方向变动：投资机会越多，股利越少；反之，投资机会越少，股利发放越多。在投资机会维持不变的情况下，股利发放额则将因公司每年盈利的波动而同方向波动。剩余股利政策不利于投资者安排收入与支出，也不利于公司树立良好的形象。

需要说明的是剩余股利政策是 MM 理论在股利政策事务上的具体应用。根据 MM 理论，企业都有一个最佳资本结构，在此结构下企业的综合资本成本最低，才可能实现股东财富最大化的理财目标。因此，股利政策要符合最佳资本结构的要求，才能使公司的资本成本达到最佳效果。

（二）固定股利或稳定增长股利政策

该种政策要求企业在较长时间内支付固定的股利额，只有当企业对未来利润增长确有把握，并且这种增长被认为不会发生逆转时，才增加每股股利额。实行这种股利政策者都支持股利相关论，认为企业的股利政策会对股票价格发生影响，股利的发放是向投资者传递企业经营状况的某种信息。

1. 优点

股利稳定说明该公司经营业绩比较稳定，经营风险小。这样投资者要求的必要报酬率就会降低，有利于股票价格上升。

稳定的股利政策有利于投资者有规律地安排收入和支出。

如果公司确定一个稳定的增长率，实际上是传递给投资者该公司经营业绩稳定增长的信息，可增加公司信誉提高股票价格。

2. 缺点

该政策可能会给公司带来较大的财政压力，而且为了维持稳定的股利水平可能会使公司的某些投资方案延期，或者使公司资本结构暂时偏离目标资本结构。

（三）固定股利支付率政策

这是一种变动的股利政策，公司每年都从净利润中按固定的股利支付率发放股利。这一股利政策使企业的股利政策和企业的盈利状况密切相关。这种股利政策不会给公司带来较大的财务负担，但是其股利变化可能忽高忽低，传递给投资者该公司经营不稳定的信息，容易使该公司股票价格发生较大波动，不利于树立良好的企业形象。

(四) 低正常股利加额外股利政策

该政策介于稳定股利政策与变动股利政策之间。这种股利政策每期都支付稳定的、较低的股利额，当企业盈利较多时，再根据实际情况发放额外股利。这种股利政策有较大的灵活性，既不会给公司带来较大的财务压力，又保证股东定期得到一笔固定的股利收入。这样既维持了股利的一定稳定性，又有利于使企业的资本结构达到目标资本结构，为许多企业采用。

二、股利的种类与发放程序

1. 股利的种类

(1) 现金股利。现金股利是企业以现金的形式发放给股东的股利。这是最常见的股利分派方式。现金股利发放的多少主要取决于公司的股利政策和经营业绩。

(2) 股票股利。股票股利是企业将应分配给股东的股利以股票的形式发放。可以用于发放股票股利的，除当年的可供分配利润外，还有企业的盈余公积金和资本公积金。股票股利没有改变企业账面的股东权益总额，同时也没有改变股东的持股结构，但是会增加市场上流通股票的数量，因此发放股票股利会使股票价格下降。一般来说，若不考虑股票市价的波动，发放股票股利后的股票价格，应当按发放的股票股利的比例而成比例下降。分配股票股利，一方面扩张了股本；另一方面起到股票分割的作用。高速成长的企业可以利用分配股票股利的办法来进行股票分割，以使股价稳定在一个合理的水平上，避免股价过高而使投资者减少。

2. 股利的发放程序

股份公司分配股利必须遵守法定的程序，一般先由董事会宣布发放股利的日期。在宣布分配方案时，要公布股权登记日、除息日和股利发放日。

(1) 宣布日，即股东大会决议通过并由董事会宣布发放股利的日期。在宣布分配方案时，要公布股权登记日、除息日和股利发放日。在西方，一般按季度发放。

(2) 股权登记日，有权领取本期股利的股东资格登记截止日期。

(3) 除息日，除去股利的日期，即领取股利的权利与股票分开的日期。在除息日之前购买的股票，才能领取本次股利。

(4) 股利发放日，即付息日，是将股利正式发放给股东的日期。

【案例分析】

四川长虹电器股份有限公司的股利政策

四川长虹电器股份公司（简称长虹公司）是我国家喻户晓的大型企业。公司的前身四川国营长虹机器厂始建于1958年。1988年，企业改制设立四川长虹电器股份有限公司，并发行3600万元公众股。1994年，长虹公司股票上市。

新股发行上市为长虹公司的发展奠定了资金和管理基础。1995～1997年，是长虹公司飞速发展的时期。1995年，长虹公司依托扩大后的生产规模，一举生产各种电视机305.2万台，实现主营业务收入67.64亿元，实现净利润11.51亿元，国内市场占有率由1994年的17%上升到22%，在同行业中位居第一。1996年，长虹公司抓住大屏幕彩电市场的发展机遇，开发出30余种高质量、高技术含量的新产品投放市场，使新产品的产销量达到总产量的72%。公司还通过了ISO9001质量认证。1996年全年共生产电视机493.5万台，实现主营业务收入105.87亿元，净利润16.75亿元，市场占有率上升到27%。同时，长虹公司还积极备战向江苏、吉林等地兼并扩张。1997年，彩电市场竞争非常激烈，总体上看普通彩电已经趋于饱和。但长虹公司在品牌、技术、资金、营销及政策的扶持等各方面，都有十分明显的优势。1997年，公司全年实现主营业务收入156.73亿元，净利润26.12亿元，每股收益1.71元，净资产收益率达到29.11%，雄居中国上市公司之首（表7-1）。

表 7-1　四川长虹历年盈利及分红

年份	净利润/亿元	每股收益/元	分红方案
1993	4.29	2.164	10送2股派12元
1994	7.07	2.973	10送7股派1元
1995	11.51	2.277	10送6股
1996	16.75	2.070	10送6股
1997	26.12	1.710	10送3股派5.8元
1998	20.04	1.01	无分红
1999	5.25	0.243	无分红
2000	2.74	0.127	无分红
2001	0.89	0.041	无分红
2002	1.76	0.081	无分红
2003	2.06	0.095	无分红
2004	−36.81	−1.701	无分红
2005	2.85	0.132	无分红
2006	1.25	0.066	无分红

然而市场竞争是无情的，彩电行业价格战的升级使得全行业盈利能力迅速削弱。1998年起，长虹公司进入了调整期。1998年，长虹公司实现主营业务收入116.03亿元，净利润20.04亿元，每股收益1.01元，净资产收益率18.28%。长虹公司一方面不断开发高技术数字彩电，推出了受市场关注的红太阳、红双喜系列彩电；另一方面运用信息技术向空调、VCD、无汞碱锰电池等相关产业拓展。1999年，公司明确了“调整、充实、巩固、提高、扩大市场、人有我新”的经营方针，对外开发新产品，拓展新市场，对内狠抓管理，压缩成本。但是1999年我国国民经济存在较大的通货紧缩压力，消费者对未来预期不足，持币观望情绪明显，市场有效需求锐减。而彩电行业价格战更加激烈，连续三次大规模的降价使得公司产品利润空间严重压缩。1999年，公司实现主营业务收入100.95亿元，净利润5.25亿元，每股收益仅为0.243元。依托以前年度较高的盈利水平，长虹公司在1999年实施配股，募集资金约23.02亿元，但是由于净资产收益率只有4%，丧失了今后三年的配股或增发新股的资格。2000年至今，长虹公司虽然做出多方努力，但公司业绩却始终不复当年盛况。

思考题：

（1）长虹公司采用的是怎样的股利政策和股利支付形式？

（2）说明长虹公司采用相应股利政策的原因。

【课后练习】

一、单项选择题

1. 公司采用固定股利政策发放股利的好处主要表现为（　　）。

A. 降低资本成本　　B. 维持股价稳定　　C. 提高支付能力　　D. 实现资本保全

2. 具有较大灵活性的股利分配政策是（　　）。

A. 剩余股利政策　　B. 固定股利政策

C. 固定股利支付率政策　　D. 低正常股利加额外股利政策

3. 按公司法规定，公司分配当年税后利润时应当按（　　）的比例提取法定盈余公积。

A. 5%　　B. 10%　　C. 25%　　D. 40%

4. 造成股利波动较大，给投资者公司不稳定的感觉，对于稳定股票价格不利的股利分配政策是（　　）。

A. 剩余股利政策　　B. 固定股利政策

C. 固定股利支付率政策　　D. 低正常股利加额外股利政策

5. 股利分配政策的关键是确定（　　）。

A. 股利支付日期　　B. 股利支付方式　　C. 股利支付比率　　D. 股利政策

6. 如果股利发放额随投资机会和盈利水平的变动而变动，则这种股利政策指的是（　　）。

A. 剩余股利政策　　B. 固定股利政策

C. 固定股利支付率政策　　D. 低正常股利加额外股利政策

7. 关于股票股利，下列说法正确的有（　　）。

A. 股票股利会导致股东财富的增加

B. 股票股利会引起所有者权益项目的结构发生变化

C. 股票股利会导致公司资产的流出

D. 股票股利会引起负债的增加

8. 公司当年可以不提取法定盈余公积金的标志是：当年盈余公积金累计额达到公司注册资本的（　　）。

A. 10%　　B. 30%　　C. 40%　　D. 50%

9. 当公司的盈余和现金流量都不稳定时，对股东和企业都有利的股利分配政策是（　　）。

A. 剩余股利政策　　B. 固定股利政策

C. 固定股利支付率政策　　D. 低正常股利加额外股利政策

10. 采用剩余股利政策的理由是（　　）。

A. 为了保持理想的资本结构

B. 树立公司良好的形象

C. 使股利与公司盈余紧密结合

D. 使公司具有较大灵活性

二、多项选择题

1. 影响股利政策的法律因素包括（　　）。

A. 资本保全　B. 积累约束　C. 利润约束　D. 偿债能力

2. 企业发放股票股利（　　）。

A. 实际上是企业盈利的资本化　B. 能达到节约企业现金的目的

C. 可使股票价格不至于过高　D. 会使企业财产价值增加

3. 股份公司常用的收益分配政策主要有（　　）。

A. 剩余股利政策　B. 固定股利政策

C. 固定股利支付率政策　D. 低正常股利加额外股利政策

4. 下列各项中属于税后利润分配项目的有（　　）。

A. 法定盈余公积　B. 任意盈余公积　C. 资本公积　D. 股利支出

5. 利润分配政策直接影响公司的（　　）。

A. 经营能力　B. 盈利水平　C. 筹资能力　D. 市场价值

6. 采用低正常股利加额外股利政策的理由是（　　）。

A. 为了保持理想的资本结构

B. 使依靠股利度日的股东有比较稳定的收入，从而吸引住这部分股东

C. 使股利与公司盈余紧密结合

D. 使公司具有较大灵活性

7. 影响股利政策的因素有（　　）。

A. 法律因素　B. 公司因素　C. 社会因素　D. 股东因素

8. 采用固定股利支付率政策，可能对公司产生的不利影响表现为（　　）。

A. 稀释了股权

B. 容易造成公司不稳定的印象

C. 使股利支付与公司盈余脱节

D. 容易导致股票价格上下波动

三、计算分析题

1. 光华公司 2011 年税后利润 5000 万元，2012 年由于某种原因，税后利润降为 4750 万元，目前公司发行在外普通股 1000 万股。该公司对未来仍有信心，决定投资 4000 万元设立新厂，其中 40%来自权益资金，60%来自负债资金。已知 2011 年该公司每股股利 3 元。

要求：

(1) 若该公司维持固定股利支付率政策，则 2012 年应支付每股股利多少元？

(2) 若采取剩余股利政策，2012 年应支付每股股利多少元？

2. 某公司 2012 年发放股利 225 万元，过去 10 年间该公司的盈利以固定 10%的速度维持增长。2012 年税后盈利为 750 万元。2013 年预期盈利 1200 万元，投资机会总额

为 900 万元。预计以后的盈利仍为 10%的增长速度。公司若采取下列不同的股利政策，请分别计算 2013 年按照以下不同的股利政策支付的股利。

（1）股利按盈利的长期成长率稳定增长。

（2）采用剩余股利政策（投资 900 元中 30%用于负债筹资）。

3. 南方公司是一家大型钢铁公司，公司业绩一直很稳定，其盈余的长期成长率为 12%。2010 年该公司税后利润为 1000 万元，当年发放股利共 250 万元。2011 年该公司面临一投资机会，需要投资 900 万元，预计投资后，公司盈利可达到 1200 万元，2012 年以后公司仍会恢复 12%的增长率。公司目标资本结构为负债：权益＝4：5。现在公司面临股利分配政策的选择，可供选择的股利分配政策有固定股利支付率政策、剩余股利政策以及固定或稳定增长的股利政策。

要求：

如果你是该公司的会计师，请你计算 2011 年公司实行不同股利政策时的股利水平，并比较不同的股利政策，做出你认为正确的选择。

第八章 财务预算

财务管理是一项连续不断的工作，过去的财务活动影响现在，现在的财务活动又会作用于将来。要想卓有成效地做好财务工作，必须在把握现在的基础上了解过去，并认真规划未来。本章将主要介绍财务预算的运作机理，通过本章的学习要了解和掌握财务预算的含义、作用、基本内容；财务预算编制程序和方法；弹性预算、零基预算和滚动预算等具体方法的特征及操作技巧。

【知识目标】

1. 了解财务预算的含义及作用。
2. 熟悉固定预算、增量预算和定期预算的内容。
3. 掌握财务预算编制程序和方法。
4. 掌握弹性预算、零基预算和滚动预算等具体方法的特征及操作技巧。
5. 熟悉财务预算的执行与考核。

【能力目标】

1. 掌握财务预算的编制方法。
2. 结合实际案例进行现金预算的编制。
3. 掌握预计财务报表的编制。

【案例导入】

20 世纪 20 年代，美国通用电器、杜邦与通用汽车等公司率先采用全面预算管理模式。这种管理模式，迅速成为当时美国大型工商企业的标准作业程序。在美国，90%以上的企业都要求实施预算管理；欧洲一些国家甚至要求 100%的企业都做预算。近 10 年来，我国的大中型企业也逐步认识到全面预算管理的巨大价值。据不完全统计，目前我国进入全球 500 强的 15 家企业绝大多数采用了全面预算管理制度，国有大中型企业实行全面预算管理的将近 1/3。由此可见，预算管理已成为现代企业管理中不可或缺的重要组成部分。而企业财务预算管理是企业为了实现自己的经营目标，在一个时期内对企业内部的人财物进行统一调配和集中管理，并进行计划、协调、控制和业绩评价的一项重要的管理制度，是企业实现战略目标的重要手段之一。下面以万达公司成本性态为例讲述在实务中如何进行企业财务预算管理。

已知万达公司的制造费用的成本性态如表 8-1 所示。

表 8-1 制造费用成本性态

成本项目	间接人工	间接材料	维修费用	水电费用	劳保费用	折旧费用	摊销费用	其他费用
固定部分/元	6000	1000	220	100	800	2800	200	880
单位变动率/(元/小时)	1	0.6	0.15	0.2	—	—	—	0.05

假定企业正常能力（100%）为 10 075 工时，试用列表法编制该企业生产能力在 70%～110%范围内的制造费用弹性预算（间隔为 10%），如表 8-2 所示。

表 8-2 制造费用弹性预算

直接人工工时/小时					
生产能力利用百分比/%					
固定性制造费用/元					
变动性制造费用/元					
制造费用合计/元					

编制万达公司制造费用的弹性预算需要运用到以下知识点和技能点：①财务预算的内容；②财务预算的编制方法。

第一节 财务预算概述

一、预算的含义及特征

“凡事预则立，不预则废。”预算是企业在预测、决策的基础上，以数量和金额的形式反映企业未来一定时期内经营、投资、财务等活动的具体计划，是为实现企业目标而对各种资源和企业活动的详细安排。

预算具有两个特征：首先，编制预算的目的是促成企业以最经济有效的方式实现预定目标，因此，预算必须与企业的战略或目标保持一致；其次，预算作为一种数量化的详细计划，它是对未来活动的细致、周密安排，是未来经营活动的依据，数量化和可执行性是预算最主要的特征。

因此，预算是一种可据以执行和控制经济活动的、最为具体的计划，是对目标的具体化，是按企业活动导向预定目标的有力工具。

二、预算的分类与预算体系

（一）预算的分类

企业预算可以按不同标准进行多种分类。

1. 根据预算内容不同，可以分为业务预算、专门决策预算和财务预算

1）业务预算

业务预算，也称经营预算，是指与企业日常经营活动直接相关的经营业务的各种预算。它主要包括销售预算、生产预算、材料采购预算、直接材料消耗预算、直接人工预算、制造费用预算、产品生产成本预算、经营费用和管理费用预算等。

2）专门决策预算

专门决策预算直接反映相关决策的结果，是对实际中选方案的进一步规划。例如，资本支出预算，其编制依据可以追溯到决策之前搜集到的有关资料，只不过预算比决策估算更细致、更准确一些。再如，企业对一切固定资产购置都必须在事先做好可行性分析的基础上来编制预算，具体反映投资额需要多少，何时进行投资，资金从何处筹得，投资期限多长，何时可以投产，未来每年的现金流量多少。它是指企业不经常发生的、一次性的重要决策预算。

3）财务预算

财务预算是指企业在计划期内反映有关预计现金收支、财务状况和经营成果的预算。财务预算作为全面预算体系的最后环节，它是从价值方面概括地反映企业业务预算与专门决策预算的结果，也就是说，业务预算和专门决策预算中的资料都可以用货币金额反映在财务预算内，这样一来，财务预算就成为了各项业务预算和专门决策预算的整体计划，故称为总预算，其他预算则相应称为辅助预算或分预算。显然，财务预算在全面预算中占有举足轻重的地位。

2. 根据预算指标覆盖的时间长短，可分为短期预算和长期预算

1）短期预算

预算期在 1 年以内（含 1 年）的预算称为短期预算。

2）长期预算

预算期在 1 年以上的预算则称为长期预算。

预算的编制时间可以视预算的内容和实际需要而定，可以是 1 周、1 月、1 季、1 年或若干年等。在预算编制过程中，往往应结合各项预算的特点，将长期预算和短期预算结合使用。一般情况下，企业的业务预算和财务预算多为 1 年期的短期预算，年内再按季或月细分，而且预算期间往往与会计期间保持一致。

（二）预算体系

各种预算是一个有机联系的整体。一般将由业务预算、专门决策预算和财务预算组成的预算体系，称为全面预算体系，其结构如图 8-1 所示。

三、预算工作的组织

预算工作的组织结构具体如下。

1. 企业董事会或类似机构

企业董事会或类似机构应当对企业预算的管理工作负总责。企业董事会或者经理办

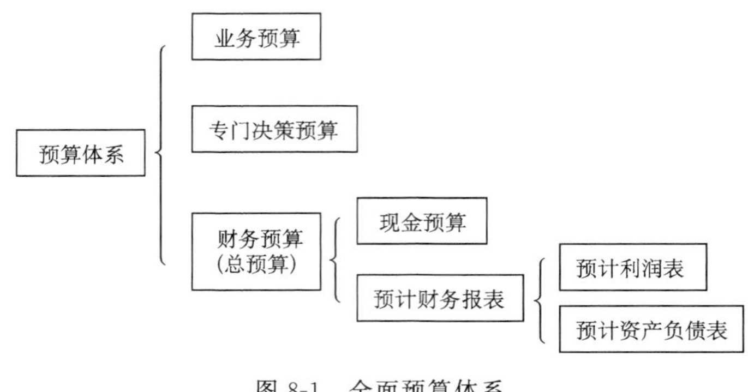

图 8-1　全面预算体系

公会可以根据情况设立预算委员会或指定财务管理部门负责预算管理事宜，并对企业法人代表负责。

2. 预算委员会

预算委员会主要负责拟订预算的目标、政策，制定预算管理的具体措施和办法，审议、平衡预算方案，组织下达预算，协调解决预算编制和执行中的问题，组织审计、考核预算的执行情况，督促企业完成预算目标。

3. 企业财务管理部门

企业财务管理部门具体负责企业预算的跟踪管理，监督预算的执行情况，分析预算与实际执行的差异及原因，提出改进管理的意见与建议。

4. 企业内部相关职能部门

企业内部生产、投资、物资、人力资源、市场营销等职能部门具体负责本部门业务涉及的预算编制、执行、分析等工作，并配合预算委员会或财务管理部门做好企业总预算的综合平衡、协调、分析、控制与考核等工作。其主要负责人参与企业预算委员会的工作，并对本部门预算执行结果承担责任。

5. 企业所属基层单位

企业所属基层单位是企业预算的基本单位，在企业财务管理部门的指导下，负责本单位现金流量、经营成果和各项成本费用预算的编制、控制、分析工作，接受企业的检查、考核。其主要负责人对本单位财务预算的执行结果承担责任。

四、财务预算在全面预算体系中的地位与作用

财务预算是在特种预算和日常业务预算的基础上编制的，作为全面预算体系中的最后环节，可以从价值方面概括地反映经营期决策预算与业务预算的结果，称为总预算，其余预算则相应称为辅助预算或分预算。因此，财务预算在全面预算体系中具有重要的作用，主要表现在以下四个方面。

1. 财务预算使决策目标具体化、系统化和定量化

在现代企业财务管理中，财务预算必须服从决策目标的要求，尽量做到全面地、综合地协调、规划企业内部各部门、各层次的经济关系与职能，使之统一服从于未

来经营总体目标的要求。同时，财务预算又能使决策目标具体化、系统化和定量化，能够明确规定企业有关生产经营人员各自的职能及相应的奋斗目标，做到人人事先心中有数。

2. 财务预算有助于协调部门关系

从系统论的观点来看，局部计划的最优化，对全局来说不一定是最合理的。为了使各个职能部门向着共同的战略目标前进，它们的经济活动必须密切配合，相互协调，统筹兼顾，全面安排，搞好综合平衡。财务预算可以把企业各方面的工作纳入统一计划，促使企业内部各部门的预算相互协调，环环紧扣，达到平衡，在保证企业总目标最优的前提下，组织各自的生产经营活动。例如，多数日常业务预算需要在反映具体业务的同时，反映现金收支情况。

3. 财务预算有助于财务目标的顺利实现

通过财务预算，可以建立评价企业财务状况的标准，以预算数作为标准的依据，将实际数与预算数对比，及时发现问题和调整偏差，使企业的经济活动按预定的目标进行，从而实现企业的财务目标。

4. 财务预算是考核业绩的标准

企业财务预算确定的各项指标，也是考核各部门工作业绩的基本尺度。在评定各部门工作业绩时，要根据预算的完成情况，分析偏离预算的程度和原因，划清责任，奖罚分明，促使各部门为完成预算规定的目标努力工作。

编制财务预算，并建立相应的预算管理制度，可以指导与控制企业的财务活动，提高预见性，减少盲目性，使企业的财务活动有条不紊地进行。

第二节　预算的编制方法与程序

一、预算的编制方法

企业可以根据不同的预算项目，分别采用固定预算、弹性预算、增量预算、零基预算、定期预算和滚动预算等方法编制各种预算。

(一) 固定预算与弹性预算编制方法

1. 固定预算编制方法

固定预算，又称静态预算，是根据预算期内正常的、可实现的某一既定业务量（如生产量、销售量）水平为基础来编制的预算。一般适用于固定费用或者数额比较稳定的预算项目。

固定预算的缺点表现在：一是过于呆板，因为编制预算的业务量基础是实现假定的某个业务量。在这种方法下，不论预算期内业务量水平实际可能发生哪些变动，都只按事先确定的某一个业务量水平作为编制预算的基础。二是可比性差。当实际的业务量与编制预算所依据的业务量发生较大差异时，有关预算指标的实际数与预算数就会因业务量基础不同而失去可比性。例如，某企业预计业务量为销售 100 000 件产品，按此业务量给销售部门的预算费用为 5000 元。如果该销售部门实际销售量达到 120 000 件，超出了预算业务量，固定预算下的费用预算仍为5000元。

2. 弹性预算编制方法

弹性预算是固定预算的对称，它关键在于把所有的成本按其性态划分为变动成本与固定成本两大部分。弹性预算在按照成本（费用）习性分类的基础上，根据量、本、利之间的依存关系，考虑到计划期间业务量可能发生的变动，编制出一套适应多种业务量的费用预算，以便分别反映在不同业务量的情况下所应支出的成本费用水平。在编制预算时，变动成本随业务量的变动而予以增减，固定成本则在相关的业务量范围内稳定不变。弹性预算是按一系列可能达到的预计业务量水平编制的能适应企业在预算期内任何生产经营水平的预算。由于这种预算随着业务量的变动进行机动调整，适用面广，具有弹性，所以称为弹性预算或变动预算。该方法是为了弥补固定预算的缺陷而产生的。编制弹性预算所依据的业务量可能是生产量、销售量、机器工时、材料消耗量和直接人工工时等。

弹性预算的优点表现在：一是预算范围宽；二是可比性强。

由于未来业务量的变动会影响到成本费用和利润的各个方面，所以，弹性预算理论上讲适用于全面预算中与业务量有关的各种预算，但从实用角度看，主要用于编制制造费用、销售费用及管理费用等半变动成本（费用）的预算和利润预算。

制造费用与销售及管理费用的弹性预算，均可按照下列弹性预算公式进行计算：

$$\text{成本的弹性预算}=\text{固定成本预算数}+\sum(\text{单位变动成本预算数}\times\text{预计业务量})$$

两者略有区别，制造费用的弹性预算是按照生产业务量（生产量、机器工作小时等）来编制；销售及管理费用的弹性预算是按照销售业务量（销售量、销售收入）来编制。业务量的选择包括业务量的计量单位和业务量变动范围两个部分的内容。一般来说，业务量变动范围可定在正常生产能力的70%～110%，或以历史上最高业务量和最低业务量为其上下限。

弹性预算一般适用于与预算执行单位业务量有关的成本（费用）、利润等预算项目。成本的弹性预算编制出来以后，就可以编制利润的弹性预算。它是以预算的各种销售收入为出发点，按照成本的性态，扣减相应的成本，从而反映企业在预算期内各种业务量水平上应该获得的利润指标。

弹性预算的编制，可以采用公式法，也可以采用列表法。

(1) 公式法。公式法是假设成本和业务量之间存在线性关系，成本总额、固定成本总额、业务量和单位变动成本之间的变动关系可以表示为

$$Y=a+bx$$

式中，Y 是成本总额；a 是不随业务量变动而变动的那部分固定成本；b 是单位变动成本；x 是业务量；某项目成本总额 Y 是该项目固定成本总额和变动成本总额之和。这种方法要求按上述成本与业务量之间的线性假定，将企业各项目成本总额分解为变动成本和固定成本两部分。

【例 8-1】 某企业的制造费用项目单位变动费用和固定费用资料如表 8-3 所示。

表 8-3　某企业制造费用项目单位变动费用和固定费用资料

费用明细项目	单位变动费用/(元/工时)	费用明细项目	固定费用/元
变动费用：		固定费用：	
间接人工	0.5	维护费用	12 000
间接材料	0.6	折旧费用	30 000
维护费用	0.4	管理费用	20 000
水电费用	0.3	保险费用	10 000
机物料	0.2	财产税	5 000
小计	2.0	小计	77 000

假设该企业预算期可能的预算工时变动范围为 49 000～51 000 工时，制造费用弹性预算如表 8-4 所示。

表 8-4　某企业制造费用弹性预算表（公式法）　单位：元

项目	a	b
固定部分：		
维护费用	12 000	—
折旧费用	30 000	—
管理费用	20 000	—
保险费用	10 000	—
财产税	5 000	—
小计	77 000	—
变动部分：		
间接人工	—	0.5
间接材料	—	0.6
维护费用	—	0.4
水电费用	—	0.3
机物料	—	0.2
小计	—	2.0
总计	77 000	2.0

根据表 8-4，可以利用 $y=77\ 000+2.0x$，计算出预算工时在 49 000～51 000 工时范围内，任一业务量范围基础上的制造费用预算总额；也可以计算出在该人工工时变动的范围内，任一业务量的制造费用中某一项目的预算额，如维护费用 $y=12\ 000+0.4x$，间接人工是 $y=0.5x$ 等。

公式法的优点是在一定范围内预算可以随业务量变动而变动，可比性和适应性强，编制预算的工作量相对较小；缺点是按公式进行成本分解比较麻烦，对每个费用子项目甚至细目逐一进行成本分解，工作量很大，另外在进行预算控制和考核时，不能直接查出特定业务量下的总成本预算额，细目分解比较麻烦且会有一定误差。

(2) 列表法。列表法是指通过列表的方式，将与各种业务量对应的预算数列示出来的一种弹性预算编制方法。列表法在一定程度上能克服公式法查不到的不同业务量下总成本预算数额的缺点。

【例 8-2】 假定有关资料同表 8-3。预算期企业可能的直接人工工时分别为 49 000 工时、49 500 工时、50 000 工时、50 500 工时和 51 000 工时。用列表法编制制造费用弹性预算如表 8-5 所示。

表 8-5 某企业制造费用弹性预算表（列表法） 单位：元

费用明细项目	单位变动费用	业务量				
		49 000	49 500	50 000	50 500	51 000
变动费用：						
间接人工	0.5	24 500	24 750	25 000	25 250	25 500
间接材料	0.6	29 400	29 700	30 000	30 300	30 600
维护费用	0.4	19 600	19 800	20 000	20 200	20 400
水电费用	0.3	14 700	14 850	15 000	15 150	15 300
机物料	0.2	9 800	9 900	10 000	10 100	10 200
小计	2	98 000	99 000	100 000	101 000	102 000
固定费用：						
维护费用		12 000	12 000	12 000	12 000	12 000
折旧费用		30 000	30 000	30 000	30 000	30 000
管理费用		20 000	20 000	20 000	20 000	20 000
保险费用		10 000	10 000	10 000	10 000	10 000
财产税		5 000	5 000	5 000	5 000	5 000
小计		77 000	77 000	77 000	77 000	77 000
制造费用合计		175 000	176 000	177 000	178 000	179 000

列表法的主要优点是可以直接从表中查得各种业务量下的成本费用预算，不用再另行计算，因此直接、简便；缺点是编制工作量较大，而且由于预算数不能随业务量变动而任意变动，弹性仍然不足。

（二）增量预算与零基预算编制方法

1. 增量预算编制方法

增量预算是指以基期成本费用水平为基础，结合预算期业务量水平及有关降低成本的措施，通过调整有关费用项目而编制预算的方法。增量预算以过去的费用发生水平为基础，主张不需在预算内容上进行较大的调整，它的编制遵循如下假定。

第一，企业现有业务活动是合理的，不需要进行调整。

第二，企业现有各项业务的开支水平是合理的，在预算期予以保持。

第三，以现有业务活动和各项活动的开支水平，确定预算期各项活动的预算数。

【例 8-3】 某企业上年的制造费用为 50 000 元，考虑到本年生产任务增大 10%，按增量预算编制计划年度的制造费用。

计划年度制造费用预算＝50 000×（1＋10%）＝55 000（元）

增量预算编制方法的缺陷是可能导致无效费用开支项目无法得到有效控制，因为不加以分析地保留或接受原有的成本费用项目，可能使原来不合理的费用继续开支而得不到控制，形成不必要开支合理化，造成预算上的浪费。

2. *零基预算编制方法*

零基预算的全称为“以零为基础的编制计划和预算方法”，它是在编制费用预算时，不考虑以往会计期间所发生的费用项目或费用数额，而是一切以零为出发点，从实际需要逐项审议预算期内各项费用的内容及开支标准是否合理，在综合平衡的基础上编制费用预算的方法。

零基预算的编制程序如下。

第一，企业内部各级部门的员工，根据企业的生产经营目标，详细讨论计划期内应该发生的费用项目，并对每一费用项目编写一套方案，提出费用开支的目的以及需要开支的费用数额。

第二，划分不可避免费用项目和可避免费用项目。在编制预算时，对不可避免费用项目必须保证资金供应；对可避免费用项目，则需要逐项进行成本与效益分析，尽量控制不可避免项目纳入预算当中。

第三，划分不可延缓费用项目和可延缓费用项目。在编制预算时，应根据预算期内可供支配的资金数额在各费用之间进行分配。应优先安排不可延缓费用项目的支出。然后，再根据需要，按照费用项目的轻重缓急确定可延缓项目的开支。

零基预算的优点表现在：①不受现有费用项目的限制；②不受现行预算的束缚；③有利于促使各基层单位精打细算，合理使用资金；④有利于提高预算管理水平。

（三）定期预算与滚动预算编制方法

1. *定期预算编制方法*

定期预算是指在编制预算时，以不变的会计期间（如日历年度）作为预算期的一种编制预算的方法。这种方法的优点是能够使预算期间与会计期间相对应，便于将实际数与预算数进行对比，也有利于对预算执行情况进行分析和评价。但这种方法固定以 1 年为预算期，在执行一段时期之后，往往使管理人员只考虑剩下来的几个月的业务量，缺乏长远打算，导致一些短期行为的出现。

2. *滚动预算编制方法*

滚动预算又称连续预算，是指在编制预算时，将预算期与会计期间脱离开，随着预算的执行不断地补充预算，逐期向后滚动，使预算期始终保持为一个固定长度（一般为 12 个月）的一种预算方法。

滚动预算的基本做法是使预算期始终保持 12 个月，每过 1 个月或 1 个季度，立即在期末增列 1 个月或 1 个季度，逐期往后滚动，因而在任何一个时期都使预算保持为

12个月的时间长度，故又叫连续预算或永续预算。这种预算能使企业各级管理人员对未来始终保持整整12个月时间的考虑和规划，从而保证企业的经营管理工作能够稳定而有序地进行。

按月滚动的滚动预算编制方式如图8-2所示。

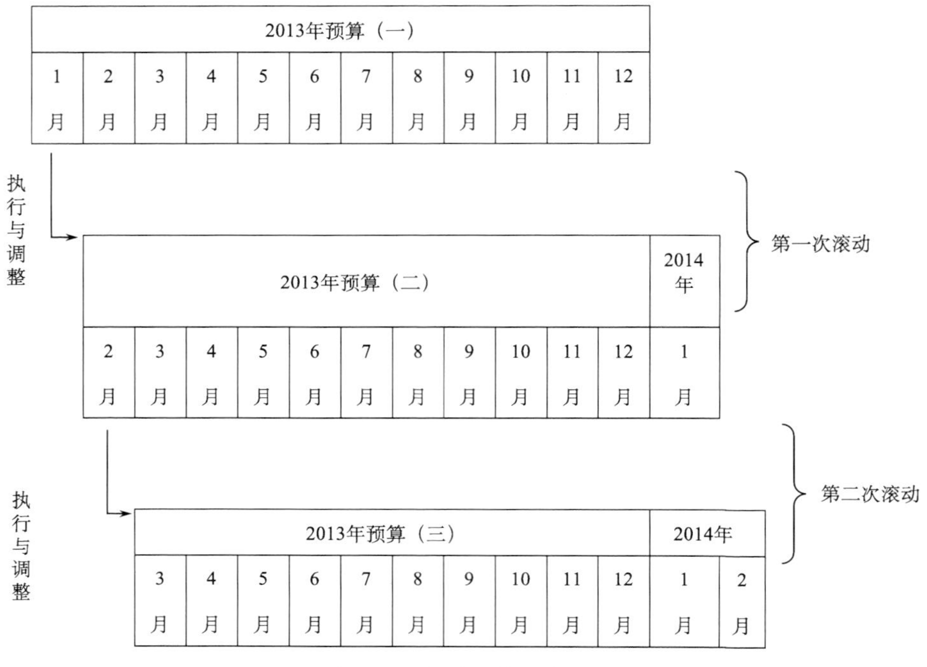

图8-2 滚动预算示意图

滚动预算的编制还采用了长期计划、短期安排的方法进行，那就是在基期编制预算时，先按年度分季，并将其中第一季度按月划分，建立各月的明细预算数字，以便监督预算的执行；至于其他三个季度的预算可以粗略一些，只列各季总数。到第一季度结束后，再将第二季度的预算按月细分，第三季度和第四季度以及增列的下一年度的第一季度的预算只列出各季度的总数，如此类推。采用这种方法编制的预算有利于管理人员对预算资料进行经常性的分析研究，并根据当时预算的执行情况及时加以调整。

二、预算的编制程序

企业编制预算，一般应按照“上下结合、分级编制、逐级汇总”的程序进行。

1. 下达目标

企业董事会或经理办公会根据企业发展战略和预算期经济形势的初步预测，在决策的基础上，提出下一年度企业预算目标，包括销售或营业目标、成本费用目标、利润目标和现金流量目标，并确定预算编制的政策，由预算委员会下达各预算执行单位。

2. 编制上报

各预算执行单位按照企业预算委员会下达的预算目标和政策，结合自身特点以及预测的执行条件，提出详细的本单位预算方案，上报企业财务管理部门。

3. 审查平衡

企业财务管理部门对各预算执行单位上报的财务预算方案进行审查、汇总，提出综合平衡的建议。在审查、平衡过程中，预算委员会应当进行充分协调，对发现的问题提出初步调整意见，并反馈给有关预算执行单位予以修正。

4. 审议批准

企业财务管理部门在有关预算执行单位修正调整的基础上，编制出企业预算方案，报财务预算委员会讨论。对于不符合企业发展战略或者预算目标的事项，企业预算委员会应当责成有关预算执行单位进一步修订、调整。在讨论、调整的基础上，企业财务管理部门正式编制企业年度预算方案，提交董事会或经理办公会审议批准。

5. 下达执行

企业财务管理部门对董事会或经理办公室审议批准的年度总预算，一般在次年 3 月底以前，分解成一系列的指标体系，由预算委员会逐级下达各预算执行单位执行。

第三节 预算编制

一、企业年度预算目标与目标利润预算方法

（一）年度预算目标

预算目标源于战略规划、受制于年度经营计划，是运用财务指标对企业及下属单位预算年度经营活动目标的全面、综合表述。通过预算目标，高层管理者可将战略和计划传达给整个组织；每个部门也可以明确在实现战略与计划中需要履行的预算方针与目标责任。

作为预算管理工作的起点，预算目标是预算机制发挥作用的关键。高质量的目标有利于预算管理工作的顺利推进，有利于日常管理的协调开展和有序进行。企业年度预算目标的确定必须解决以下两方面的问题。

1. 建立预算目标的指标体系

建立预算目标的指标体系，主要应解决以何种指标作为预算导向、核心指标如何量化、指标间的权重如何确定等问题。预算目标的指标体系应能体现公司总体战略，突出企业战略管理重点，从而将年度经营计划深度细化，成为实现企业战略发展的直接“调控棒”，它是企业年度经营业绩的指南针和行动纲领，是编制预算的基础和依据。从内容上说，预算目标指标体系应包括盈利指标、规模增长指标、投资与研发指标、风险控制（资本结构）指标、融资安排等。

2. 测量并确定预算目标的指标值

按照现代企业制度的要求，确定预算目标，从根本上说就是协调公司股东、董事会、经营者等各方利益的过程。从理论上分析，预算目标各指标的指标值是企业的预算标杆，它应当具有挑战性，并且必须保证企业及其各部门经过努力可以实现。如果预算目标遥不可及，就会失去目标的激励作用。因此，预算目标设定要以战略目标为依据，

同时结合年度经营计划进程，合理确定年度经营任务，将企业发展战略和各经营单位实际情况融入预算管理体系，并构成预算考评指标体系的标准之一。

(二) 目标利润预算方法

预算目标体系中的核心指标是预计目标利润。目标利润的测算，应在考虑企业出资人盈利要求及战略安排、企业发展对利润的需求等基础上，充分评判主客观条件，进而根据预算年度生产经营、财务活动进行确定。

为了能够确定一个既积极又可靠的利润目标，企业除全面考虑其经济上的合理性、技术上的可行性和生产经营上的可能性外，还应综合考虑生产经营的分项指标，根据总体指标和分项指标的关系进行综合平衡，制订正确的利润规划。

为了简便起见，本书只考虑产品销售利润预算问题，不涉及投资收益、营业外收支等项目，而且以利润总额为分析对象。在有关产品的销售价格、经营成本、产销结构等条件明确的情况下，企业未来预算期间的目标利润预算通常可用下列方法进行。

1. 量本利分析法

量本利分析法是根据有关产品的产销数量、销售价格、变动成本和固定成本等因素与利润之间的相互关系确定企业目标利润的方法。具体计算公式如下：

目标利润＝预计产品产销数量×(单位产品售价－单位产品变动成本)－固定成本费用

2. 比例预算法

比例预算法是利用利润指标与其他经济指标之间存在的内在比例关系，来确定目标利润的方法。由于销售利润与产品销售收入的多少、产品成本的水平、企业资金总量有着密切的关系，所以可以分别采用以下比例预算法测定企业的目标利润。

(1) 销售收入利润率法。它是利用销售利润与销售收入的比例关系确定目标利润的方法。在其他条件不变的情况下，销售利润多少完全取决于销售收入的多寡，两者成正比例变动。企业可以在上期实际销售收入利润率（或前几期平均销售收入利润率）的基础上，确定目标利润。具体计算公式如下：

目标利润 ＝ 预计销售收入－测算的销售利润

(2) 成本利润率法。它是利用利润总额与成本费用的比例关系确定目标利润的方法。具体计算公式如下：

目标利润＝预计营业成本费用×核定的成本费用利润率

预计营业成本费用是按成本费用资料加以确定的，而核定的成本费用利润率则可按同行业平均先进水平确定。

(3) 投资资本回报率法。它是利用利润总额与投资资本平均总额的比例关系确定目标利润的方法。具体计算公式如下：

目标利润＝预计投资成本平均总额×核定的投资资本回报率

按投资成本回报率确定目标利润的实质，就是按要求的企业投资利润率测算目标利润。

【例 8-4】 某企业上年实际投资资本平均总额 3800 万元。为扩大产品销售规模，计划年初追加 200 万元营运资本，企业预期投资资本回报率为 16%。则该企业的目标

利润为

$$(3800+200)\times 16\%=640(\text{万元})$$

(4) 利润增长百分比法。它是根据有关产品上一期间实际获得的利润额和过去连续若干期间的平均利润率增长幅度（百分比），并全面考虑影响利润的有关因素的预期变动而确定企业目标利润的方法。具体计算公式如下：

目标利润＝上期利润总额×(1＋利润增长百分比)

3. 上加法

上加法是企业根据自身发展、不断积累和提高股东分红水平等需要，匡算企业净利润，再倒算利润总额（即目标利润）的方法。

企业留存收益＝盈余公积金＋未分配利润

净利润＝本年新增留存收益÷(1－股利分配比率)

净利润＝本年新增留存收益＋股利分配额

目标利润＝净利润÷(1－所得税税率)

上式公式中，当以年度净利润为基础按一定百分比计算分配股利时，可采用第一个公式；当以股本为基础按一定百分比计算分配股利时，只能采用第二个公式。

【例 8-5】　某企业预算年度计划以股本的 10%向投资者分配利润，并新增留存收益 800 万元。企业股本 8000 万元，所得税税率 20%，则可按下述步骤测算目标利润额。

目标复利分红额＝8000×10%＝800(万元)

净利润＝800＋800＝1600(万元)

目标利润＝1600÷(1－20%)＝2000(万元)

(三) 企业年度预算目标各指标值的确定举例

综合以上分析方法，根据产品价格、销量、成本之间的关系，确定目标利润的具体思路是

预期目标利润＝预测可实现销售收入×(预期产品售价－预期产品单位成本)－期间费用

按照这一思路，企业年度预算目标各指标值的确定可具体化为如下步骤。

(1) 根据销售预测，在假定产品售价和成本费用不变的情况下，确定可实现利润。

(2) 根据企业投资总资本和同行业平均（或先进）投资资本回报率，确定期望目标利润，并与可实现利润比较，提出销售增长率、价格增长率或成本（费用降低率）目标。

(3) 通过各分部及管理部门间的协调，最终落实实现目标利润的其他各项指标目标值。

【例 8-6】　某公司生产经营单一产品，下属三个分部均为成本中心，专司产品生产与协作。总部为了节约成本和统一对外，除拥有管理职能外，还兼营公司的材料采购与产品最终销售两大职能。经公司营销部门的销售预测，确定该企业预算年度营销目标为本企业产品的全国市场占有率达到 30%。

第一，假定价格不变，要求其销售额达到 5 亿元。如果当前销售成本率为 60%，可实现的毛利额为 2 亿元，扣除各项费用（销售费用率为 24%）1.2 亿元，可初步确定目标利润为 8000 万元。

第二，假定公司现有投资资本平均总额为 15 亿元，按照同行业平均的投资资本回报率 8%这一基准，确认公司应该完成的目标利润为 1.2 亿元。

第三，在收入不可能增长的条件下，与可实现利润 8000 万元比较，要实现 1.2 亿元的目标利润，只能通过降低成本费用这一途径。根据成本费用管理目标，公司要求生产性部分的成本必须在原有基础上降低 10%，即销售成本率由 60%降低到 54%，以此使毛利额由原来的 2 亿元提高到 2.3 亿元，此时目标利润总额与同行业的差异将由4000 万元（12 000－8000）变为 1000 万元 [12 000－(23 000－12 000)]。

第四，为完全实现同行业的平均目标利润，费用总额须从原来的 12 000 万元降低到 11 000 万元，其费用降低率应达到（12 000－11 000)/12 000 ＝ 8.33%。

第五，经过协调，公司总部与分部按上述测算将最终目标明确下来，即目标销售额 5 亿元，目标利润 1.2 亿元，目标销售成本率 54%，目标费用总额 1.1 亿元。

二、主要预算的编制

通过目标利润预算确定利润目标以后，即可以此为基础，编制全面预算。全面预算的编制应以销售预算为起点，根据各种预算之间的钩稽关系，按顺序从前往后逐步进行，直至编制出预计财务报表。

（一）销售预算

销售预算是在销售预测的基础上，根据企业年度目标利润确定的预计销售量、销售单价和销售收入等参数编制的，用于规划预算期销售活动的一种业务预算。在编制过程中，应根据年度内各季度市场预测的销售量和单价，确定预计销售收入，并根据各季现销收入与收回前期的应收账款反映现金收入额，以便为编制现金收支预算提供资料。根据销售预测确定的销售量和销售单价确定各期销售收入，并根据各期销售收入和企业信用政策，确定每期的销售现金流量，是销售预算的两个核心问题。

由于企业其他预算的编制都必须以销售预算为基础，所以，销售预算是编制全面预算的起点。

【例 8-7】 W 公司 2013 年（计划年度）只生产和销售一种产品，每季的产品销售货款有 60%于当期收到现金，有 40%属赊销于下一个季度收到现金。上一年（基期）年末的应收账款为 175 000 元。该公司计划年度的销售预算如表 8-6 所示。

表 8-6 W 公司 2013 年度销售预算表

项目	1 季度	2 季度	3 季度	4 季度	全年
预计销量/件	2 000	2 500	3 000	2 500	10 000
单价/元	250	250	250	250	250

续表

项目	1 季度	2 季度	3 季度	4 季度	全年
预计销售收入/元	500 000	625 000	750 000	625 000	2 500 000
应收账款期初/元	175 000				175 000
1 季度销售实现/元	300 000	200 000			500 000
2 季度销售实现/元		375 000	250 000		625 000
3 季度销售实现/元			450 000	300 000	750 000
4 季度销售实现/元				375 000	375 000
现金收入合计/元	475 000	575 000	700 000	675 000	2 425 000

（二）生产预算

生产预算是为规划预算期生产数量而编制的一种业务预算，它是在销售预算的基础上编制的，并可以作为编制材料采购预算和生产成本预算的依据。编制生产预算的主要依据是预算期各种产品的预计销售量及存货期初期末资料。具体计算公式为

预计生产量＝预计销售量＋预计期末结存量－预计期初结存量

生产预算的要点是确定预算期的产品生产量和期末结存产品数量，前者为编制材料预算、人工预算、制造费用预算等提供基础，后者是编制期末存货预算和预计资产负债表的基础。

【例 8-8】　假设 W 公司 2013 年年初结存产成品 300 件，本年各季末结存产成品分别为：1 季度末 500 件，2 季度末 550 件，3 季度末 500 件，4 季度末 400 件，预计销售量如表 8-7 所示。W 公司生产预算如表 8-7 所示。

表 8-7　W 公司 2013 年度生产预算表　单位：件

项目	1 季度	2 季度	3 季度	4 季度	全年
预计销量	2 000	2 500	3 000	2 500	10 000
加：预计期末结存	500	550	500	400	400
预计需要量	2 500	3 050	3 500	2 900	10 400
减：期初结存量	300	500	550	500	300
预计生产量	2 200	2 550	2 950	2 400	10 100

（三）材料采购预算

材料采购预算是为了规划预算期材料消耗情况及采购活动而编制的，用于反映预算期各种材料消耗量、采购量、材料消耗成本和材料采购成本等计划信息的一种业务预算。依据预计产品生产量和材料单位耗用量，确定生产需要耗用量，再根据材料的期初期末结存情况，确定材料采购量，最后根据采购材料的付款，确定现金支出情况。

某种材料耗用量＝产品预计生产量×单位产品定额耗用量

某种材料采购量＝该种材料耗用量＋该种材料期末结存量－该种材料期初结存量

材料采购预算的要点是反映预算期材料消耗量、采购量和期末结存数量，并确定各预算期材料采购现金支出。材料期末结存量的确定可以为编制期末存货预算提供依据，现金支出的确定可以为编制现金预算提供依据。

【例 8-9】 假设 W 公司计划年度期初材料结存量 720 千克，本年各季末结存材料分别为：1 季度末 820 千克，2 季度末 980 千克，3 季度末 784 千克，4 季度末 860 千克，每季度的购料款于当季支付 40％，剩余 60％于下一季度支付，应付账款年初余额为 120 000 元。其他资料如表 8-6 和表 8-7 所示。W 公司计划年度材料采购预算如表 8-8 所示。

表 8-8 W 公司 2013 年度材料采购预算表

项目	1 季度	2 季度	3 季度	4 季度	全年
预计生产量/件	2 200	2 550	2 950	2 400	10 100
材料定额单耗/千克	5	5	5	5	5
预计生产需要量/千克	11 000	12 750	14 750	12 000	50 500
加：期末结存量/千克	820	980	784	860	860
预计需要量合计/千克	11 820	13 730	15 534	12 860	51 360
减：期初结存量/千克	720	820	980	784	720
预计材料采购量/千克	11 100	12 910	14 554	12 076	50 640
材料计划单价/(元/千克)	20	20	20	20	20
预计购料金额/元	222 000	258 200	291 080	241 520	1 012 800
应付账款年初余额/元	120 000				120 000
1 季度购料付现/元	88 800	133 200			222 000
2 季度购料付现/元		103 280	154 920		258 200
3 季度购料付现/元			116 432	174 648	291 080
4 季度购料付现/元				96 608	96 608
现金支出合计/元	208 800	236 480	271 352	271 256	987 888

（四）直接人工预算

直接人工预算是一种既反映预算期内人工工时消耗水平，又规划人工成本开支的业务预算。这项预算是根据生产预算中的预计生产量以及单位产品所需的直接人工小时和单位小时工资率进行编制的。在通常情况下，企业往往要雇用不同工种的人工，必须按工种类别分别计算不同工种的直接人工小时总数；然后将算得的直接人工小时总数分别乘以该工种的工资率，再予以合计，即可求得预计直接人工成本的总数。

有关数据具体计算公式如下。

（1）预计产品生产直接人工工时总数，公式为

某种产品直接人工总工时＝单位产品定额工时×该产品预计生产量

产品定额工时是由产品生产工艺和技术水平决定的，由产品技术和生产部门提供定额标准；产品预计生产量来自生产预算。

（2）预计直接人工总成本，公式为

某种产品直接人工总成本＝单位工时工资率×该种产品直接人工工时总量

单位工时工资率来自企业人事部门工资标准和工资总额。

编制直接人工预算时，一般认为各预算期直接人工都是直接以现金发放的，因此不再特别列示直接人工的现金支出。另外，按照我国现行制度规定，在直接工资以外，还需要计提应付福利费，此时应在直接人工预算中根据直接工资总额进一步确定预算期的预计应付福利费，并估计应付福利费的现金支出。为简便，本处假定应付福利费包括在直接人工总额中并全部以现金支付。

直接人工预算的要点是确定直接人工总成本。

【例 8-10】　假设 W 公司单位产品耗用工时为 6 小时，单位工时的工资率为 5 元，W 公司计划年度人工工资预算如表 8-9 所示。

表 8-9　W 公司 2013 年度直接人工预算表

项目	1 季度	2 季度	3 季度	4 季度	全年
预计生产量/件	2 200	2 550	2 950	2 400	10 100
单耗工时/小时	6	6	6	6	6
直接人工小时数/小时	13 200	15 300	17 700	14 400	60 600
单位工时工资率	5	5	5	5	5
预计直接人工成本/元	66 000	76 500	88 500	72 000	303 000

由于工资一般都要全部支付现金，所以，直接人工预算表中预计直接人工成本总额就是现金预算中的直接人工工资支付额。

（五）制造费用预算

制造费用预算是反映生产成本中除直接材料、直接人工以外的一切不能直接计入产品制造成本的间接制造费用的预算。这些费用必须按成本习性划分为固定费用和变动费用，分别编制变动制造费用预算和固定制造费用预算。编制制造费用预算时，应以计划期的一定业务量为基础来规划各个费用项目的具体预算数字。另外，在制造费用预算表下还要附有预计现金支出表，以方便编制现金预算。

变动制造费用预算部分，应区分不同费用项目，逐一根据单位变动制造费用分配率和业务量（一般是直接人工总工时或机器工时等）确定各项目的变动制造费用预算数。其中，某项目变动制造费用分配率＝该项目变动制造费用预算总额÷业务量预算总数。

固定制造费用预算部分，也应区分不同费用项目，逐一确定预算期的固定费用预算。

在编制制造费用预算时，为方便现金预算编制，还需要确定预算期的制造费用预算的现金支出部分。为方便，一般将制造费用中扣除折旧费后的余额，作为预算期内的制造费用现金支出。

制造费用预算的要点是确定各个变动和固定制造费用项目的预算金额，并确定预计制造费用的现金支出。

【例 8-11】 根据前面所编各预算表的资料，编制 W 公司制造费用预算表，如表 8-10 所示。

表 8-10 W 公司 2013 年度制造费用预算表 单位：元

变动费用项目	金额	固定费用项目	金额
间接人工	12 120	维护费用	4 000
间接材料	6 060	折旧费用	73 200
维护费用	9 090	管理费用	35 000
水电费用	15 150	保险费用	6 000
机物料	3 030	财产税	3 000
小计	45 450	小计	121 200
直接人工总工时			60 600
预算分配率			0.75
变动费用现金支出			45 450
变动费用现金支出		45 450	
固定费用合计		121 200	
减：折旧费用		73 200	
固定费用现金支出		48 000	
制造费用全年现金支出		93 450	
制造费用 1 季度现金支出		25 000	
制造费用 2 季度现金支出		25 000	
制造费用 3 季度现金支出		24 000	
制造费用 4 季度现金支出		19 450	

（六）单位生产成本预算

单位生产成本预算是反映预算期内各种产品生产成本水平的一种业务预算。这种预算是在生产预算、直接材料消耗及采购预算、直接人工预算和制造费用预算的基础上编制的，通常应反映产品单位生产成本。

单位产品预计生产成本＝单位产品直接材料成本＋单位产品直接人工成本＋单位产品制造费用

上述公式中数据分别来自直接材料采购预算、直接人工预算和制造费用预算。

以单位产品成本预算为基础，还可以确定期末结存产品成本，公式为

期末结存产品成本＝期初结存产品成本＋本期产品生产成本－本期销售产品成本

公式中的期初结存产品成本和本期销售产品成本，应该根据具体的存货计价方法确定。确定期末结存产品成本后，可以与预计直接材料期末结存成本一起，一并在期末存货预算中予以反映。本章中期末存货预算略去不作介绍，期末结存产品的预计成本合并

在单位产品生产成本中列示。

单位产品生产成本预算的要点是确定单位产品预计生产成本和期末结存产品预计成本。

【例 8-12】 假设 W 公司采用制造成本法计算成本，生产成本包括变动生产成本和固定生产成本。根据前面已编制的各种业务预算表的资料，编制 W 公司单位产品生产成本预算表，如表 8-11 所示。

表 8-11　W 公司 2013 年度单位生产成本预算表

成本项目	单位用量	单位价格	单位成本
直接材料	5 千克	20 元/千克	100 元
直接人工	6 小时	5 元/小时	30 元
变动制造费用	6 小时	0.75 元/小时	4.5 元
单位变动生产成本			134.5 元
单位固定成本	(121 200÷60 600)×6=12 元		12 元
单位生产成本			146.5 元
期末存货预算	期末存货数量		400 件
	单位生产成本		146.5 元
	期末存货成本		58 600 元

(七) 销售及管理费用预算

销售及管理费用预算是以价值形式反映整个预算期内为销售产品和维持一般行政管理工作而发生的各项目费用支出预算。该预算与制造费用预算一样，需要划分固定费用和变动费用列示，其编制方法也与制造费用预算相同。在该预算表下也应附列计划期间预计销售和管理费用的现金支出计算表，以便编制现金预算。

销售及管理费用预算的要点是确定各个变动及固定费用项目的预算数，并确定预计的现金支出。

【例 8-13】 假设 W 公司销售和行政管理部门根据计划期间的具体情况，合并编制销售与管理费用预算表，如表 8-12 所示。

表 8-12　W 公司 2013 年度销售及管理费用预算表　　单位：元

费用明细项目		预算金额
变动费用	销售佣金　0.1×60 600	6 060
	办公费用　0.2×60 600	12 120
	运输费用　0.2×60 600	12 120
	……	……
	变动费用小计	42 420

续表

费用明细项目		预算金额
固定费用	广告费用	80 000
	管理人员工资	125 000
	保险费用	8 000
	折旧费用	50 000
	财产税	4 000
	……	……
	固定费用小计	287 000
预计现金支出计算表	销售及管理费用总额	329 420
	减：折旧费用	50 000
	销售及管理费用现金支出总额	279 420
	每季度销售及管理费用现金支出	69 855

（八）专门决策预算

专门决策预算主要是长期投资预算，又称资本支出预算，通常是指与项目投资决策相关的专门预算，它往往涉及长期建设项目的资金投放与筹集，并经常跨越多个年度。编制专门决策预算的依据，是项目财务可行性分析资料，以及企业筹资决策资料。

专门决策预算的要点是准确反映项目资金投资支出与筹资计划，它同时也是编制现金预算和预计资产负债表的依据。

【例 8-14】 假设 W 公司决定于 2013 年上马一条新的生产线，年内安装完毕，并于年末投入使用，有关投资与筹资预算如表 8-13 所示。

表 8-13 W 公司 2013 年度专门决策预算表 单位：元

项目	1 季度	2 季度	3 季度	4 季度	全年
投资支出预算	50 000	40 000	70 000	80 000	240 000
借入长期借款	40 000			80 000	120 000

（九）现金预算

现金预算是以业务预算和专门决策预算为依据编制的、专门反映预算期内预计现金收入与现金支出，以及为满足理想现金余额而进行现金投融资的预算。

现金预算由期初现金余额、现金收入、现金支出、现金余缺、现金投放与筹措五部分组成。

$$期初现金余额+现金收入-现金支出=现金余缺$$

财务管理部门应根据现金余缺与期末现金余额的比较，来确定预算期现金投放或筹措。当现金余缺大于期末现金余额时，应将超过期末余额以上的多余现金进行投资；当现金余缺小于现金余额时，应筹措现金，直到现金总额达到要求的期末现金余额。

现金余缺＋现金筹措(现金不足时)＝期末现金余额

现金余缺－现金投放(现金多余时)＝期末现金余额

【例 8-15】 根据前面编制的各业务预算表和决策预算表的资料，编制现金预算。该公司年初现金余额为 80 000 元，每季支付各种流转税 35 000 元，前三季度预缴所得税 50 000 元，年末汇缴 89 440 元，年末支付股利 250 000 元。最低现金持有量为50 000元。W 公司现金预算如表 8-14 所示。

表 8-14 W 公司 2013 年度现金预算表 单位：元

项目	1 季度	2 季度	3 季度	4 季度	全年
期初现金余额	80 000	80 000	80 000	80 000	80 000
经营现金收入	475 000	575 000	700 000	675 000	2 425 000
可供支配的现金合计	555 000	655 000	780 000	755 000	2 505 000
经营性现金支出					
直接材料采购	208 800	236 480	271 352	271 256	987 888
直接人工支出	66 000	76 500	88 500	72 000	303 000
制造费用	25 000	25 000	24 000	19 450	93 450
销售及管理费用	69 855	69 855	69 855	69 855	279 420
支付流转税	35 000	35 000	35 000	35 000	140 000
预交所得税	50 000	50 000	50 000	89 440	239 440
分配股利				250 000	250 000
资本性现金支出	50 000	40 000	70 000	80 000	240 000
现金支出合计	504 655	532 835	608 707	887 001	2 533 198
现金余缺资金筹措与运用	50 345	122 165	171 293	(132 001)	(28 198)
长期借款	40 000			80 000	120 000
支付利息	(15 345)	(15 165)	(13 293)	(11 999)	(55 802)
取得短期借款	5 000			20 000	25 000
偿还短期借款		(5 000)			(5 000)
进行短期投资		(22 000)	(78 000)		(100 000)
出售短期投资				100 000	100 000
期末现金余额	80 000	80 000	80 000	56 000	56 000

(十) 预计利润表

预计利润表用来综合反映企业在计划期的预计经营成果，是企业最主要的财务预算表之一。编制预计利润表的依据是各业务预算、专门决策预算和现金预算。

【例 8-16】 以前面所编制的各种预算为资料来源。假设每季预提的财务费用为20 000元。编制 W 公司预计利润表，如表 8-15 所示。

表 8-15　W 公司 2013 年度预计利润表　　单位：元

项目	1 季度	2 季度	3 季度	4 季度	全年
销售收入	500 000	625 000	750 000	625 000	2 500 000
减：销售成本	293 000	366 250	439 500	366 250	1 465 000
销售毛利	207 000	258 750	310 500	258 750	1 035 000
减：销售及管理费用	82 355	82 355	82 355	82 355	329 420
财务费用	20 000	20 000	20 000	20 000	80 000
营业利润	104 645	156 395	208 145	156 395	625 580
减：所得税	50 000	50 000	50 000	89 440	239 440
净利润	54 645	106 395	158 145	66 955	386 140

（十一）预计资产负债表

预计资产负债表用来反映企业在计划期末预计的财务状况。它的编制需以计划期开始日的资产负债表为基础，结合计划期间各项业务预算、专门决策预算、现金预算和预计利润表进行编制。预计资产负债表的编制是编制全面预算的终点。

【例 8-17】　根据 W 公司期初资产负债表及计划期各项预算中的有关资料进行调整，编制出 2013 年年末的预计资产负债表，如表 8-16 所示。

表 8-16　W 公司 2013 年 12 月 31 日预计资产负债表　　单位：元

资产	金额	负债及权益	金额
流动资产：		流动负债：	
现金	56 000	短期借款	20 000
应收账款	250 000	应付账款	144 912
存货	75 800	应付税金	10 000
流动资产合计	381 800	预提费用	24 198
长期资产：		流动负债合计：	199 110
固定资产	800 000	长期负债	120 000
减：累计折旧	200 000	股东权益：	
固定资产净额	600 000	股本	500 000
在建工程	240 000	资本公积	100 000
无形资产	184 200	留存收益	486 890
长期资产合计	1 024 000	权益合计	1 086 890
资产总计	1 406 000	负债及权益总计	1 406 000

第四节 预算的执行与考核

一、预算的执行

企业预算一经批复下达，各预算执行单位就必须认真组织实施，将预算指标层层分解，从横向到纵向落实到内部各部门、各单位、各环节和各岗位，形成全方位的预算执行责任体系。

企业应当将预算作为预期内组织、协调各项经营活动的基本依据，将年度预算细分为月份和季度预算，通过分期预算控制，确保年度预算目标的实现。

企业应当强化现金流量的预算管理，按时组织预算资金的收入，严格控制预算资金的支付，调节资金收付平衡，控制支付风险。

对于预算内的资金拨付，按照授权审批程序执行。对于预算外的项目支出，应当按预算管理制度规范支付程序。对于无合同、无凭证、无手续的项目支出，不予支付。

企业应当严格执行销售、生产和成本费用预算，努力完成利润指标。在日常控制中，企业应当健全凭证记录，完善各项管理规章制度，严格执行生产经营月度计划和成本费用的定额、定率标准，加强适时监控。对预算执行中出现的异常情况，企业有关部门应及时查明原因，提出解决办法。

企业应当建立预算报告制度，要求各预算执行单位定期报告预算的执行情况。对于预算执行中发现的新情况、新问题及偏差较大的重大项目，企业财务管理部门以至预算委员会应当责成有关预算执行单位查找原因，提出改进经营管理的措施和建议。

企业财务管理部门应当利用财务报表监控预算的执行情况，及时向预算执行单位、企业预算委员会以至董事会或经理办公会提供财务预算的执行进度、执行差异及其对企业预算目标的影响等财务信息，促进企业完成预算目标。

二、预算的调整

企业正式下达执行的预算，一般不予调整。预算执行单位在执行中由市场环境、经营条件、政策法规等发生重大变化，致使预算的编制基础不成立，或者将导致预算执行结果产生重大偏差的，可以调整预算。

企业应当建立内部弹性预算机制，对于不影响预算目标的业务预算、资本预算、筹资预算之间的调整，企业可以按照内部授权批准制度执行，鼓励预算执行单位及时采取有效的经营管理对策，保证预算目标的实现。

企业调整预算，应当由预算执行单位逐级向企业预算委员会提出书面报告，阐述预算执行的具体情况、客观因素变化情况及其对预算执行造成的影响程度，提出预算指标的调整幅度。

企业财务管理部门应当对预算执行单位的预算调整报告进行审核分析，集中编制企业年度预算调整方案，提交预算委员会以至企业董事会或经理办公会审议批准，然后下达执行。

对于预算执行单位提出的预算调整事项，企业进行决策时，一般应当遵循以下要求。

（1）预算调整事项不能偏离企业发展战略。

（2）预算调整方案应当在经济上能够实现最优化。

（3）预算调整重点应当放在预算执行中出现的重要的、非正常的、不符合常规的关键性差异方面。

三、预算的分析与考核

企业应当建立预算分析制度，由预算委员会定期召开预算执行分析会议，全面掌握预算的执行情况，研究、解决预算执行中存在的问题，纠正预算的执行偏差。

开展预算执行分析，企业管理部门及各预算执行单位应当充分搜集有关财务、业务、市场、技术、政策、法律等方面的信息资料，根据不同情况分别采用比率分析、比较分析、因素分析、平衡分析等方法，从定量与定性两个层面充分反映预算执行单位的现状、发展趋势及其存在的潜力。

针对预算的执行偏差，企业财务管理部门及各预算执行单位应当充分、客观地分析产生的原因，提出相应的解决措施或建议，提交董事会或经理办公会研究决定。

企业预算委员会应当定期组织预算审计，纠正预算执行中存在的问题，充分发挥内部审计的监督作用，维护预算管理的严肃性。

预算审计可以采用全面审计或者抽样审计。在特殊情况下，企业也可组织不定期的专项审计。审计工作结束后，企业内部审计机构应当形成审计报告，直接提交预算委员会以至董事会或经理办公会，作为预算调整、改进内部经营管理和财务考核的一项重要参考。

预算年度终了，预算委员会应当向董事会或者经理办公会报告预算执行情况，并依据预算完成情况和预算审计情况对预算执行单位进行考核。

企业内部预算执行单位上报的预算执行报告，应经本部门、本单位负责人按照内部议事规范审议通过，作为企业进行财务考核的基本依据。企业预算按调整后的预算执行，预算完成情况以企业年度财务会计报告为准。

企业预算执行考核是企业绩效评价的主要内容，应当结合年度内部经济责任制进行考核，与预算执行单位负责人的奖惩挂钩，并作为企业内部人力资源管理的参考。

【案例分析】

武汉钢铁集团公司（简称武钢）是新中国成立后兴建的第一个特大型钢铁联合企业，于1955年开始建设，1958年9月13日建成投产，是中央和国务院国有资产监督管理委员会直管的国有重要骨干企业。本部厂区坐落在湖北省武汉市东郊、长江南岸，占地面积21.17平方千米。武钢拥有矿山采掘、炼焦、炼铁、炼钢、轧钢及物流等一整套先进的钢铁生产工艺设备，并联合重组鄂钢、柳钢、昆钢后，成为生产规模近4000万吨的大型企业集团，居世界钢铁行业第四位。武钢现有三大主业，即钢铁制造业、高新技术产业和国际贸易。

50多年来，武钢历经了三次创业。1955年10月武钢青山厂区正式破土动工，武钢人开始了第一次创业，迎来了新中国兴建的第一个钢都的诞生。1974年武钢从原联邦德国、日本引进一米七轧机系统，开创了我国系统引进国外钢铁技术的先河，武钢人开始了第二次创业，走出了一条“质量效益型”发展道路。2005年以来，武钢以科学发展观为指导，努力推进第三次创业，生产经营和改革发展取得了突出成就：中西南战略扎实推进，本部产能成倍增长，三大品种基地基本形成，自主创新能力大幅提升，“走出去”战略取得突破，内部改革持续深化，相关产业健康发展，节能减排成效显著，企业文化形成特色，职工生活持续改善。

2011年，武钢加大投资的非钢产业挣得了20.8亿元的利润，已经占据了整个集团利润的七成，并帮助企业在钢铁业的严冬期保持着17.4%的利润增幅。2012年，武钢在财富世界500强排行榜排名第321位。

武钢1999年开始推行预算管理，首先在组织结构上进行了配套改革，成立了公司预算管理委员会，并利用机构改革之机，把公司的年度生产经营计划和公司财务管理部门合并，组建了计划财务部，优化了预算管理的组织结构。利用计划财务部这个组织结构平台，不断吸纳生产、销售、设备、运输、能源等各个专业的管理专家，使预算管理真正超越财务管理的范畴，使预算管理部门成为了一个综合性的管理部门。预算委员会成员由公司董事长或总经理任免，董事长或总经理对公司预算的管理工作负总责。预算委员会制定公司总体预算目标及保障措施，审定公司总预算、分预算和专项预算。预算委员会设预算管理办公室，集团公司总会计师兼任办公室主任，负责全面预算管理工作的日常事宜。委员会下各单位成立相应的预算管理组织，一般设在财务部门，由多个部门参加，负责本单位内部的预算编制和监督执行。预算委员会建立例会制度，定期分析预算的执行情况，督促检查预算的实施。

武钢预算管理作为企业内部控制的重要方式，由预算编制、预算执行、预算分析和考核等环节构成。预算管理的内容贯穿在企业的整个生产经营活动中，对管理的各个层面、环节及总体目标进行系列、统一地规划和控制。按企业生产经营的经济内容和层次关系可划分为经营预算、资本支出预算和财务预算三部分。在实际的预算编制过程中，按照预算管理的对象可把预算管理的内容分为总预算、分预算和专项预算三个部分。总预算是以企业总体经济运行为对象制定的预算，分预算是以企业所属或受控制的生产经营为对象制定的预算，专项预算是为企业的生产经营预算提供专业支持、反映企业某一方面的经济活动而制定的预算。

为了比较准确地编制未来年度的预算，一般在每年的9月初开始就要对未来年度的情况进行广泛的调查研究和预测，尤其是对经营预算中的生产、销售、采购、设备和资源的平衡配置等相关情况的了解，对资本支出预算中投资项目对生产经营的影响、对集团损益的影响的了解。在充分了解未来年度生产经营的环境、条件后，由预算管理办公室起草年度的《预算编制大纲》，报预算委员会审批后，作为预算编制的基本原则和总体要求。

《预算编制大纲》是编制年度预算的起点，要体现集团企业的经营思想和战略目标，明确提出预算编制的原则、要求，预算编制的具体内容、责任单位和明细分工以及上报时间等。

各责任单位、相关专业预算编制部门在预算管理办公室的组织下，按预算管理责任分工，根据《预算编制大纲》和专业预算目标要求编制各分预算及专项预算，并按时上报预算管理办公室。

预算管理办公室将各单位、各部门上报的分预算及专项预算草案进行分析汇总编制，在综合平衡基础上，编制企业完整的总预算，并报公司预算委员会审定、颁发。此过程一般要经过几个来回，经历两个月时间，最终以公司文件形式下发。

总体来说，武钢集团企业的预算是先“自下而上”，再“自上而下”。这种预算编制方式下，集团先确定预算目标，包括一些关键性的指标，然后将指标分解后由各成员企业编制预算草案，草案上报后由集团预算管理办公室加以汇总、协调、调整，形成预算方案，报预算委员会审定后，下达给成员企业和有关职能部门。事实上，这种模式下预算的编制往往不是一个过程就可以完成，而要经过多次的循环，让集团和成员企业间进行充分的信息沟通和了解，既能顾及到集团的整体目标，又充分考虑到成员企业的个体差异。这样最终的预算就成为具有较强的科学性，同时有较强的可操作性的预算。同时在全资子公司的利润预算指标，如专项费用、归口费用、可控费用、预算保证措施的增效指标、主要的技术经济指标等专项预算指标上采用联合确定基数法来编制预算。

武钢预算管理特点如下。

一是全员参与。预算的有效执行要充分发挥预算管理的激励作用，营造了激励全体员工的环境，引导企业全体员工自主地控制预算的执行情况，当预算执行出现不利偏差时，及时地、积极主动地采取有效措施加以纠正，自觉自愿地完成预算目标。

二是全程控制。预算控制对业务活动的渗透性操作过程，是基于财务角度并延伸出去的辐射性、开放式、主动干预式的管理。预算控制系统的真髓在于蒸馏出隐藏在粗放管理中的利润，它是一种事先控制，可以制止无效或低效的行为。预算控制是全流程的、系统的、逻辑的管理，追求一种全局效率。

三是全面管理。预算管理利用预算这一手段对企业经营的各个环节和企业管理的各个部门进行管理控制，对企业的各种财务及非财务资源进行系列配置，预算是武钢为实现长期规划对未来经营年度的生产经营活动及其目标做出的预期安排和计划，它是规范企业生产经营活动和提高经济效益的重要手段。

思考题：

（1）了解武钢的预算流程及预算特点。

（2）通过本章的学习，结合案例，阐述财务预算在企业的经营管理中占据的重要地位。

（3）通过武钢的预算管理，明确财务预算管理不仅是财务部门的事情，而是企业综合的、全面的管理。财务预算是全面预算的一部分，它和企业其他预算是联系在一起的，整个全面预算是一个互相衔接的整体。

【课后练习】

一、单项选择题

1. 需按成本性态分析的方法将企业成本划分为固定成本和变动成本的预算编制方法是（　　）。

A. 弹性预算　　B. 滚动预算　　C. 零基预算　　D. 固定预算

2. 弹性预算的业务量范围，应视企业或部门的业务量变化量而定。一般来说，可定在正常生产能力的（　　），或以历史最高业务量和最低业务量为其上下限。

A. 80%～110%　　B. 80%～100%　　C. 70%～110%　　D. 60%～100%

3. 某企业编制直接材料预算，预计 4 季度期初存量 456 千克，季度生产需用量 2120 千克，预计期末存量为 350 千克，材料单价为 10 元，若材料采购货款有 50%在本季度内付清，另外 50%在下季度付清，则该企业预计资产负债表年末应付账款项目为（　　）元。

A. 13 560　　B. 10 070　　C. 14 630　　D. 11 130

4. 直接材料预算以（　　）为基础编制，并同时考虑到期初期末材料存货的水平。

A. 财务预算　　B. 生产预算　　C. 经营预算　　D. 销售预算

5. 财务预算不包括（　　）。

A. 销售预算　　B. 现金预算　　C. 预计资产负债表　D. 预计利润表

6. （　　）也称为总预算。

A. 特种决策预算　　B. 日常业务预算

C. 财务预算　　D. 以上三者之和

7. 日常业务预算中，唯一仅以数量形式反映预算期内有关产品生产数量和品种构成的预算是（　　）。

A. 成本预算　　B. 生产预算　　C. 销售预算　　D. 零基预算

8. 编制全面预算的出发点是（　　）。

A. 销售预算　　B. 生产预算

C. 产品生产成本预算　　D. 制造费用预算

9. 在财务预算中，专门用以反映企业未来一定预算期内预计财务状况和经营成果的报表统称为（　　）。

A. 现金预算　　B. 资本预算

C. 预计资产负债表　　D. 预计财务报表

10. 生产预算的编制依据是（　　）。

A. 现金预算　　B. 资本预算　　C. 成本预算　　D. 销售预算

11. 增量预算的对称是（　　）。

A. 静态预算　　B. 滚动预算　　C. 零基预算　　D. 弹性预算

12. 企业的直接材料、直接人工和制造费用预算是根据（　　）直接确定的。

A. 销售预算　　B. 成本预算　　C. 现金预算　　D. 生产预算

13. 预计人工总成本＝（　　）×（单位产品工时×每工时工资率）。

A. 预计销售量　　B. 预计生产量

C. 预计工时量　　D. 预计材料消耗量

14. 零基预算在编制时，对于所有的预算费用支出均以（　　）为基底。

A. 可能需要　　B. 零　　C. 现有费用支出　　D. 基期费用支出

15. 下列各项预算中，作为全面预算体系中最后环节的是（　　）。

A. 财务预算　　B. 日常业务预算　C. 销售预算　　D. 特种决策预算

二、多项选择题

1. 全面预算具体包括（　　）。

A. 日常业务预算　B. 财务预算　C. 生产预算　D. 特种决策预算

2. 产品成本预算是在（　　）的基础上编制的。

A. 生产预算　B. 直接材料消耗及采购预算

C. 直接人工预算　D. 制造费用预算

3. 定期预算的主要缺点有（　　）。

A. 盲目性　B. 不变性

C. 间断性　D. 不便于考核和评价预算的执行结果

4. 编制弹性成本预算的方法有（　　）。

A. 百分比法　B. 列表法　C. 公式法　D. 图示法

5. 编制弹性预算所依据的业务量可以是（　　）。

A. 产量　B. 材料消耗量

C. 直接人工工时及工资　D. 销售量

6. 增量预算方法的基本假定是（　　）。

A. 现有的业务活动是企业所必需的

B. 企业现有的人工工时的消耗水平和人工成本水平是一定的

C. 原有的各项开支都是合理的

D. 增加费用预算是值得的

7. 预算的编制方法主要有（　　）。

A. 弹性预算　B. 零基预算　C. 全面预算　D. 滚动预算

8. 在实际工作中，弹性预算主要适用于编制与业务量有关的各种预算，因而主要用于编制（　　）等。

A. 直接材料预算　B. 直接人工预算

C. 制造费用预算　D. 销售管理费用预算

9. 现金预算的组成部分包括（　　）。

A. 现金收入　B. 现金收支差额

C. 现金支出　D. 资金的筹集与运用

10. 财务预算包括（　　）。

A. 现金预算　B. 业务预算

C. 预计利润表　D. 预计资产负债表

11. 为编制现金预算提供依据的预算有（　　）。

A. 销售预算　B. 预计现金流量表

C. 成本预算　D. 资本支出预算

12. 财务预算使决策目标（　　）。

A. 定性化　B. 定量化　C. 系统化　D. 具体化

三、业务分析题

1. 万达公司是山东省的一家中型生产性企业，主要产品是儿童玩具，产品在国内市场的占有额比较大。该公司生产部门采用滚动预算方法编制制造费用预算。已知2012年分季度的制造费用预算如表8-17所示（其中间接材料费用忽略不计）。

表8-17 万达公司2012年全年制造费用预算

项目	1季度	2季度	3季度	4季度	合计
直接人工预算总工时/小时	52 000	51 000	51 000	46 000	200 000
变动制造费用/元					
间接人工费用/元	208 000	204 000	204 000	184 000	800 000
水电与维修费用/元	130 000	127 500	127 500	115 000	500 000
小计/元	338 000	331 500	331 500	299 000	1 300 000
固定制造费用/元					
设备租金/元	200 000	200 000	200 000	200 000	800 000
管理人员工资/元	50 000	50 000	50 000	50 000	200 000
小计/元	250 000	250 000	250 000	250 000	1 000 000
制造费用合计/元	588 000	581 500	581 500	549 000	2 300 000

2012年3月31日公司在编制2012年2季度～2013年1季度滚动预算时，发现未来的四个季度中将出现以下情况。

（1）间接人工费用预算工时分配率将上涨为4.2元/小时。

（2）原设备租赁合同到期，公司新签订的租赁合同中设备年租金将降低为760 000元。

（3）2012年2季度～2013年1季度的预计直接人工总工时分别为50 500小时、49 500小时、48 000小时和52 000小时。

要求：

（1）编制万达公司2012年2季度～2013年1季度制造费用预算，填写表8-18。

表8-18 万达公司2012年第2季度～2013年第1季度制造费用预算

项目	2012年度			2013年度	合计
	2季度	3季度	4季度	1季度	
直接人工预算总工时/小时	50 500	49 500	48 000	52 000	200 000
变动制造费用/元					
间接人工费用/元					
水电与维修费用/元					
小计/元					
固定制造费用/元					
设备租金/元					
管理人员工资/元	50 000	50 000	50 000	50 000	200 000
小计/元					
制造费用合计/元					

（2）回答滚动预算的优点和缺点。

（3）说明滚动预算法的适用情况。

2. 万达公司生产甲、乙两种产品。该公司2013年12月31日的简式资产负债表如表8-19所示。

表8-19　万达公司资产负债表　　单位：元

资产	金额	负债与股东权益	金额
现金	1 100	短期借款	70 000
应收账款	130 000	应付账款	62 800
存货：材料	22 400	实收资本	150 000
产成品	78 400	留存收益	66 100
固定资产净值	117 000		
资产合计	348 900	负债与股东权益合计	348 900

2014年有关预测资料如下。

（1）甲、乙产品预计销量分别为3000件和2000件；预计单价分别为100元和80元；预计销售环节税金为销售收入的5%；预计期初应收账款130 000元，预算期已全部收回；预算期销售情况为现销和赊销各占50%。

（2）甲、乙产品期初产成品存货分别为400件和800件，单位成本分别为76.8元和59.6元；预计期末产成品存货分别为300件和500件。

（3）假设甲、乙产品只耗用A种原材料，单位产品A材料消耗定额分别为5千克和4千克；A种材料期初结存量2800千克，预计期末结存量为2500千克；A种材料单价为8元。预算期初应付账款62 800元，预算期内已全部偿还；预算期材料采购的货款有40%在本期内付清，其余在下期付清。

（4）假设期初、期末在产品数量没有变动，其他直接支出已被并入直接人工成本统一核算。单位产品直接人工工时甲产品为4小时，乙产品为3小时，小时工资率5元/小时。

（5）预计制造费用、销售费用及管理费用如下：2014全年变动性制造费用为33 400元；固定性制造费用为36 740元，其中固定资产折旧费12 140元，其余均为发生的付现成本。销售费用及管理费用合计为8600元。制造费用按预计直接人工工时总数进行分配。

（6）其他资料：2014年预计分配股利5000元，免交所得税，期末现金余额3000元，现金余缺可通过归还短期借款或取得短期借款解决。

要求：

编制万达公司2014年的下列预算：①销售预算；②生产预算；③直接材料预算；④直接人工预算；⑤制造费用预算；⑥产品成本预算；⑦现金预算；⑧2014年度预计资产负债表。

第九章　财务控制

控制是企业财务管理的基本职能，企业的任何一项财务活动都需要控制。财务控制是管理者协调并指导各部门、单位的财务活动去实现总体目标。财务控制作为一种价值控制，是对财务预算具体实施过程的综合监控，及时发现财务活动中的偏差，并予以纠正，从而保证企业财务活动按照既定的程序、目标和规划持续、有效地进行。

【知识目标】

1. 理解财务控制的相关概念。
2. 理解企业成本中心、利润中心和投资中心的具体含义。
3. 掌握对责任中心的评价。
4. 正确地进行责任结算与考核。

【能力目标】

1. 掌握成本中心的确定。
2. 掌握投资中心的确定。
3. 掌握内部转移价格的制定。

【案例导入】

海尔集团创立于1984年，多年来持续稳定发展，已成为在海内外享有较高美誉的大型国际化企业集团。海尔集团从1984年的单一冰箱产品发展到拥有白色家电、黑色家电、米色家电在内的96大门类15 100多个规格的产品群，并出口到世界160多个国家和地区，是世界第四大白色家电制造商，成为中国最具价值的品牌。集团旗下拥有240多家法人单位，在全球30多个国家建立了本土化的设计中心、制造基地和贸易公司，全球员工总数超过5万人，重点发展科技、工业、贸易、金融四大支柱产业，已发展成全球营业额超过1000亿元规模的跨国企业集团。据全球四大通讯社之一的路透社消息称，拥有41年历史的英国老牌调查机构欧睿国际（Euromonitor）发布2013年全球大型家用电器调查结果：海尔2013年品牌零售量占全球市场的9.7%，第五次蝉联全球第一。按制造商排名，海尔大型家用电器2013年零售量占全球11.6%的份额首次跃居全球第一。同时，在冰箱、洗衣机、冷柜、酒柜分产品线市场，海尔全球市场占有率继续保持第一。

海尔集团的成功归功于内部控制。正是由于海尔拥有健全的内部控制系统，才得以在短短的几年间成为国内家电行业的旗舰，且成为较早走出国门并在国外享有很高知名度的中国企业。海尔采用了SAP公司提供的ERP系统，该信息系统共包括物料管理、制造与计划、销售与订单管理和财务管理与成本管理四个模块。海尔实施 ERP 后，不但 1 天内完成“客户—商流—工厂计划—仓库—采购—供应商”的过程，而且准确率极高。对于每笔收货，扫描系统能够自动检验采购订单，防止暗箱收货，而财务在收货的同时自动生成入库凭证，使财务人员从繁重的记账工作中解放出来，集中精力进行财务管理与财务监督，工作效率与准确性较以前有了很大提高。ERP 财务控制系统使海尔的采购成本大大降低，库存资金周转时间从 30 天降低到 12 天，呆滞物资率降低了 73.8%，库存面积减少了 50%，节约资金 7 亿元。

海尔集团以 ERP 财务控制体系作为内部控制的核心。财务控制作为公司整体内部控制的核心，对其他部门起着监督和控制的作用。通过对实物资产及各项业务的程序上的控制，保证公司经营的效率性、财务报告的真实性以及对现行法律法规的遵循性。在经济全球一体化的今天，企业必须不断改变、改善企业经营模式，重视内部财务控制，提高企业的竞争力，以应对日新月异的市场机遇、价格和服务水平等各方面的挑战。

第一节　财务控制概述

一、财务控制的特征

（一）财务控制的概念

财务控制是按照一定的程序和方法，确保企业内部机构和人员全面落实并实现财务预算的过程。财务控制是企业财务管理的重要环节和基本职能，财务控制是实现和执行财务计划和预算的基本手段；也是实现财务管理目标的决定因素。

（二）财务控制的主要特征

1. 财务控制是一种价值控制

财务管理以资金运动为主线，以价值管理为特征，决定了财务控制必须实行价值控制。财务控制是以财务预算为目标，财务预算所包含的现金预算、预计利润表和预计资产负债表，都是以价值形式予以反映的。财务控制也是借助于价值手段进行的，无论是责任预算、业绩考核，还是企业各机构和人员之间的相互制约关系都需借助于价值量指标。

2. 财务控制是一种综合控制

财务控制以价值为手段，将各种性质不同的业务综合在一起，因而财务控制不是针对某一具体业务活动的分散控制。财务控制不仅可以将各种性质不同的业务综合起来进行控制，也可以将不同部门、不同层次和不同岗位的各种业务活动综合起来，实现目标控制。所以，财务控制是一种综合控制。

3. 财务控制的主要内容是日常现金流量的控制

日常的财务控制活动，实质上就是一个组织现金流量的过程。因此，企业要编制现金流量预算，作为组织现金流量的依据；同时，企业还要编制现金流量表，作为评估现金流量状况的依据。

二、财务控制的分类

（一）按控制的主体分类

按照控制的主体不同，财务控制可分为出资者财务控制、经营者财务控制和财务部门财务控制。通常认为出资者的财务控制是一种外部控制，而经营者和财务部门的财务控制则是一种内部控制。

1. 出资者财务控制

出资者财务控制是为实现资本保全和资本增值目标而对经营者的财务收支活动进行的控制。

2. 经营者财务控制

经营者财务控制是为实现财务预算目标而对企业及各责任中心的财务收支活动所进行的控制，这种控制是通过经营者制定财务决策目标并促使这些目标被贯彻执行而实现的。

3. 财务部门财务控制

财务部门财务控制是为了有效地组织现金流动，通过编制现金预算、执行现金预算，对企业日常财务活动所进行的控制。

（二）按控制的对象分类

按照控制的对象不同，财务控制可分为收支控制和现金控制。

1. 收支控制

收支控制是对企业和各责任中心的财务活动和财务指标所进行的控制，主要目的在于达到高收入目标，同时降低成本，减少支出，实现利润最大化。

2. 现金控制

现金控制是对企业和各责任中心的现金流入和现金流出的活动进行的控制，通过现金控制可以防止因现金短缺而导致财务危机，也可以防止现金沉淀而出现机会成本的增加。

（三）按控制的时间分类

按照控制的时间不同，财务控制可分为事前财务控制、事中财务控制和事后财务控制。

1. 事前财务控制

事前财务控制就是财务收支活动尚未发生之前所进行的控制，如财务活动发生之前的审批制度等。

2. 事中财务控制

事中财务控制是在财务收支活动过程中所进行的控制，如监督预算的执行，对产品生产过程中发生的成本进行约束等。

3. 事后财务控制

事后财务控制是对财务活动的结果所进行的考核及其相应的奖惩。

（四）按控制的依据分类

按控制的依据不同，财务控制可分为预算控制和制度控制。

1. 预算控制

预算控制是以财务预算为依据，对预算执行主体的财务收支活动进行监督、调整的一种控制形式。预算表明了其执行主体的责任和奋斗目标，规定了预算执行主体的行为。

2. 制度控制

制度控制是通过制定企业内部的规章制度，以约束企业和各责任中心财务收支活动的一种控制形式。

（五）按控制的手段分类

按照控制的手段不同，财务控制可分为定额控制和定率控制（绝对控制和相对控制）。

1. 定额控制

定额控制是指对企业和责任中心的财务指标采用绝对额进行控制。一般而言，对激励性的指标确定最低的控制标准，对约束性的指标确定最高的控制标准。

2. 定率控制

定率控制是指对企业和责任中心的财务指标用相对率进行控制。相对控制具有投入和产出匹配、开源与节流并重的特征。

三、财务控制的基础

1. 建立组织机构

通常情况下，企业为了确定财务预算，应建立决策和预算编制机构；为了组织和实施日常财务控制，应建立日常监督、协调、仲裁机构；为了考评预算的执行情况，应建立相应的考核评价机构。在实际工作中，可根据需要将这些机构的职能进行归并或合并到企业的常设机构中。为将企业财务预算分解落实到各部门、各层次和各岗位，还要建立各种执行预算的责任中心。按照财务控制要求建立相应的组织结构，是实施企业财务控制的保证。

2. 建立责任会计核算体系

企业的财务预算通过责任中心形成责任预算，而责任预算和总预算的执行情况都必须由会计核算来提供。通过责任会计核算，及时提供相关信息，以正确地考核与评价责任中心的工作业绩。通过责任会计汇总核算，进而了解企业财务预算的执行情况，分析存在的问题及其原因，为提高企业的财务控制水平和正确的财务决策提供依据。

3. 制定奖罚制度

一般而言，人的工作努力程度往往受到业绩评价和奖励办法的极大影响。通过制定奖罚制度，明确业绩与奖惩之间的关系，可以有效地引导人们约束自己的行为，争取尽可能好的业绩。恰当的奖惩制度，是保证企业财务控制长期有效运行的重要因素。因此，奖惩制度的制定要体现财务预算目标要求，要体现公平、合理和有效的原则，要体现过程考核与结果考核的结合，真正发挥奖惩制度在企业财务控制中应有的作用。

四、财务控制的原则

1. 经济原则

实施财务控制总是有成本发生的，企业应根据财务管理目标要求，有效地组织企业日常财务控制，只有当财务控制所取得的收益大于其代价时，这种财务控制措施才是必要的、可行的。

2. 目标管理及责任落实原则

企业的目标管理要求纳入财务预算，将财务预算层层分解，明确规定有关方面或个人应承担的责任控制义务，并赋予其相应的权利，使财务控制目标和管理措施落到实处，成为考核的依据。

3. 例外管理原则

企业日常财务控制涉及企业经营的各个方面，财务控制人员要将注意力集中在那些重要的、不正常的、不符合常规的预算执行差异上。通过例外管理，一方面可以分析实际脱离预算的原因来达到日常控制的目的，另一方面可以检验预算的制定是否科学与先进。

五、财务控制的作用

财务控制与财务预测、决策、预算和分析等环节构成财务管理的循环。其中财务控制是财务管理循环的关键环节，它对优化企业财务管理、提高企业财务效益具有重要作用。

1. 财务控制是实现财务管理目标的重要保证

在财务管理中，如果仅限于确定合理的决策，甚至制定切实可行的财务预算，而对实施的预算行动不加以控制，预定财务目标是难以实现的。从一定意义上说，财务预测、决策和预算是为财务控制指明了方向，提供依据、规划、措施；而财务控制是对这些设想和规划加以落实。

2. 财务控制是优化财务预算管理的需要

财务预算管理就是以财务预算为依据的管理，它是财务目标管理的基本形式，也是现代财务管理的基本方法。要实施有效的预算管理，首先必须确保财务预算本身具有合理性，这种合理性的一个重要方面就是确保预算指标对企业内外环境的适应性。然而，财务预算指标作为一种预期性指标，是在特定的环境假定条件下形成的，同时环境作为一种客观存在，其变化具有高度的不确定性，这就难免会导致预算指标失去环境适应性，因此必须通过财务控制，实施调节措施，才能有效地纠正偏差，以保证财务预算管理的动态化。

3. 财务控制是优化财务行为的需要

财务行为是企业各级财务管理主体在特定的目的或利益支配下所开展的日常财务活动。优化财务行为在于通过制定并严格执行各项财务制度，以实现财务行为的规范化和有效化。因此，财务控制应贯穿于日常财务活动的全过程，进行调节和约束。

第二节　责任中心

责任中心是指具有一定的管理权限，并承担相应经济责任的企业内部责任单位，是一个责权利结合的实体。划分责任中心的标准是：凡是可以划清管理范围、明确经济责任、能够单独进行业绩考核的内部单位，无论大小都可以称为责任中心。

一、责任中心的特征

1. 责任中心是责权利相结合的实体

每个责任中心都必须对一定的财务指标承担完全的责任。同时，还赋予责任中心与其承担责任的范围和大小相适应的权利，并规定相应的业绩考核标准和利益分配标准。

2. 责任中心具有承担经济责任的条件

责任中心具有履行其经济责任中各种条款的行为能力，同时，还具有承担经济责任后果的能力。

3. 责任中心所承担的责任和可行使的权利都是可控的

可控是相对而言的，不同的责任层次，其可控范围不一样，责任层次越高，可控范围就越大。

4. 责任中心便于进行单独核算

责任中心不仅要划清责任而且要单独核算。划清责任是前提，单独核算是保证。

二、责任中心的分类

责任中心按其责任权限范围及业务活动的特点不同，可分为成本中心、利润中心和投资中心三大类。

（一）成本中心

1. 成本中心的概念

成本中心是指对成本或费用承担责任的责任中心。成本中心往往没有收入，其职责是用一定的成本去完成规定的具体任务。一般包括生产产品的生产部门、提供劳务的部门和有一定的费用控制指标的企业管理部门。

成本中心是责任中心中应用最广泛的一种责任中心形式。任何发生成本的责任领域，都可以确定为成本中心，上至企业，下至车间、工段、班组，甚至个人都可以划分为成本中心。成本中心的规模不一，一个成本中心可以由若干个更小的成本中心组成，因而在企业可以形成一个逐级控制，并层层负责的成本中心体系。

2. 成本中心的类型

广义的成本中心有两种类型：标准成本中心和费用中心。

1）标准成本中心

标准成本中心是以实际产出量为基础，并按标准成本进行成本控制的成本中心。通常，制造业工厂、车间、工段、班组等是典型的标准成本中心。在产品生产中，这类成本中心的投入与产出有着明确的函数对应关系，不仅能够计量产品产出的实际数量，而且由于每个产品都有明确的原材料、人工和制造费用的数量标准和价格标准，从而可以对生产过程实施有效的弹性成本控制。实际上，任何一项重复性活动，只要能够计量产出的实际数量，并且能够建立起投入与产出之间的函数关系，都可以作为标准成本中心。

2）费用中心

费用中心是指产出物不能以财务指标衡量，或者投入与产出之间没有密切关系的有费用发生的单位，通常包括一般行政管理部门、研究开发部门及某些销售部门。一般行政管理部门的产出难以度量，研究开发和销售活动的投入量与产出量没有密切的关系。费用中心的费用控制应重在预算总额的审批上。

狭义的成本中心是指将标准成本中心划分为基本成本中心和复合成本中心两种。前者没有下属的成本中心，属于较低层次的成本中心。后者有若干个下属成本中心，属于较高层次的成本中心。

3. 成本中心相关成本概念

1）责任成本

由成本中心承担责任的成本就是责任成本，它是该中心的全部可控成本之和。基本成本中心的责任成本就是可控成本，复合成本中心的责任成本既包括本中心的责任成本，也包括下属成本中心的责任成本，各成本中心的可控成本之和即是企业的总成本。

2）可控成本

可控成本是指责任单位在特定时期内，能够直接控制其发生的成本。作为可控成本必须同时具备以下条件：①责任中心能够通过一定的方式预知成本的发生；②责任中心能够对发生的成本进行计量；③责任中心能够通过自己的行为对这些成本加以调节和控制；④责任中心可以将这些成本的责任分解落实。

凡不能同时满足上述条件的成本就是不可控成本。对于特定成本中心来说，它不应当承担不可控成本的相应责任。

3）正确理解可控成本需注意的问题

正确判断成本的可控性是成本中心承担责任成本的前提。从整个企业的空间范围和较长时间来看，所有的成本都是人的某种决策或行为的结果，都是可控的。但是，对于特定的人或时间来说，则有些是可控的，有些是不可控的。所以，对成本的可控性理解应注意以下几个方面。

第一，成本的可控性总是与特定责任中心相关，与责任中心所处管理层次的高低、管理权限及控制范围的大小有直接关系。同一成本项目的可控性，受到责任中心层次高低的影响。就整个企业而言，所有的成本都是可控成本；而对于企业内部的各部门、车间、工段、班组和个人来讲，则既有其各自的可控成本又有其各自的不可控成本。有些成本对于较高层次的责任中心来说属于可控成本，而对于其下属的较低层次的责任中心来讲，可能就是不可控成本。例如，车间主任的工资，尽管要计入产品成本，但不是车间的可控成本，而他的上级则可以控制。反之，属于较低层次责任中心的可控成本，则一定是其所属较高层次责任中心的可控成本。至于下级责任中心的某项不可控成本对于上一级的责任中心来说，就有两种可能，要么仍然属于不可控成本，要么是可控成本。

成本的可控性要受到管理权限和控制范围的约束。同一成本项目，对于某一责任中心来讲是可控成本，而对于处在同一层次的另一责任中心来讲却可能是不可控成本。例如，广告费，对于销售部门是可控的，但对于生产部门却是不可控的；又如直接材料的价格差异对于采购部门来说是可控的，但对于生产耗用部门却是不可控的。

第二，成本的可控性要联系时间范围考虑。一般说来，在消耗或支付的当期成本是可控的，一旦消耗或支付就不再可控了。例如，折旧费、租赁费等成本是过去决策的结果，这在添置设备和签订租约时是可控的，而使用设备或执行契约时就无法控制了。成本的可控性是一个动态概念，随着时间推移，成本的可控性还会随企业管理条件的变化而变化。例如，某成本中心管理人员的工资过去是不可控成本，但随着用工制度的改革，该责任中心既能决定工资水平，又能决定用工人数，则管理人员工资就转化为可控成本了。

第三，成本的可控性与成本形态和成本可辨认性的关系。一般来讲，一个成本中心的变动成本大都是可控成本，固定成本大都是不可控成本；直接成本大都是可控成本，间接成本大都是不可控成本。但实际上也并非完全如此，需要结合有关情况具体分析。例如，广告费用、科研开发费、教育培训费等酌量性固定成本是可控的。某个成本中心所使用的固定资产的折旧费是直接成本，但不是可控成本。

4）产品成本

作为产品制造的标准成本中心，必然会同时面对责任成本和产品成本两个问题，承担责任成本还必须了解这两个成本的区别与联系。责任成本与产品成本的主要区别如下。

(1) 成本归集的对象不同。责任成本是以责任成本中心为归集对象；产品成本则以产品为归集对象。

(2) 遵循的原则不同。责任成本遵循“谁负责谁承担”的原则，承担责任成本的是“人”；产品成本则遵循“谁受益谁负担”的原则，负担产品成本的是“物”。

(3) 核算的内容不同。责任成本的核算内容是可控成本；产品成本的构成内容是指应归属于产品的全部成本，既包括可控成本，又包括不可控成本。

(4) 核算的目的不同。责任成本的核算目的是实现责权利的协调统一，考核评价经营业绩，调动各个责任中心的积极性；产品成本的核算目的是反映生产经营过程的耗费，规定配比的补偿尺度，确定经营成果。

责任成本和产品成本的联系是：两者内容同为企业生产经营过程中的资金耗费。就一个企业而言，一定时期发生的广义产品成本总额应当等于同期发生的责任成本总额。

4. *成本中心考核指标*

由于成本中心只对成本负责，对其评价和考核的主要内容是责任成本，即通过各责任成本中心的实际成本与预算责任成本的比较，来评价各成本中心责任预算的执行情况。成本的中心考核指标包括成本（费用）变动额和变动率，计算公式为

成本(费用)变动额＝实际责任成本(或费用)－预算责任成本(或费用)

成本(费用)变动率＝成本(费用)变动额/预算责任成本(费用)×100%

在进行成本中心指标考核时，如果预算产量与实际产量不一致时，应按弹性预算的方法先行调整预算指标，然后再按上述指标进行计算。

【例 9-1】 某企业内部一车间为成本中心，生产甲产品，预算产量为 4000 件，单位成本 100 元；实际产量 5000 件，单位成本 95 元。计算该成本中心的成本变动额和变动率。

成本变动额＝95×5000－100×4000＝75 000（元）

成本变动率＝75 000÷(100×4000)＝18.75％

5．成本中心责任报告

成本中心责任报告是以实际产量为基础，反映责任成本预算实际执行情况，揭示实际责任成本与预算责任成本差异的内部报告。成本中心通过编制责任报告来反映、考核和评价责任中心责任成本预算的执行情况。

【例 9-2】 表 9-1 是某成本中心的责任报告。

表 9-1 某成本中心的责任报告 单位：元

项目	实际	预算	差异
下属责任中心转来的责任成本			
甲班组	11 400	11 000	＋400
乙班组	13 700	14 000	－300
合计	25 100	25 000	＋100
本成本中心的可控成本			
间接人工	1 580	1 500	＋80
管理人员工资	2 750	2 800	－50
设备维修费	1 300	1 200	＋100
合计	5 630	5 500	＋130
本责任中心的责任成本合计	30 730	30 500	＋230

由表 9-1 计算可知，该成本中心实际责任成本较之预算责任成本增加 230 元，上升了 0.8％，主要是由于本成本中心的可控成本增加 130 元和下属责任中心转来的责任成本增加 100 元，究其主要原因是设备维修费超支 100 元和甲班组责任成本超支 400 元，没有完成责任成本预算。乙班组责任成本减少 300 元，初步表明责任成本控制有成效。

（二）利润中心

1．利润中心的概念

利润中心是既能控制成本，又能控制收入，对利润负责的责任中心，它是处于比成本中心高一层次的责任中心，其权利和责任都相对较大。利润中心通常是那些具有产品或劳务生产经营决策权的部门。

2．利润中心的类型

利润中心有自然利润中心和人为利润中心两种类型。

1）自然利润中心

自然利润中心是指能直接对外销售产品或提供劳务取得收入而给企业带来收益的利润中心。这类责任中心一般具有产品销售权、价格制定权、材料采购权和生产决策权，具有很大的独立性。

2）人为利润中心

人为利润中心是不能直接对外销售产品或提供劳务，只能在企业内部各责任中心之间按照内部转移价格相互提供产品或劳务而形成的利润中心。大多数成本中心都可以转化为人为利润中心。这类责任中心一般也具有相对独立的经营管理权，即能够自主决定本利润中心生产的产品品种、产品产量、作业方法、人员调配和资金使用等。但这些部门提供的产品或劳务主要在企业内部转移，很少对外销售。

3. 利润中心的考核指标

利润中心既对其发生的成本负责，又对其发生的收入和实现的利润负责，所以，利润中心业绩评价和考核的重点是边际贡献和利润，但对于不同范围的利润中心来说，其指标的表现形式也不相同。如果某公司采用事业部制，其考核指标可采用以下几种形式。

1）部门边际贡献

部门边际贡献等于部门销售收入总额减去部门变动成本总额，部门边际贡献是利润中心考核指标中的一个中间指标。

2）部门经理可控利润

部门经理可控利润等于部门边际贡献减去部门经理可控固定成本。部门经理可控利润反映了部门经理在其权限范围内有效使用资源的能力，部门经理可控制收入、变动成本和部分固定成本，因而可以对可控利润承担责任。该指标主要用于评价部门经理的经营业绩。这里的主要问题是，要将各部门的固定成本进一步区分为可控成本和不可控成本，这是因为有些费用虽然可以追溯到有关部门，却不为部门经理所控制，如广告费、保险费等，因此在考核部门经理的业绩时，应将其不可控成本从中剔除。

3）部门可控利润

部门可控利润等于部门经理边际贡献减去部门经理不可控固定成本。部门可控利润主要用于对部门的业绩评价和考核，用以反映该部门补偿共同性固定成本后对企业利润所做的贡献。如果要决定该部门的取舍，部门可控利润是具有重要意义的信息。

4）部门税前利润

部门税前利润等于部门可控利润减去分配的公司管理费用。部门税前利润用于计算部门提供的可控利润必须抵补总部的管理费用等，否则企业作为一个整体就不会盈利。这样，部门经理可集中精力增加收入并降低可控成本，为实现企业预期的利润目标做出应有的贡献。

【例 9-3】 某企业部门（利润中心）的有关资料如下。

部门销售收入	100 万元
部门销售产品的变动生产成本和变动性销售费用	74 万元
部门经理可控固定成本	6 万元

部门经理不可控固定成本　　8 万元

分配的公司管理费用　　5 万元

则该部门的各级利润考核指标如下。

（1）部门边际贡献＝100－74＝26（万元）

（2）部门经理可控利润＝26－6＝20（万元）

（3）部门可控利润＝20－8＝12（万元）

（4）部门税前利润＝12－5＝7（万元）

4. 利润中心责任报告

利润中心通过编制责任报告，可以集中反映利润预算的完成情况，并对产生差异的原因进行具体分析。

【例 9-4】　表 9-2 是某利润中心的责任报告。

表 9-2　某利润中心责任报告　　单位：万元

项目	实际	预算	差异
销售收入	250	240	＋10
变动成本			
变动生产成本	154	148	＋6
变动销售成本	34	35	－1
变动成本合计	188	183	＋5
边际贡献	62	57	＋5
固定成本			
直接发生的固定成本	16.4	16	＋0.4
上级分配的固定成本	13	13.5	－0.5
固定成本合计	29.4	29.5	－0.1
营业利润	32.6	27.5	＋5.1

由表 9-2 中计算可知，该利润中心的实际利润超额完成预算 5.1 万元，如果剔除上级分配的固定成本这一因素，利润超额完成 5.6 万元。

（三）投资中心

1. 投资中心的概念

投资中心是指既要对成本、利润负责，又要对投资效果负责的责任中心。

投资中心与利润中心的区别是：利润中心没有投资决策权，需要在企业确定投资方向后组织具体的经营；而投资中心则不仅在产品生产和销售上享有较大的自主权，而且具有投资决策权，能够相对独立地运用其所掌握的资金，有权购置或处理固定资产，扩大或削减现有的生产能力。投资中心是最高层次的责任中心，它具有最大的决策权，也承担最大的责任。一般而言，大型集团所属的子公司、分公司、事业部往往都是投资中心。

投资中心具有投资决策权和经营决策权，同时各投资中心在资产和权益方面应划分清楚，以便准确地算出各投资中心的经济效益，对其进行正确的评价和考核。

2. 投资中心的考核指标

投资中心评价与考核的内容是利润及投资效果。反映投资效果的指标主要是投资报酬率和剩余收益。

1）投资报酬率

投资报酬率是投资中心所获得的利润占投资额（或经营资产）的比率，可以反映投资中心的综合盈利能力。投资报酬率是个相对数正指标，数值越大越好。

其计算公式为

投资报酬率＝净利润（或营业利润）/投资额（或经营资产）×100％

投资报酬率指标可分解为

投资报酬率＝投资（或经营资产）周转率×销售利润率

上述公式中，投资额（或经营资产）应按平均投资额（或平均经营资产）计算。

目前，有许多企业采用投资报酬率作为评价投资中心业绩的指标。该指标的优点是：能反映投资中心的综合盈利能力，且剔除了因投资额不同而导致的利润差异的不可比因素，因而具有横向可比性，有利于判断各投资中心经营业绩的优劣；此外，投资利润率可作为选择投资机会的依据，有利于优化资源配置。

这一评价指标的不足之处是缺乏全局观念。当一个投资项目的投资报酬率低于某投资中心的投资报酬率而高于整个企业的投资报酬率时，虽然企业希望接受这个投资项目，但该投资中心可能拒绝它；当一个投资项目的投资报酬率高于某投资中心的投资报酬率而低于整个企业的投资报酬率时，该投资中心可能只考虑自己的利益而接受它，而不顾企业整体利益是否受到损害。

【例 9-5】 假设某个部门现有资产 200 万元，年净利润 44 万元，投资报酬率为 22％。部门经理目前面临一个投资报酬率为 17％的投资机会，投资额为 50 万元，每年净利润 8.5 万元。企业投资报酬率为 15％。尽管对整个企业来说，由于该项目投资报酬率高于企业投资报酬率，应当利用这个机会，但是它却使这个部门的投资报酬率由过去的 22％下降到 21％。

投资报酬率＝(44＋8.5)÷(200＋50)＝21％

同样道理，当情况与此相反，假设该部门现有一项资产价值 50 万元，每年获利 8.5 万元，投资报酬率为 17％，该部门经理却愿意放弃该项资产，以提高部门的投资报酬率。

投资报酬率＝(44－8.5)÷(200－50)＝23.67％

当使用投资报酬率作为业绩评价标准时，部门经理可以通过加大公式分子或减小公式的分母来提高这个比率，这样做会失去不是最有利但可以扩大企业总净利的项目。从引导部门经理采取与企业总体利益一致的决策来看，投资报酬率并不是一个很好的指标。

因此，为了使投资中心的局部目标与企业的总体目标保持一致，弥补投资报酬率这一指标的不足，还可以采用剩余收益指标来评价、考核投资中心的业绩。

2）剩余收益

剩余收益是指投资中心获得的利润扣减投资额按预期最低投资报酬率计算的投资报酬后的余额。其计算公式为

剩余收益＝利润－投资额×预期最低投资报酬率

剩余收益＝投资额×（投资利润率－预期最低投资报酬率）

以剩余收益作为投资中心经营业绩评价指标，各投资中心只要投资利润率大于预期最低报酬率，即剩余收益大于零，该项投资项目就是可行的。剩余收益是个绝对数正指标，这个指标越大，说明投资效果越好。

【例 9-6】 某企业有若干个投资中心，平均投资报酬率为 15%，其中甲投资中心的投资报酬率为 20%，该中心的经营资产平均余额为 150 万元。预算甲投资中心有一追加投资的机会，投资额为 100 万元，预计利润为 16 万元，投资报酬率为 16%。试解答下列问题。

(1) 假定预算期甲投资中心接受了上述投资项目，分别用投资报酬率和剩余收益指标来评价考核甲投资中心追加投资后的工作业绩。

(2) 分别从整个企业和甲投资中心的角度，说明是否应当接受这一追加投资项目。

计算分析如下。

(1) 甲投资中心接受投资后的评价指标分别为

投资报酬率＝(150×20%＋16)÷(150＋100)＝18.40%

剩余收益＝16－100×15%＝1(万元)

从投资报酬率指标来看，甲投资中心接受投资后的投资报酬率为 18.40%，低于该中心原有的投资报酬率 20%，追加投资使甲投资中心的投资报酬率指标降低了。从剩余收益指标来看，甲投资中心接受投资后可增加剩余收益 1 万元，大于零，表明追加投资对甲投资中心而言是可行的。

(2) 如果从整个企业的角度看，该追加投资项目的投资报酬率为 16%，高于企业的投资报酬率 15%，剩余收益为 1 万元，大于零。

结论是：无论从哪个指标看，企业都应当接受该项追加投资。

如果从甲投资中心来看，该追加投资项目的投资报酬率为 16%，低于该中心的投资报酬率 20%，若仅用这个指标来考核投资中心的业绩，则甲投资中心不会接受这项追加投资（因为这将导致甲投资中心的投资报酬率指标由 20%降低为 18.40%）；但若以剩余收益指标来考核投资中心的业绩，则甲投资中心会因为剩余收益增加了 1 万元而愿意接受该项追加投资。

通过上例可以看出，利用剩余收益指标考核投资中心的工作业绩，能使个别投资中心的局部利益与企业整体利益达到一致，避免投资中心的本位主义倾向。

需要注意的是，以剩余收益作为评价指标，所采用的投资报酬率的高低对剩余收益影响很大，通常应以整个企业的平均投资报酬率作为最低报酬率。

3. 投资中心责任报告

投资中心责任报告的结构与成本中心和利润中心类似。通过编制投资中心责任报告，可以反映该投资中心投资业绩的具体情况。

【例 9-7】 表 9-3 是某投资中心的责任报告。

表 9-3　某投资中心责任报告

项目	实际	预算	差异
营业利润/万元(1)	600	450	+150
平均经营资产/万元(2)	3000	2500	+500
投资报酬率/%(3)=(1)/(2)	20%	18%	+2%
按最低投资报酬率15%计算的投资报酬/万元(4)=(2)×15%	450	375	+75
剩余收益/万元(5)=(1)-(4)	150	75	+75

由表 9-3 中计算可知，该投资中心的投资报酬率和剩余收益指标都超额完成了预算，表明该投资中心投资业绩比较好。

(四) 责任中心的关系

三大责任中心相互联系而又有区别：从层次上看，成本中心是最低层次的责任中心，利润中心是较高层次的层次中心，投资中心是最高层次的责任中心，成本中心从属于利润中心，利润中心从属于投资中心；从权限上看，成本中心具有成本控制权，利润中心具有生产经营权，投资中心具有投资决策权，成本中心、利润中心和投资中心经营权限依次递增；从地位上看，成本中心一般不是独立法人，利润中心可以是也可以不是独立法人，投资中心一般是独立法人；从责任形式上看，成本中心就其可控的责任成本向利润中心负责，利润中心就其本身的经营收入、成本和利润向投资中心负责，投资中心就其经营的投资利润率和剩余收益向总经理和董事会负责。

三、内部转移价格

(一) 内部转移价格的概念和特征

1. 内部转移价格的概念

企业内部各责任单位既相互联系又相互独立开展各自的活动，它们经常相互提供产品和劳务。为了正确评价企业内部各责任中心的经营业绩，明确区分各自的经济责任，使各责任中心的业绩考核建立在客观而可比的基础上，企业必须根据各责任中心业务活动的具体特点，正确制定企业内部的转移价格。

内部转移价格是指企业内部各责任中心之间转移中间产品或相互提供劳务，而发生内部结算和进行内部责任结转所使用的计价标准。

在任何企业中，各责任中心之间的相互结算，以及责任成本的转账业务都是经常发生的，它们都需要依赖一个公正、合理的内部转移价格作为计价的标准。内部转移价格对于提供产品或劳务的生产部门来说表示收入，对于使用这些产品或劳务的购买部门来说则表示成本。例如，上道工序加工完成的产品转移到下道工序继续加工；辅助生产部门为基本生产车间提供劳务等，都是一个责任中心向另一个责任中心“出售”产品或提供劳务，都必须采用内部转移价格进行结算。又如，某工厂生产车间与材料采购部门是两个成本中心，若生产车间所耗用的原材料由于质量不符合原定标准，而发生超过消耗定额的不利差异，也应由生产车间内部转移价格结转给采购部门。

2. 内部转移价格的特征

内部转移价格具有以下特征。

（1）在内部转移价格一定的情况下，卖方（产品或劳务的提供方）必须不断改善经营管理，降低成本和费用，以其收入抵偿支出，取得更多利润。买方（产品或劳务的接受方）则必须在一定的购置成本下，千方百计降低再生产成本，提高产品或劳务的质量，争取较高的经济效益。

（2）内部转移价格所影响的买卖双方都存在于同一个企业，在其他条件不变的情况下，内部转移价格的变化会使买卖双方的收入或内部利润向相反的方向变化，但就企业整体来看，内部转移价格无论怎样变化，企业总利润是不变的，变动的只是内部利润在各责任中心之间的分配份额。

（二）内部转移价格的制定原则

1. 全面性原则

制定内部转移价格必须强调企业整体利润高于各责任中心的利润。内部转移价格直接关系到各责任中心的经济利益的大小，每个责任中心必然会为本责任中心争取最大的好处，在利益彼此冲突的情况下，企业和各责任中心应本着企业利润最大化的要求，合理制定内部转移价格。

2. 公平性原则

内部转移价格的制定应能激励各责任中心经营管理的积极性，使他们付出的努力与所得的收益相适应。要避免由于内部转移价格制定得不合理，某些部门获得了利益，而另一些部门遭受到额外的损失。制定内部转移价格应能使各责任中心的绩效评估公平合理。

3. 自主性原则

企业内部各责任中心有权对内部转移价格选择接受或不接受。内部购买单位有权决定按较低的内部转移价格寻求内部转移或外部购买。同样，内部销售部门有权决定按照收入的高低去寻求内部转移或是直接对外供应。

（三）内部转移价格的种类

内部转移价格主要有市场价格、协商价格、双重价格和以“成本”作为内部转移价格四种。

1. 市场价格

市场价格是以产品或劳务的市场供应价格作为计价基础。以市场价格作为内部转移价格的责任中心，应该是独立核算的利润中心。通常是假定企业内部各种责任中心都处于独立自主的状态，即有权决定生产的数量、出售或购买的对象及其相应的价格。在西方国家，通常认为市场价格是制定内部转移价格的最好依据。因为市场价格客观公正，对买卖双方无所偏袒，而且还能激励卖方努力改善经营管理，不断降低成本，在企业内部创造一种竞争的市场环境，让每个利润中心都成为名副其实的独立生产经营单位，以利于相互竞争，最终通过利润指标来考核和评价其工作成果。

在采用市价作为计价基础时，为了保证各责任中心的竞争建立在与企业的总目标相一致的基础上，企业内部的买卖双方一般应遵循以下基本原则。

(1) 如果卖方愿意对内销售，且售价不高于市价时，买方有购买的义务，不得拒绝。

(2) 如果卖方售价高于市价，买方有改向外界市场购入的自由。

(3) 若卖方宁愿对外界销售，则应有不对内销售的权利。

然而，以市场价格作为内部转移价格的计价基础也有其自身的局限性。这是因为，企业内部相互转让的产品或提供的劳务，往往是本企业专门生产的，具有特定的规格，或需经过进一步加工才能出售的中间产品，因而往往没有相应的市价作为依据。

2. 协商价格

协商价格，简称“议价”，是指买卖双方以正常的市场价格为基础，定期共同协商，确定出一个双方都愿意接受的价格作为计价标准。成功的协商价格依赖于两个条件。

(1) 要有一个某种形式的外部市场，两个部门的经理可以自由地选择接受或拒绝某一价格。如果根本没有可能从外部取得或销售中间产品，就会使一方处于垄断状态，这样的价格不是协商价格，而是垄断价格。

(2) 当价格协商的双方发生矛盾不能自行解决，或双方谈判可能导致企业的决策非最优决策时，企业的高一级管理阶层要进行必要的干预，当然这种干预是有限的、得体的，不能使整个谈判变成上级领导裁决一切问题。

协商价格的上限是市价，下限是单位变动成本，具体价格应由买卖双方在其上下限范围内协商议定，原因如下：①外部售价一般包括销售费用、广告费用及运输费用等，这是内部转移价格中所不包括的，因而内部转移价格会低于外部售价；②内部转移的中间产品一般数量较大，故单位成本较低；③售出单位大多拥有剩余生产能力，因而议价只需略高于单位变动成本就行。

采用协商价格的缺陷是：在双方协商过程中，不可避免地要花费很多人力、物力和时间，当买卖双方的负责人协商相持不下时，往往需要企业高层领导进行裁定。这样就丧失了分权管理的初衷，也很难发挥激励责任单位的作用。

3. 双重价格

双重价格是由买卖双方分别采用不同的内部转移价格作为计价的基础。例如，对产品（半成品）的“出售”部门，可按协商的市场价格计价；而对“购买”部门，则按“出售”部门的单位变动成本计价；其差额由会计部门进行调整。西方国家采用的双重价格通常有两种形式。

(1) 双重市场价格。当某种产品或劳务在市场上出现几种不同的价格时，买方采用最低的市价，卖方则采用最高的市价。

(2) 双重转移价格。卖方按市价或协议价作为计价基础，而买方则按卖方的单位变动成本作为计价基础。

采用双重价格的好处是：既可较好地满足买卖双方不同的需要，也便于激励双方在生产经营上充分发挥其主动性和积极性。

4. 以“成本”作为内部转移价格

以产品或劳务的成本作为内部转移价格，是制定转移价格的最简单的方法。由于成本的概念不同，以“成本”作为内部转移价格也有多种不同形式，它们对转移价格的制定、业绩评价也将产生不同的影响。

1）标准成本法

标准成本法，即以各中间产品的标准成本作为内部转移价格。这种方法适用于成本中心产品（半产品）或劳务的转移，其最大优点是能够将管理和核算工作结合起来。由于标准成本在制定时就已排除无效率的耗费，所以，以标准成本作为转移价格能促进企业内买卖双方改善生产经营，降低成本。其缺点是不一定使企业利益最大化。例如，中间产品标准成本为 30 元，单位变动成本为 24 元，卖方有闲置生产能力，当买方只能接受 26 元以下的内部转移价格时，此法不能促成内部交易，从而使企业整体丧失一部分利益。

2）标准成本加成法

标准成本加成法，即根据产品（半成品）或劳务的标准成本加上一定的合理利润作为计价基础。当转移产品（半产品）或劳务涉及利润中心或投资中心时，可以将标准成本加上利润作为转移价格，以分清双方责任，但利润的确定难免带有主观随意性。

3）标准变动成本法

标准变动成本法，是以产品（半产品）或劳务的标准作为内部转移价格，符合成本习性，能够明确揭示成本与产量的关系，便与考核各责任中心的业绩，也利于经营决策。不足之处是产品（半产品）或劳务中不包含固定成本，不能鼓励企业内卖方进行技术革新，也不利于长期投资项目的决策。

【案例分析】

南方航空是中国南方航空集团公司下属航空运输主业公司，总部设在广州，现有 13 家分公司、5 家控股子公司、18 个国内营业部和 52 个国外办事处，总资产 947 亿元人民币，在香港、纽约和上海三地同时上市。中国南方航空公司 2013 年共安全运输旅客 9180 万人次，同比增长 6.1%，稳居亚洲第一。其是中国运输飞机最多、航线网络最发达、年旅客运输量最大的航空公司，目前已形成以广州、北京为中心枢纽，密集覆盖国内，全面辐射亚洲的航线网络。

2002 年，美国《萨班斯-奥克斯利法案》的颁布掀起了全球的内部控制热潮。然而阅读南方航空 2003 年年报发现，其作为在纽约上市的公司却并没有采取任何完善内部控制的举动，仅提及监事会认为公司建立了健全完善的内部控制制度。2004 财年和 2005 财年依旧如此。由此可见南方航空 2004 年委托理财巨亏和 2005 年管理层违法及贪污受贿事件的出现不足为怪。

南方航空集团公司 2004 年 7 月间曝出巨额委托理财投资损失；随后，国家审计署广州特派办对南方航空实施了专项审计；广东证监局也在2005年10月对南方航空股份公司进行了检查。2004年绩效考核的179家中央企业中，南航集团由于重大财务违纪事件，从B级降至C级。2006年4月底，在香港、纽约和上海三地上市的中国南方航空股份有限公司宣布，2005财年巨亏17.94亿元人民币；公司将其归结为航空燃油价格持续暴涨，以及近年收购北方航空、新疆航空两家公司导致的费用攀升；但这显然难以说服市场。

南方航空集团属于国有大型企业，在银行贷款方面具备良好的信誉凭证，不用任何抵押即可以从每个商业银行获得10亿～20亿元的贷款。用银行的钱来进行投资理财，确实是赚钱的商机。南航集团从2001年就开始进行委托理财业务；与南航集团有过委托理财业务的有汉唐证券、中关村证券、世纪证券。南航集团调集巨额资金乃至账外资金进行委托理财，其中仅流向深圳世纪证券公司的委托理财资金即达12亿元。

南方航空集团给世纪证券的委托理财资金基本上被世纪证券用于重仓持有南航集团旗下的南方航空（600029.SH）。南方航空2003年7月25日上市，当时因“非典”的影响，南方航空上市首日收于3.88元，是四大上市航空公司中股价最低的。世纪证券在此低位入货，3个月不到，南方航空从4.2元上涨到6.8元，升幅超过60%，世纪证券也获得了丰厚的账面利润。但随后，在油价不断攀升的压力下，航空股开始萎靡不振，世纪证券因此损失惨重。从世纪证券账面上看，南航委托理财的12亿资产已经无法偿还。也正是由于对南航所形成的巨大债务压力，世纪证券被迫走上重组之路。世纪证券无力归还南航集团12亿元委托理财中的7.15亿元，南航集团无奈只得将其实行债转股。

2005年8月，南航集团副总裁兼上市公司董事彭安发、南航集团财务部部长的陈利明因涉嫌违法，先后被司法机关依法逮捕；2006年3月两人被广东省反贪局移交广州市检察院起诉。2006年10月16日，中国南方航空集团原财务部部长陈利民因涉嫌挪用、贪污、受贿等罪，接受广州市中级法院公开庭审。据检察机关侦查证实，2001年8月至2005年5月，陈利民利用经办委托理财的职务便利，采用先办事，后请示或不请示；只笼统汇报理财收益，不汇报合作对象或隐瞒不报等方式，大肆超范围地开展委托理财业务，已侵吞集团部分理财收益，收受回扣；超权限地从银行贷款供个人、朋友注册公司、经营所用；收受汉唐证券、世纪证券、姚壮文贿赂近5400万元，挪用公款近12亿元，贪污公款1200多万元。

2006年6月5日，上海证券交易所发布《上海证券交易所上市公司内部控制指引》，要求在该所上市的公司建立健全和有效实施内部控制制度，提高自身的风险管理水平。南方航空即刻回应该指引，公司管理层指定了具体部门负责内控和风险管理工作，明确权责，建立了系统性的风险管理体系。同样为满足上市地纽约的有关法规监管要求，公司于2005年年底便成立了萨班斯法案内部控制项目小组，以评估内部控制运行的有效性。2007年，南方航空依据国务院国有资产监督管理委员会发布的《中央企业全面风险管理指引》制订了全面风险管理工作方案，明确由法律部组织开展全面风险管理，同时在公司上下开展全面预算管理，并专门建立了《中国南方航空股份有限公司预算管理制度》，而且在很少有上市公司披露内部控制自我评估报告、内部控制鉴证报告和社会责任报告的情况下，南方航空给予了详细披露。2008 年 9 月，公司内控管理信息系统正式建成并投入使用，标志着公司内控评估工作初步实现了信息化管理。2009 年 4 月 15 日，南方航空依据国务院国有资产监督管理委员会《关于进一步加强中央企业金融工具衍生业务监管的通知》（〔2009〕19 号）发布了《中国南方航空股份有限公司套期保值业务管理规定》，严格规定公司的套保业务经董事会批准后才能实施。

由上可以看出，南方航空自 2006 年起才开始逐步完善内部控制，自此公司对风险和成本的控制能力也随之提高，盈利能力总体在增强，2005 年因收购业务控制不到位导致公司净亏损 17.94 亿元；随着 2006 年和 2007 年内部控制的建立健全，南方航空的业绩几乎直线上升；2008 年受国际金融危机的影响，南方航空再次陷入窘境，此时从内部控制缺失找原因依然是合适的，因为南方航空的内部控制完善步伐没能跟得上外部环境的变化；2009 年，南方航空继续完善内部控制，沉着应对金融危机、科学决策，成功扭转了不利的经营局面，全年实现旅客运输量 6628 万人次，位列亚洲第一、全球第四，实现归属于上市股东的净利润 3.58 亿元，比 2008 年增长 107.41%。这和南方航空缜密的公司治理和健全有效的内部控制是分不开的。

思考题：

（1）了解南方航空公司内部控制实施情况，指出南方航空公司在内部控制中存在的问题，分析内部控制对企业发展的重要作用。

（2）2006 年以后，南方航空的内部控制实施取得很大成效，指出其有哪些成功经验值得其他公司借鉴、学习。

【课后练习】

一、单项选择题

1. 财务控制是一种利用（　　）形式进行的综合控制。

A. 实物　　B. 货币　　C. 价值　　D. 劳动

2. 将财务控制分为收支控制和现金控制是以（　　）为分类标志的。

A. 控制主体　　B. 控制依据　　C. 控制手段　　D. 控制对象

3. 成本中心只对可控的（　　）进行控制和考核。

A. 责任成本　　B. 标准成本　　C. 计划成本　　D. 酌量成本

4. 某投资中心的经营资产为 24 万元，经营净收益为 2.6 万元，企业规定的最低投资报酬率为 8%，则该投资中心（　　）。

A. 投资报酬率等于规定的最低报酬率

B. 投资报酬率大于规定的最低报酬率

C. 投资报酬率小于规定的最低报酬率

D. 投资报酬率和规定的最低投资报酬率的大小关系无法判断

5. 能直接对外销售产品或提供劳务取得收入的责任单位是（　　）。

A. 人为利润中心　　B. 自然利润中心　　C. 投资中心　　D. 成本中心

6. 从权利角度出发，投资中心与利润中心的主要区别在于：利润中心没有（　　）。

A. 销售决策权　　B. 采购决策权　　C. 经营决策权　　D. 投资决策权

7. 剩余收益是用来考核和评价（　　）业绩的指标。

A. 成本中心　B. 利润中心　C. 投资中心　D. 责任中心

8. 成本中心的责任成本是指该中心的（　　）。

A. 固定成本　B. 产品成本

C. 可控成本之和　D. 不可控成本之和

9. 某投资中心的投资额为 20 000 元，最低投资利润率为 20%，剩余收益为 5000 元，则该中心的投资利润率为（　　）。

A. 20%　B. 25%　C. 45%　D. 80%

10. 具有独立或相对独立的收入和生产经营决策权，并对成本、收入利润负责的责任中心是（　　）。

A. 成本中心　B. 利润中心　C. 投资中心　D. 财会中心

11. 具有最大的决策权，承担最大的责任，处于最高层次的责任中心是（　　）。

A. 成本中心　B. 人为利润中心　C. 自然利润中心　D. 投资中心

12. 协商价格的下限是（　　）。

A. 生产成本　B. 市价　C. 单位固定成本　D. 单位变动成本

13. 成本中心控制和考核的内容是（　　）。

A. 目标成本　B. 责任成本　C. 产品成本　D. 直接成本

14. 在投资中心的主要考核指标中，（　　）指标能使个别投资中心的局部利益与企业整体利益一致。

A. 投资利润率　B. 利润总额　C. 剩余收益　D. 责任成本

二、多项选择题

1. 财务控制按其控制手段不同，一般分为（　　）。

A. 绝对控制　B. 预算控制　C. 相对控制　D. 制度控制

2. 进行财务控制所必须具备的基本条件就是财务控制的基础，由（　　）等构成了财务控制基础的基本内容。

A. 预算目标　B. 会计信息　C. 制度保证　D. 组织保证

3. 责任中心可分为（　　）。

A. 成本中心　B. 利润中心　C. 管理中心　D. 投资中心

4. 按产品或劳务销售方式不同可以将利润中心分为（　　）。

A. 人为利润中心　B. 自然利润中心　C. 责任利润中心　D. 费用利润中心

5. 下列项目中，不属于成本中心责任范围的是（　　）。

A. 成本　B. 收入　C. 利润　D. 投资效果

6. 考核投资中心投资效果的主要指标有（　　）。

A. 责任成本　B. 营业收入　C. 剩余收益　D. 投资报酬率

7. 不适宜作为考核利润中心负责人业绩的指标是（　　）。

A. 利润中心边际贡献　B. 公司利润总额

C. 利润中心可控利润　D. 利润中心负责人可控利润

8. 划分责任中心的标准包括（　　）。

A. 可以划清管理范围　B. 能明确经济责任

C. 必须自负盈亏　D. 能单独地进行业绩考核

9. 内部转移价格的主要类型有（　　）。

A. 市场价格　B. 协商价格　C. 双重价格　D. 成本转移价格

10. 下列项目中，属于责任中心考核指标的有（　　）。

A. 剩余收益　B. 可控成本　C. 利润　D. 投资报酬率

三、业务分析题

1. 某投资中心投资额为 150 000 元，年净利润为 30 000 元，公司为该投资中心规定的最低投资报酬率为 15%。计算该投资中心的投资报酬率和剩余收益，并对该投资中心进行简要的业绩评价。

2. 表 9-4 是康星公司某年 9 月甲、乙两个投资中心的有关资料。根据表 9-4 中资料计算并填写出甲、乙两个投资中心在表 9-4 中未填指标的数值。

表 9-4　投资中心的有关资料

项目	甲中心	乙中心
销售收入/元	400 000	
营业利润/元	20 000	
经营资产/元		100 000
销售利润率/%		10
经营资产周转率/次		2
投资报酬率/%	16	

3. 某公司下设 A、B 两个分公司，其中 A 分公司 2013 年营业利润 60 万元，平均经营资产为 200 万元，总公司决定 2014 年追加投资 100 万元扩大 A 分公司的经营规模，预计当年可增加营业利润 24 万元，总公司规定的最低投资报酬率为 20%。解答下列问题。

（1）计算 A 分公司 2013 年投资报酬率和剩余收益。

（2）计算 A 分公司 2014 年追加投资后的投资报酬率和剩余收益。

（3）根据以上计算结果，分别以投资报酬率和剩余收益指标评价 A 分公司的经营业绩，并说明 A 分公司接受该追加投资是否有利。

第十章 财务分析

财务分析是以企业财务报表等有关会计核算资料为依据，对企业财务活动过程及结果进行分析和评价。通过财务分析可以了解企业偿债能力、营运能力、盈利能力，便于企业管理当局及其他报表使用人了解企业财务状况和经营成果。本章主要介绍企业财务分析的目的、内容、方法，阐述了财务比率分析中的偿债能力分析、营运能力分析、盈利能力分析和财务综合分析。

【学习目标】

1. 了解财务分析的目的。
2. 掌握偿债能力分析、营运能力分析、盈利能力分析。
3. 掌握财务综合分析。

【能力目标】

能运用一定的方法和指标对企业的资本结构、偿债能力、运营能力、盈利能力等进行分析。

【案例导入】

网宿科技 2010 年 3 月 24 日发布年报，其内容令人大跌眼镜，公司主营净利 3262.33 万元，同比下降 4.79%；去年第四季度主营亏损 159 万元；全年实现净利润 3885.14 万元，净利润同比仅增 4.78%。这三项指数及其他多项财务指标，如销售净收益率、资产负债率、速动比率等在已披露的年报的创业板上市公司中均倒数第一。如此年报甚至吓退众多研究员。当日，各大券商均未对该公司的年报予以评判，仅有一家投资机构做出点评，但仅给出“中性”评价，并指出公司当前面临多个问题。然而令人诧异的是，这样的年报披露之后，公司的股价却大幅上涨。3 月 24 日当天，宿网科技被封于涨停板之上。当日成交 703.34 万股，成交金额为 2.8 亿元，换手率达 30.62%。

思考题：

（1）你通过哪些财务数据和指标了解公司的财务状况？

（2）每股股价和利润之间会存在什么的关系？

资料来源：吴秋霞，王莺远. 2010. 财务管理. 北京：中国电力出版社.

第一节 财务分析概述

财务报表是公司财务状况和经营成果的信息载体，但财务报表所列示的各类项目的金额，如果孤立地看，并无多大意义，必须与其他数据相比较，才能成为有用的信息。参照一定标准将财务报表的各项数据与有关数据进行比较、评价就是公司财务分析。具体地说，财务分析就是以财务报表和其他资料为依据和起点，采用专门方法，系统分析和评价公司的财务状况、经营成果和现金流量状况的过程。其目的是评价过去的经营业绩，衡量现在的财务状况，预测未来的发展趋势。

一、财务分析的目的

财务分析的目的可概括为：评价企业过去的经营业绩；衡量企业目前的财务状况；预测企业未来的发展趋势。具体而言，不同的会计报表使用人分析的侧重点又有所不同。

（一）从投资者的角度

企业的投资者包括企业的所有者和潜在投资者。投资者对企业投资的目的在于获取投资收益，也就是要在资本保值的基础上进一步实现资本的不断增值，因此投资者的利益与企业的财务状况和经营成果密切相关。为了提高投资收益、减少投资风险，投资者必须深入了解企业的盈利能力、偿债能力、营运能力及其发展趋势。通过分析企业的资产和盈利能力来决定是否进行投资；通过分析企业盈利水平、破产风险和竞争能力，来考察经营者的业绩；通过分析企业的筹资状况来决定股利分配政策。总之，通过财务分析，为投资者做出投资决策提供依据。

（二）从债权人的角度

企业债权人包括企业借款的银行及一些金融机构，以及购买企业债券的单位与个人等。作为企业的债权人，其要求权是对企业资产及其变现能力、偿债能力的要求，他们最关心的是企业能否按期偿还债务本金及利息。因此，债权人进行财务分析，一是看其对企业的借款或其他债券能否及时、足额收回，也就是研究企业偿债能力的大小；二是看企业的收益状况与风险程度能否相适应，为此，还应将偿债能力分析与盈利能力分析相结合。总之，通过财务分析，债权人可以全面、准确地掌握企业的支付能力和偿债能力，从而对提供信贷资金的风险进行评价，为债权人制定信用政策提供依据。

（三）从经营者的角度

企业经营者主要是指企业的管理人员。他们有责任保证企业的内部资产合理使用并得到保值和增值。在生产经营活动中，他们既要保持企业良好的偿债能力和营运能力，又要为投资者争取较多的利润。因此，他们进行财务分析的目的是综合的和多方面的，涉及的内容最广泛，几乎包括外部使用者关心的所有问题，还要预测企业未来的发展趋势。总之，通过财务分析，为经营者进行经营决策和改善管理提供依据。

（四）从其他财务主体的角度

其他财务分析的主体或服务对象主要指与企业经营有关的政府经济管理部门。通过财务分析，检查国家各项经济政策、法规、制度在企业的执行情况；通过财务分析，保证企业财务会计信息和财务报告的真实性、准确性，从而为投资者提供真实可靠的会计信息资料，维护市场秩序，防止欺诈和不正当竞争；通过财务分析，对国家整个经济形势或发展做出评价与预测，以便取得宏观调控所需的信息资料。总之，通过财务分析，为政府经济管理部门进行管理和宏观调控提供依据。

二、财务分析的基础

财务分析是以企业的会计核算资料为基础，通过对会计所提供的核算资料进行加工整理，得出一系列科学、系统的财务指标，以便进行比较、分析和评价。财务分析主要是以财务报表为基础。财务报表集中、概括地反映了企业的财务状况、经营成果和现金流量情况等财务信息，对其进行财务分析，可以更加系统地揭示企业的偿债能力、资金营运能力和获利能力等财务状况。下面主要介绍进行财务分析常用的三张基本会计报表：资产负债表、利润表和现金流量表。

（一）资产负债表

资产负债表是反映企业一定日期财务状况的会计报表。它以"资产＝负债＋所有者权益"这一会计等式为依据，按照一定的分类标准和次序反映企业在某一个时间点上资产、负债及所有者权益的基本状况，如表 10-1 所示。

表 10-1　2012 年 12 月 31 日甲公司资产负债表　　单位：万元

资产	年初数	年末数	负债及所有者权益	年初数	年末数
流动资产：			流动负债：		
货币资金	340	490	短期借款	400	420
短期投资	30	80	应付票据	50	70
应收票据	20	15	应付账款	264	355
应收账款	650	690	预收账款	20	10
预付账款	22	8	应付工资	0.7	0.48
其他应收款	38	7	应付福利费	0.1	0.12
存货	580	690	应交税金	60	50
一年内到期的非流动资产	30		其他应付款	25.2	32.4
流动资产合计	1710	1980	一年内到期的非流动负债	80	62
长期投资：			流动负债合计	900	1000
长期投资	110	180	长期负债：		
固定资产：			长期借款	500	550
固定资产原值	2400	2900	应付债券	320	420
减：累计折旧	600	750	长期应付款	104	100
固定资产净值	1800	2150	其他长期负债		

续表

资产	年初数	年末数	负债及所有者权益	年初数	年末数
固定资产清理			长期负债合计	924	1070
在建工程	150	150	递延税项：		
固定资产合计	1950	2300	递延所得税负债		
无形资产及其他资产：			负债合计	1824	2070
无形资产	20	32	所有者权益：		
长期待摊费用	10	8	股本	1500	1500
无形资产及其他资产合计	30	40	资本公积	132	240
递延税项：			盈余公积	219	459
递延所得税资产			未分配利润	125	231
			所有者权益合计	1976	2403
资产总计	3800	4500	负债及所有者权益总计	3800	4500

从资产负债表的结构来看，主要包括资产、负债和所有者权益三大类项目。资产负债表左方反映企业的资产状况，右方反映企业的负债和所有者权益状况。资产负债表是进行财务分析的一张重要的财务报表，它提供了企业的资产结构、资产流动性、资金来源状况、负债水平以及负债结构等财务信息。分析者通过对资产负债表的分析，可以了解企业的偿债能力、资金营运能力等财务状况，为债权人、投资者以及企业管理者提供决策依据。

（二）利润表

利润表是反映企业在一定时期内生产经营成果的财务报表。利润表是以“利润＝收入－费用”这一会计等式为依据编制而成的。通过利润表可以考核企业利润计划的完成情况，分析企业的获利能力以及利润增减变化的原因，预测企业利润的发展趋势，为投资者及企业管理者等各方面提供财务信息，如表 10-2 所示。

表 10-2　2012 年度甲公司利润表　　单位：万元

项目	本年累计数
一、主营业务收入	8720
减：折扣与折让	200
主营业务收入净额	8520
减：主营业务成本	4190.40
主营业务税金及附加	676
二、主营业务利润	3653.60
加：其他业务利润	851.40
减：销售费用	1370

续表

项目	本年累计数
管理费用	1050
财务费用	325
三、营业利润	1760
加：投资收益	63
补贴收入	
营业外收入	8.5
减：营业外支出	15.5
四、利润总额	1816
减：所得税	556
五、净利润	1260

（三）现金流量表

现金流量表是以现金及现金等价物为基础编制的财务状况变动表，是企业对外报送的一张重要会计报表。它为会计报表使用者提供企业一定会计期间内现金和现金等价物流入和流出的信息，以便报表使用者了解和评价企业获取现金和现金等价物的能力，并据以预测企业未来现金流量，如表 10-3 所示。

表 10-3　2012 年度甲公司的现金流量表　　单位：万元

项目	金额
一、经营活动产生的现金流量：	
销售商品、提供劳务收到的现金	10 470
收到的税费返还	450
收到的其他与经营活动有关的现金	300
现金流入小计	11 220
购买商品、接受劳务支付的现金	6 630
支付给职工及为职工支付的现金	258
支付的各项税费	2 542
支付的其他与经营活动有关的现金	470
现金流出小计	9 900
经营活动产生的现金流量净额	1 320
二、投资活动产生的现金流量	
收回投资所收到的现金	105
取得投资收益所收到的现金	65
处置固定资产、无形资产和其他长期资产收回的现金净额	15

续表

项目	金额
收到的其他与投资活动有关的现金	
现金流入小计	185
构建固定资产、无形资产和其他长期资产所支付的现金	855
投资所支付的现金	76
支付的其他与投资活动有关的现金	14
现金流出小计	945
投资活动产生的现金流量净额	－760
三、筹资活动产生的现金流量：	
吸收投资所收到的现金	
借款所收到的现金	250
收到的其他与筹资活动有关的现金	
现金流入小计	250
偿还债务所支付的现金	330
分配股利、利润或偿付利息所支付的现金	273
支付的其他与筹资活动有关的现金	7
现金流出小计	610
筹资活动产生的现金流量净额	－360
四、汇率变动对现金的影响	
五、现金及现金等价物净增加额	200

三、财务分析的内容

财务分析的不同主体考虑的利益不同，在对企业进行财务分析时有着各自不同的要求，使得他们的财务分析内容既有共性又有不同的侧重。尽管侧重点不同，但就企业总体来看，财务分析的内容可归纳为偿债能力分析、营运能力分析、盈利能力分析和现金流量分析四个方面。

1. 偿债能力分析

偿债能力是指企业偿还债务的能力。通过对企业的财务报告等会计资料进行分析，可以了解企业资产的流动性、负债水平及偿还债务的能力，从而评价企业的财务状况和经营风险，为企业经营管理者、投资者和债权人提供财务信息。

2. 营运能力分析

营运能力是指企业资产利用的能力，它是衡量企业各项经济资源利用效率的重要指标。企业的生产经营过程就是利用资产取得收益的过程。资产是企业生产经营活动的经济资源，资产的管理水平直接影响到企业的收益，它体现了企业的整体素质。进行财务分析，可以了解到企业资产的保值和增值情况，分析企业资产的管理水平、资金周转状况、现金流量情况等，评价企业的营运能力。

3. 盈利能力分析

盈利能力是指企业获取经营利润的能力。获取利润是企业的主要经营目标之一，它也反映了企业的综合素质。企业要生存和发展，必须争取获得较高的利润，这样才能在竞争中立于不败之地。投资者和债权人都十分关心企业的获利能力，获利能力强可以提高企业偿还债务的能力，提高企业的信誉。对企业获利能力的分析不能仅看其获取利润的绝对数，还应分析其相对指标，这些都可以通过财务分析来实现。

4. 现金流量分析

现金流量分析主要通过现金流量的流动性分析、获取现金能力分析、财务弹性分析、收益质量分析几个方面来分析评价企业资金的来龙去脉、融资能力、投资能力和财务弹性。

以上四个方面的财务分析指标中，偿债能力是财务目标实现的保证，营运能力与现金流量分析是财务目标实现的物质基础，盈利能力是三者共同作用的结果，同时也对三者能力的增强起着推动作用，四者相辅相成共同构成企业财务分析的基本内容。

四、财务分析的步骤

为了使财务分析与评价工作顺利进行，有效实现预定目标，财务分析与评价的主体必须事前对分析的全过程妥善组织和规划，并认真按照计划开展工作。由于分析主体的目的、分析形式和分析方法等均不同，财务分析程序没有一个固定模式，分析的具体步骤和程序，是根据分析目的、一般分析方法和特定分析对象，由分析人员个别设计的。财务分析的一般步骤为如下：第一步，明确分析目的；第二步，搜集有关的信息；第三步，根据分析目的把整体的各个部分分割开来予以适当安排，使之符合需要；第四步，深入研究各部分的特殊本质；第五步，进一步研究各个部分的联系；第六步，揭示结果，提供对决策有帮助的信息。

五、财务分析的方法

财务分析的方法是完成财务分析任务、实现财务分析目的的技术手段。财务分析方法多种多样，但常用的方法有比较分析法、比率分析法、因素分析法和趋势分析法等。

（一）比较分析法

比较分析法是通过对相关经济指标数值的比较，来揭示经济指标间的数量关系和数量差异的一种方法。其主要作用在于指出财务活动中的数量关系和存在的差距，从中发现问题，为进一步分析原因、挖掘潜力指明方向。比较分析法是最基本的分析方法，没有比较就没有分析。不仅比较分析法本身在财务分析中被广泛应用，而且其他分析方法也是建立在比较分析法基础之上的。根据分析目的和要求的不同，比较分析法通常有以下三种形式的对比。

1. 实际指标同计划指标或定额指标的比较

通过这种比较，可以揭示实际指标与计划指标或定额指标之间的差异，了解该项指标的计划或定额的完成情况。

2. 本期指标同上期指标或历史最高水平的比较

通过这种比较，可以确定前后不同时期有关指标的变动情况，了解企业生产经营活动的发展趋势和管理工作的改进情况。

3. 本单位指标同国内外先进单位指标的比较

通过这种比较，可以找出与先进单位之间的差距，推动本单位改善经营管理，赶超先进水平。

运用比较分析法对同一经济指标进行数值比较时，要注意所用指标的可比性。比较双方的指标在内容、时间、计算方法、计价标准上只有口径一致，才可以进行比较。必要时，要对所有指标按统一口径进行调整或换算。

（二）比率分析法

比率分析法就是通过计算会计报表的相关指标之间的相对数，得出反映指标间相互关系的各种财务比率，借以评价公司的财务状况并发现经营管理中存在的问题的一种分析方法。比率指标主要有以下三类。

1. 效率比率

效率比率是反映经济活动中投入与产出、所费与所得的比率，以考察经营成果，评价经济效益的指标，如成本利润率、销售利润率及资本成本利润率等指标。

2. 结构比率

结构比率又称为构成比率，是某项经济指标的某个组成部分与总体的比率，反映部分与总体的关系。其计算公式为

$$结构比率＝某个组成部分÷总体数额$$

利用结构比率可以考察总体中某部分的形成与安排的合理性，以协调各项财务活动。

3. 相关比率

相关比率是将两个不同但又有一定关联的项目加以对比得出的比率，以反映经济活动的各种相互关系。实际上，财务分析的许多指标都是这种相关比率，如流动比率、资金周转率等。

比率分析法的优点是计算简便，计算结果容易判断分析，并且可以使某些指标在不同规模的公司间进行比较，但要注意以下几点。

（1）对比项目的相关性。计算比率的分子和分母必须具有相关性，否则就不具有可比性。构成比率指标必须是部分与总体的关系；效率比率指标要具有某种投入产出关系；相关比率指标的分子、分母也要有某种内在联系，否则比较就毫无意义。

（2）对比口径的一致性。计算比率的子项和母项在计算时间、范围等方面要保持口径一致。

（3）衡量标准的科学性。要选择科学合理的参照标准与之对比，以便对财务状况做出恰当的评价。

（三）因素分析法

因素分析法又称为连环替代法，它是在财务指标对比分析确定差异的基础上，利用各个因素的顺序替代，从数值上测定各个相关因素对有关财务指标差异的影响程度的一种方法。

因素分析法既可以全面分析各因素对某一经济指标的影响，又可以单独分析某个因素对某一经济指标的影响，在财务分析中应用颇为广泛，但应用因素分析法要注意以下几个问题。

1. 因素分解的关联性

因素分解的关联性是指构成经济指标的各因素确实是形成该项指标差异的内在构成原因，它们之间存在着客观的因果关系。

2. 因素替代的顺序性

替代因素时，必须按照各因素的依存关系排列成一定顺序依次替代，不可随意加以颠倒，否则各个因素的影响值就会得出不同的计算结果。在实际工作中，往往是先替代数量因素，后替代质量因素；先替代实物量、劳动量因素，后替代价值量因素；先替代原始的、主要的因素，后替代派生的、次要的因素；在有除号的关系式中，先替代分子，后替代分母。

3. 顺序替代的连环性

计算每个因素变动的影响数值时，都是在前一次计算的基础上进行的，并采用连环比较的方法确定因素变化的影响结果。只有保持这种连环性，才能使各因素影响之和等于分析指标变动的总差异。

4. 计算结果的假定性

用因素分析法计算各个因素变动的影响值会因替代计算顺序的不同而有差别，因而计算结果具有一定顺序上的假定性和近似性。

（四）趋势分析法

趋势分析法是将公司连续几年的财务报表的有关项目进行比较，用以分析公司财务状况和经营成果的变化情况及发展趋势的一种方法。

趋势分析法主要有三种比较方式。

1. 重要财务指标的比较

这种方法是将不同时期财务报告中相同的重要指标或比率进行比较，直接观察其增减变动情况、变动幅度及发展趋势。

2. 会计报表的比较

这种方法是将连续数期会计报表的有关数字并行排列，比较相同指标的增减变动金额及幅度，以此来说明公司财务状况和经营成果的发展变化。一般可以通过比较资产负债表、比较损益表及比较现金流量表来进行，计算出各有关项目增减变动的金额及变动百分比。

3. 会计报表项目构成的比较

这种方法是以会计报表中某个总体指标作为100%，再计算出报表各构成项目占该总体指标的百分比，依次来比较各个项目百分比的增减变动，判断有关财务活动的变化趋势。这种方法既可用于同一公司不同时期财务状况的纵向比较，又可用于不同公司间的横向比较，并且还可以消除不同时期业务规模差异的影响，有助于正确分析公司的财务状况及发展趋势。

采用趋势分析法时，应注意以下几个问题。

(1) 用于对比的各项指标的计算口径要一致。

(2) 剔除偶然性因素的影响，使分析数据能反映正常的经营及财务状况。

(3) 对有显著变动的指标要做重点分析。

【例 10-1】 大华公司2013年10月某种原材料费用的实际数是4620元，而计划数是4000元。实际比计划增加620元。现假设产品产量、单位产品材料消耗量和材料单价这三个因素的数值如表10-4所示。

表 10-4 大华公司 2013 年 10 月某材料消耗情况

项目	计划数	实际数
产品产量/件	100	110
单位产品材料消耗量/千克	8	7
材料单价/元	5	6
材料费用总额/元	4000	4620

要求：分别运用连环替代法和差额分析法，分析各因素变动对材料费用总额的影响程度。

(1) 运用连环替代法计算各因素变动对材料费用总额的影响。

计划指标：100×8×5=4000（元） ①

第一次替代：110×8×5=4400（元） ②

第二次替代：110×7×5=3850（元） ③

第三次替代：110×7×6=4620（元） ④

实际指标：

②－①=4400－4000=400（元） 产量增加的影响

③－②=3850－4400=－550（元） 材料节约的影响

④－③=4620－3850=770（元） 价格提高的影响

400－550+770=620（元） 全部因素的影响

(2) 采用差额分析法计算确定各因素变动对材料费用的影响。

由于产量增加对财务费用的影响：(110－100)×8×5=400(元)

由于材料消耗节约对材料费用的影响：(7－8)×110×5=－550(元)

由于价格提高对材料费用的影响：(6－5)×110×7=770(元)

第二节 基本财务比率分析

一、偿债能力分析

偿债能力是指公司偿还各种到期债务的能力。偿债能力分析主要分为短期偿债能力分析和长期偿债能力分析。

（一）短期偿债能力分析

短期偿债能力是指公司偿付流动负债的能力。通常，评价公司短期偿债能力的财务比率主要有流动比率、速动比率、现金比率、现金流量比率和到期债务本息偿付比率等。

1. *流动比率*

流动比率的计算公式为

$$流动比率=流动资产\div 流动负债$$

流动资产主要包括现金、银行存款、交易性金融资产、应收及预付款项、存货和1年内到期的非流动资产等，一般用资产负债表中的期末流动资产总额表示；流动负债主要包括短期借款、应付及预收款项、各种应交款项、1年内到期的非流动负债等，通常用资产负债表中的期末流动负债总额表示。根据表10-1中甲公司的流动资产和流动负债的年末数，该公司2012年年末的流动比率为

$$流动比率=\frac{1980}{1000}=1.98$$

这表明甲公司每有1元的流动负债，就有1.98元的流动资产做保障。流动比率是衡量公司短期偿债能力的一个重要财务指标，这个比率越高，说明公司偿还流动负债的能力越强，流动负债得到偿还的保障越大。但是，过高的流动比率也并非好现象，因为流动比率过高，可能是由于公司滞留在流动资产上的资金过多，未能有效地加以利用，进而会影响公司的获利能力。根据西方的经验，流动比率在2∶1左右比较合适。

运用流动比率进行分析时，要注意以下几个问题。

(1) 流动比率高，一般认为偿债保证程度较强，但并不一定有足够的现金或银行存款偿债，因为流动资产除了货币资金以外，还有存货、应收账款、待摊费用等项目，有可能出现流动比率虽高，但真正用来偿债的现金和存款却严重短缺的现象。所以分析流动比率时，还须进一步分析流动资产的构成项目。

(2) 计算出来的流动比率，只有和同行业平均流动比率、本公司历史流动比率进行比较，才能知道这个比率是高还是低。这种比较通常并不能说明流动比率为什么这么高或低，要找出过高或过低的原因还必须分析流动资产和流动负债所包括的内容以及经营上的因素。一般情况下，营业周期、流动资产中的应收账款和存货的周转速度是影响流动比率的主要因素。

2. *速动比率*

流动比率在评价公司短期偿债能力时，存在一定的局限性。一般来说，流动资产扣

除存货后的资产称为速动资产，主要包括现金、交易性金融资产、应收票据、应收账款等。速动资产与流动负债的比率称为速动比率。其计算公式为

$$\begin{aligned}速动比率 &= 速动资产 \div 流动负债 \\ &= (流动资产 - 存货) \div 流动负债\end{aligned}$$

通过速动比率来判断公司短期偿债能力比用流动比率进了一步，因为它撇开了变现力较差的存货。速动比率越高，说明公司短期偿债能力越强。根据表 10-1 中的有关数据，甲公司 2012 年年末的速动比率为

$$速动比率 = \frac{1980 - 690}{1000} = 1.29$$

根据西方经验，一般认为速动比率为 1：1 时比较合适。速动比率过低，公司面临偿债风险；速动比率过高，会因占用现金及应收账款过多而增加公司的机会成本。在实际分析时，应根据公司性质和其他因素来综合判断，不可一概而论。

3. 现金比率

现金比率是公司的现金类资产与流动负债的比率。现金类资产包括公司的库存现金、随时可以用于支付的存款和现金等价物，即现金流量表中所反映的现金。其计算公式为

$$现金比率 = (现金 + 现金等价物) \div 流动负债$$

根据表 10-1 中甲公司的有关数据，该公司 2012 年年末的现金比率为

$$现金比率 = \frac{490 + 80}{1000} = 0.57$$

现金比率一般认为在 20%以上为好。现金比率可以反映公司的直接支付能力，因为现金是公司偿还债务的最终手段，如果公司现金缺乏，就可能会发生支付困难，将面临财务危机；现金比率高，说明公司有较好的支付能力，对偿付债务是有保障的。但是，如果这个比率过高，可能意味着公司拥有过多的获利能力较低的现金类资产，公司的资产未能得到有效运用。

4. 影响短期偿债能力的其他因素

上述变现能力指标都是从财务资料中取得的。还有一些财务资料中没有反映出来的因素，也会影响企业的短期偿债能力。多了解这方面的情况，有利于财务分析的使用者做出正确的判断。

1）可动用的银行贷款指标

银行已同意、企业未办理贷款手续的银行贷款限额，可以随时增加企业的现金，提高支付能力。这一数据不反映在报表中，必要时应在财务状况说明书中予以说明。

2）准备能很快变现的长期资产

由于某种原因，企业可将一些很快出售的长期资产变为现金，增强短期偿债能力。企业出售长期资产，一般情况下都是要经过慎重考虑的，企业应根据近期利益和长期利益的辩证关系，正确决定出售长期资产的问题。

3）偿债能力的声誉

如果企业一贯有良好的声誉，在短期偿债方面出现困难时，可以很快地通过发行债

券和股票等办法解决资金的短缺问题。提高短期偿债能力这个增强变现能力的因素，取决于企业自身的信用声誉和筹资环境。

4）未作记录的或有负债

或有负债是有可能发生的债务，对这些或有负债，按我国企业会计准则的规定，不作为负债登记入账，也不在报表中反映。例如，已办理贴现的商业承兑汇票产品可能发生的质量事故赔偿、尚未解决的税额争议可能的不利后果、诉讼案件和经济纠纷案可能败诉并需赔偿等都没有在报表中反映，但要作为附注列示，这些或有负债一旦成为事实上的负债，将会加大企业的偿债负担。

（二）长期偿债能力分析

长期偿债能力是指公司偿还长期负债的能力，公司的长期负债主要有长期借款、应付长期债券、长期应付款等。反映公司长期偿债能力的财务比率主要有资产负债率、股东权益比率、权益乘数、产权比率、有形净值债务率、偿债保障比率、利息保障倍数和现金利息保障倍数等。

1. 资产负债率

资产负债率是公司负债总额与资产总额的比率，也称为负债比率或举债经营比率，它反映了公司的资产总额中有多少是通过举债而得到的。其计算公式为

$$资产负债率＝负债总额\div资产总额$$

资产负债率反映公司偿还债务的综合能力，这个比率高，说明公司偿还债务的能力越差；反之，偿还债务的能力越强。

根据表10-1的有关数据，甲公司2012年年末的资产负债率为

$$资产负债率＝\frac{2070}{4500}\times100\%＝46\%$$

这表明甲公司的资产有46%是来源于举债，或者说甲公司每46元的债务，就有100元的资产作为偿还的后盾。

对于资产负债率，公司的债权人、股东和公司经营者往往从不同的角度来评价。

（1）从债权人角度来看，他们最关心的是其贷给公司资金的安全性。债权人总是希望公司的负债比率低一些。

（2）从公司股东的角度来看，其关心的主要是投资收益的高低，公司借入的资金与股东投入的资金在生产经营中可以发挥同样的作用，如果公司负债所支付的利息率低于资产报酬率，股东就可以利用举债经营取得更多的投资收益。因此，股东所关心的往往是全部资产报酬率是否超过了借款的利息率。在财务分析中，资产负债率也因此被人们称为财务杠杆。

（3）站在公司经营者的立场，他们既要考虑公司的盈利，又要顾及公司所承担的财务风险。

至于资产负债率多少才是合理的，并没有一个确定的标准。不同的行业、不同类型的公司都是有较大差异的。一般而言，处于高速成长时期的公司，其负债比率可能会高一些，这样所有者会得到更多的杠杆利益。但是，财务管理者在确定公司的负债比率

时，一定要审时度势，充分考虑公司内部各种因素和公司外部的市场环境，在收益与风险之间权衡利弊得失，然后才能做出正确的财务决策。

2. 股东权益比率与权益乘数

股东权益比率是股东权益总额与资产总额的比率，该比率反映了公司资产中有多少是所有者投入的。其计算公式为

$$股东权益比率=股东权益总额\div资产总额$$

从上述公式可知，股东权益比率与负债比率之和等于 1。因此，这两个比率是从不同的侧面来反映公司长期财务状况的，股东权益比率越大，负债比率就越小，公司的财务风险也越小，偿还长期债务的能力就越强。根据表 10-1 的有关数据，甲公司 2012 年年末股东权益比率为

$$股东权益比率=\frac{2430}{4500}\times100\%=54\%$$

股东权益比率的倒数称为权益乘数，即资产总额是股东权益的多少倍。该乘数越大，说明股东投入的资本在资产中所占比重越小。其计算公式为

$$权益乘数=资产总额\div股东权益总额$$

根据表 10-1 的有关数据，甲公司 2012 年年末的权益乘数为

$$权益乘数=\frac{4500}{2430}=1.85$$

3. 产权比率与有形净值债务率

产权比率是负债总额与股东权益总额的比率，也称为负债股权比率。其计算公式为

$$产权比率=负债总额\div股东权益总额$$

从公式中可以看出，这个比率实际上是负债比率的另外一种表现形式。它反映了债权人所提供的资金与股东所提供的资金的对比关系，因此它可以揭示公司的财务风险以及股东权益对债务的保障程度。该比率越低，说明公司长期财务状况越好，债权人贷款的安全性越有保障，公司财务风险越小。

根据表 10-1 的有关数据，甲公司 2012 年年末的产权比率为

$$产权比率=\frac{2070}{2430}=0.85$$

为了更进一步地分析股东权益对负债的保障程度，可以保守地认为无形资产不宜用来偿还债务，故将其从上式的分母中扣除，这样计算出的财务比率称为有形净值债务率。其计算公式为

$$有形净值债务率=负债总额\div（股东权益-无形资产净值）$$

从公式中可见，有形净值债务率实际上是负债股权比率的延伸，它更为保守地反映了公司清算时债权人投入的资本受到股东权益的保障程度。根据表 10-1 的有关数据，甲公司 2012 年年末的有形净值债务率为

$$有形净值债务率=\frac{2070}{2430-32}=0.86$$

4. 利息保障倍数

利息保障倍数也称为利息所得倍数，是税前利润加利息费用之和与利息费用的比

率。其计算公式为

$$利息保障倍数=(税前利润+利息费用)\div 利息费用$$

根据表 10-2 的有关数据（假定该公司的财务费用都是利息费用，并且固定资产成本中不含资本化利息），甲公司 2012 年的利息保障倍数为

$$利息保障倍数=\frac{1816+325}{325}=6.59$$

利息保障倍数反映了公司的经营所得支付债务利息的能力。如果这个比率太低，说明公司难以保证用经营所得来按时按量支付债务利息，这会引起债权人的担心。一般来说，公司的利息保障倍数至少要大于 1，否则，就难以偿付债务及利息，若长此以往，甚至会导致公司破产倒闭。

5. 影响长期偿债能力的其他因素

除了上述通过利润表、资产负债表中有关项目之间的内在联系计算出来的各种比率评价和分析企业的长期偿债能力以外，还有一些因素影响企业的长期偿债能力，必须引起足够的重视。

1）长期租赁

公司在生产经营活动中，可以通过租赁的方式解决急需的设备。经营租赁的资产，其租赁费用并未包含在负债之中，如果企业经营租赁的业务量比较大、期限比较长或者具有经常性，则其租金虽然不包含在负债之中，但对公司的偿债能力也会产生较大的影响。在进行财务分析时，也应考虑这一因素。

2）担保责任

在经济活动中，公司可能会发生以本公司的资金为其他公司提供法律担保的情况，如为其他公司的银行借款担保、为其他公司履行有关经济合同提供法律担保等。这种担保责任，在被担保人没有履行合同时，就有可能会成为公司的负债，增加公司的债务负担，但是这种担保责任在会计报表中并未得到反映。如果担保项目涉及企业的长期负债，在分析企业长期偿债能力时，要根据有关的资料判断担保责任带来的潜在长期负债问题。

3）或有项目

或有项目是指在未来某个或几个事件发生或不发生的情况下，会带来的收益或损失，但现在还无法肯定是否发生的项目。或有项目的特点是现存条件的最终结果不确定，对它的处理方法要取决于未来的发展。或有项目一旦发生便会影响企业的财务状况，因此企业不得不对它们予以足够的重视，在评价企业长期偿债能力时也要考虑它们的潜在影响。

二、营运能力分析

公司的经营活动离不开对各项资产的运用，对公司营运能力的分析，实质上就是对各项资产的周转使用情况进行分析。一般而言，资金周转速度越快，说明公司的资金管理水平越高，资金利用效率越高。公司营运能力分析主要包括流动资产周转情况分析、固定资产周转率和总资产周转率三个方面。

（一）流动资产周转情况分析

反映流动资产周转情况的指标主要有应收账款周转率、存货周转率和流动资产周转率。

1. 应收账款周转率

应收账款在流动资产中有着举足轻重的地位，及时收回应收账款，不仅能增强公司的短期偿债能力，也能反映出公司管理应收账款的效率。

应收账款周转率是指一定时期内应收账款平均收回的次数，是一定时期内商品或产品赊销收入净额与应收账款平均余额的比值。其计算公式为

应收账款周转次数＝赊销收入净额÷应收账款平均余额

式中，赊销收入净额＝赊销收入－销售折扣与折让；应收账款平均余额＝(期初应收账款＋期末应收账款)÷2。

应收账款周转天数＝计算期天数÷应收账款周转次数

＝计算期天数×应收账款平均余额÷销售收入净额

式中，应收账款包括会计报表中应收账款和应收票据等全部赊销账款在内，且其金额应为扣除坏账后的金额。计算期天数如果以年度来衡量的话，一般看做 360 天。这里我们假设甲公司的销售都是赊销，这样根据表 10-1 和表 10-2 的有关数据，甲公司 2012 年应收账款周转率为

$$\text{应收账款平均余额}=\frac{650+690}{2}=670\ \text{（万元）}$$

$$\text{应收账款周转率}=\frac{8520}{670}=12.72$$

应收账款周转率反映了公司应收账款周转速度的快慢及公司对应收账款管理效率的高低。在一定时期内，周转次数多，周转天数少表明：①公司收账迅速，信用销售管理严格；②应收账款流动性强，从而会增强公司的短期偿债能力；③可以减少收账费用和坏账损失，相对增加公司流动资产的投资收益；④通过比较应收账款周转天数及公司信用期限，可以评价客户的信用程度，调整公司信用政策。在评价应收账款周转率指标时，应将计算出的指标与该公司前期、行业平均水平或其他类似公司相比较来判断该指标的高低。

2. 存货周转率

在流动资产中，存货所占比重较大，存货的流动性将直接影响公司的流动比率。因此，必须特别重视对存货的分析。存货流动性的分析一般通过存货周转率来进行。

存货周转率是指一定时期内公司销售成本与存货平均资金占用额的比率，是衡量和评价公司购入存货、投入生产、销售收回等各环节管理效率的综合性指标。其计算公式为

存货周转次数＝销货成本÷存货平均余额

存货平均余额＝（期初存货＋期末存货）÷2

存货周转天数＝计算期天数÷存货周转次数

＝计算期天数×存货平均余额÷销货成本

根据表 10-1 中的有关数据，甲公司 2012 年的存货周转率为

$$平均存货=\frac{580+690}{2}=635（万元）$$

$$存货周转率=\frac{4190.4}{635}=6.60$$

$$存货周转天数=\frac{360}{6.60}=54.55（天）$$

一般来讲，存货周转速度越快，存货占用水平越低，流动性越强，存货转化为现金或应收账款的速度就越快，这样会增强公司的短期偿债能力及获利能力。通过存货周转速度分析，有利于找出存货管理中存在的问题，尽可能降低资金占用水平。

3. *流动资产周转率*

流动资产周转率是反映公司流动资产周转速度的指标。流动资产周转率是一定时期销售收入净额与公司流动资产平均占用额之间的比率。其计算公式为

流动资产周转率＝销售收入净额÷流动资产平均余额

流动资产周转天数＝计算期天数÷流动资产周转率

＝计算期天数×流动资产平均余额÷销售收入净额

式中，流动资产平均余额＝(期初流动资产＋期末流动资产)÷2。

在一定时期内，流动资产周转次数越多，表明以相同的流动资产完成的周转额越大，流动资产利用效果越好。流动资产周转天数越少，表明流动资产经历生产销售各阶段所占用的时间越短，可相对节约流动资产，增强公司盈利能力。

根据表 10-1 和表 10-2 的有关数据，甲公司 2012 年的流动资产周转率为

$$流动资产平均余额=\frac{1710+1980}{2}=1845$$

$$流动资产周转率=\frac{8520}{1845}=4.62$$

$$流动资产周转天数=\frac{360}{4.62}=77.92（天）$$

（二）固定资产周转率

固定资产周转率是公司年销售收入净额与固定资产平均净额的比率。它是反映公司固定资产周转情况，从而衡量固定资产利用效率的一项指标。其计算公式为

固定资产周转率＝销售收入净额÷固定资产平均净值

式中，固定资产平均净值＝(期初固定资产净值＋期末固定资产净值)÷2。

固定资产周转率高，说明公司固定资产投资得当，结构合理，利用效率高；反之，如果固定资产周转率不高，则表明固定资产利用效率不高，提供的生产成果不多，公司的营运能力不强。根据表 10-1 和表 10-2 的有关数据，甲公司 2012 年的固定资产周转率为

$$固定资产周转率=\frac{8520}{(1800+2150)/2}=4.31$$

（三）总资产周转率

总资产周转率是公司销售收入净额与公司资产平均总额的比率。其计算公式为

总资产周转率＝销售收入净额÷资产平均总额

式中，资产平均总额＝(期初资产总额＋期末资产总额)÷2。

这一比率用来衡量公司全部资产的使用效率，如果该比率较低，说明公司全部资产营运效率较低，可采用薄利多销或处理多余资产等方法加速资产周转，提高运营效率；如果该比率较高，说明资产周转快，销售能力强，资产营运效率高。根据表 10-1 和表 10-2 的有关数据，甲公司 2012 年的总资产周转率为

$$总资产周转率=\frac{8520}{(3800+4500)/2}=2.05$$

三、盈利能力分析

盈利能力是指公司赚取利润的能力。盈利是公司的重要经营指标，是公司生存和发展的物质基础，它不仅关系到公司所有者的利益，也是公司偿还债务的一个重要来源。评价公司盈利能力的财务比率主要有资产报酬率、股东权益报酬率、销售毛利率、销售净利率、成本费用净利率等；对于股份有限公司，还应分析每股利润、每股现金流量、每股股利、股利发放率、每股净资产、市盈率等。

（一）资产报酬率

资产报酬率也称为资产收益率、资产利润率或投资报酬率，是公司在一定时期内的净利润与资产平均总额的比率。其计算公式为

资产报酬率＝（净利润÷资产平均总额）×100％

根据表 10-1 和表 10-2 的有关数据，甲公司 2012 年的资产报酬率为

$$资产报酬率=\frac{1260}{(3800+4500)/2}\times 100\%=30.36\%$$

资产报酬率主要用来衡量公司利用资产获取利润的能力，它反映了公司总资产的利用效率。这一比率越高，说明公司获利能力越强。

在分析公司的资产报酬率时，通常要与该公司前期、同行业平均水平和先进水平进行比较，这样才能判断公司资产报酬率的变动趋势以及在同行业中所处的地位，从而可以了解公司的资产利用效率，发现经营管理中存在的问题。

（二）股东权益报酬率

股东权益报酬率也称为净资产收益率、净值报酬率或所有者权益报酬率，是一定时期公司的净利润与股东权益平均总额的比率。其计算公式为

股东权益报酬率＝(净利润÷股东权益平均总额)×100％

股东权益平均总额＝(期初股东权益＋期末股东权益)÷2

根据表 10-1 和表 10-2 的有关数据，甲公司 2012 年的股东权益报酬率为

$$股东权益报酬率=\frac{1260}{(1976+2430)/2}\times100\%=57.19\%$$

股东权益报酬率是评价公司获利能力的一个重要财务比率，反映了公司股东获取投资报酬的高低。该比率越高，说明公司的获利能力越强。股东权益报酬率也可以表示为

股东权益报酬率＝资产报酬率×平均权益乘数

由此可见，股东权益报酬率取决于公司的资产报酬率和权益乘数两个因素。因此，提高股东权益报酬率可以有两种途径：一是在权益乘数，即公司资金结构一定的情况下，通过增收节支，提高资产利用效率，来提高资产报酬率；二是在资产报酬率大于负债利息率的情况下，可以通过增大权益乘数，即提高资产负债率，来提高股东权益报酬率。

（三）销售毛利率与销售净利率

1. 销售毛利率

销售毛利率也称为毛利率，是公司的销售毛利与销售收入净额的比率。其计算公式为

销售毛利率＝（销售毛利÷销售收入净额）×100％
＝（销售收入净额－销售成本）÷销售收入净额×100％

销售毛利率反映了公司的销售成本与销售收入净额的比例关系，毛利率越大，说明在销售收入净额中销售成本所占比重越小，公司通过销售获取利润的能力越强。根据表10-2的有关数据，甲公司2012年的销售毛利率为

$$销售毛利率=\frac{8520-4190.40}{8520}\times100\%=50.82\%$$

计算可知，甲公司2012年产品的销售毛利率为50.82％，说明每100元的销售收入可以为公司提供50.82元的毛利。

2. 销售净利率

销售净利率是公司净利润与销售收入净额的比率。其计算公式为

销售净利率＝(净利润÷销售收入净额)×100％

销售净利率说明了公司净利润占销售收入的比例，它可以评价公司通过销售赚取利润的能力。根据表10-2的有关数据，甲公司2012年的销售净利率为

$$销售净利率=\frac{1260}{8520}\times100\%=14.79\%$$

前面介绍了资产报酬率，该比率可以分解为总资产周转率与销售净利率的乘积，其计算公式为

资产报酬率＝总资产周转率×销售净利率

由此可见，资产报酬率主要取决于总资产周转率与销售净利率两个因素。公司的销售净利率越大，资产周转速度越快，则资产报酬率越高。因此，提高资产报酬率可以从两个方面入手：一方面，加强资产管理，提高资产利用率；另一方面，加强销售管理，增加销售收入，节约成本费用，提高利润水平。

（四）成本费用净利率

成本费用净利率是公司净利润与成本费用总额的比率。它反映公司生产经营过程中发生的耗费与获得的收益之间的关系。其计算公式为

$$成本费用净利率=(净利润\div 成本费用总额)\times 100\%$$

成本费用净利率越高，说明公司为获取收益而付出的代价越小，公司的获利能力越强。因此，通过成本费用净利率不仅可以评价公司获利能力的高低，也可以评价公司对成本费用的控制能力和经营管理水平。根据表 10-2 的有关数据，甲公司 2012 年的成本费用总额为 4190.40＋676＋1370＋1050＋325＋556＝8167.40 万元，则甲公司 2012 年的成本费用净利率为

$$成本费用净利率=\frac{1260}{8167.40}\times 100\%=15.43\%$$

甲公司的成本费用净利率为 15.43%，说明该公司每耗费 100 元，可以获取 15.43 元的净利润。

（五）每股利润

每股利润也称为每股收益或每股盈余，是股份公司税后利润分析的一个重要指标，主要针对普通股而言的。每股利润是税后净利润扣除优先股利后的余额，除以发行在外的普通股平均股数。其计算公式为

$$每股利润=（净利润-优先股股利）\div 发行在外的普通股平均股数$$

每股利润是股份公司发行在外的普通股每股所取得的利润，它可以反映股份公司的获利能力的大小。每股利润越高，说明股份公司的获利能力越强。根据表 10-2 的资料，假定发行在外的普通股平均股数为 1500 万股，并且没有优先股，则甲公司 2012 年的普通股每股利润为

$$每股利润=\frac{1260}{1500}=0.84$$

分析每股利润时应注意以下几个问题。

（1）每股利润不反映股票所含有的风险，从日用品产销到房地产，风险增大了许多，但每股收益可能不变或提高。

（2）股票是一个“份额”概念，不同股票每一股在经济上不等量，它们所含有的净资产和市价不同，即换取收益的投入量不相同，限制了每股收益的公司间比较。

（3）每股收益多，不一定意味着多分红，还要看公司股利分配政策。

（六）每股股利与股利发放率

1. 每股股利

每股股利是普通股分配的现金股利总额除以发行在外的普通股股数，反映了普通股获得的现金股利的多少。其计算公式为

$$每股股利=（现金股利总额-优先股股利）\div 发行在外的普通股股数$$

每股股利是反映股份公司每一普通股获得股利多少的一个指标。每股股利的高低，一方面取决于公司获利能力的强弱，同时，还受公司股利发放政策与利润分配需要的影响。如果公司为扩大再生产，增强公司发展后劲而多留留存收益，则每股股利就少；反之则多。

2. 股利发放率

股利发放率也称为股利支付率，是普通股每股股利与每股利润的比率。它表明股份公司的净收益中有多少用于股利的分派。其计算公式为

$$股利发放率=每股股利\div每股利润\times100\%$$

假定甲公司 2012 年度分配的普通股每股股利为 0.21 元，则该公司的股利发放率为

$$股利发放率=\frac{0.21}{0.84}\times100\%=25\%$$

说明甲公司将利润的 25%用于支付普通股股利。股利发放率主要取决于公司的股利政策，没有一个具体的标准来判断股利发放率是大好还是小好。

（七）每股净资产

每股净资产也称为每股账面价值，是股东权益总额除以发行在外的股票股数。其计算公式为

$$每股净资产=股东权益总额\div发行在外的股票股数$$

每股净资产并没有一个确定的标准，但是，投资者可以比较分析公司历年的每股净资产的变动趋势，来了解公司的发展趋势和获利能力。在投资分析时，只能有限地使用这个指标，因其是用历史成本计量的，既不反映净资产的变现价值，也不反映净资产的产出能力。

每股净资产在理论上提供了股票的最低价值。如果公司的股票价格低于净资产的成本，成本又接近变现价值，说明公司已无存在价值，清算是股东最好的选择。根据表 10-1 的有关数据，甲公司 2012 年年末的每股净资产为

$$每股净资产=\frac{2430}{1500}=1.62\ (元)$$

（八）市盈率

市盈率也称为价格盈余比率或价格收益比率，是指普通股每股市价与每股利润的比率。其计算公式为

$$市盈率=每股市价\div每股利润$$

假定 2012 年年末，甲公司的股票价格为每股 16 元，则其市盈率为

$$市盈率=\frac{16}{0.84}=19.05$$

市盈率是反映股份公司获利能力的一个重要财务比率，投资者对这个比率十分重视。这一比率是投资者做出投资决策的重要参考因素之一，分析时应注意以下两点。

（1）该比率反映投资人对每一元净利润所愿意支付的价格，可用于估计股票的投资

报酬和风险。市盈率越高，表明市场对公司的未来越看好（每股利润是上年指标，而市价是公众对未来的预期，所以公众越看好未来的发展情况，所愿意给的市价就越高，在每股利润不变时，市盈率就越高）。市盈率在国际市场一般在 5～20。但是要注意，在每股利润较小时，有时市盈率会很高，这时意味着高风险。例如，市价为 10 元，每股利润为 0.2 元，则市盈率为 50，表明用 50 元才能换来 1 元的利润，高市盈率就意味着高风险。

（2）该指标不能用于不同行业公司间的比较，充满扩展机会的新兴行业市盈率普遍较高，而成熟工业的市盈率普遍较低，这并不说明后者的股票没有投资价值，因此观察市盈率的长期趋势很重要。

【例 10-2】　大华公司的资产负债表和利润表分别如表 10-5 和表 10-6 所示。

表 10-5　大华公司 2013 年度资产负债表　单位：万元

资产	期末余额	期初余额	负债和所有者权益	期末余额	期初余额
流动资产：			流动负债：		
货币资金	1 350	1 000	短期借款	4 000	3 600
交易性金融资产	950	1 850	应付账款	2 100	1 800
应收账款	1 800	1 700	预收账款	800	600
预付账款	3 100	2 070	其他应付款	150	150
存货	6 900	5 800	流动负债合计	7 050	6 150
其他流动资产	100	80	非流动负债：		
流动资产合计	14 200	12 500	长期借款	4 800	4 000
非流动资产：			非流动负债合计	4 800	4 000
持有至到期投资	600	600	负债合计	11 850	10 150
固定资产	20 000	18 000	所有者权益：		
流动资产	850	800	实收资本（或股本）	15 000	15 000
非流动资产合计	21 450	19 400	盈余公积	3 000	3 000
			未分配利润	5 800	3 750
			所有者权益合计	23 800	21 750
资产总计	35 650	31 900	负债与所有者权益合计	35 650	31 900

表 10-6　大华公司 2013 年度利润表　单位：万元

项目	本期金额	上期金额
一、营业收入	31 500	28 500
减：营业成本	20 400	18 200
营业税金及附加	2 000	1 800
销售费用	2 200	1 950
管理费用	1 500	1 300

续表

项目	本期金额	上期金额
财务费用	450	390
加：投资收益	450	450
二、营业利润	5 400	5 310
加：营业外收入	210	150
减：营业外支出	850	800
三、利润总额	4 760	4 660
减：所得税费用	1 190	1 165
四、净利润	3 570	3 495

要求：根据该公司的报表对公司的偿债能力、营运能力和盈利能力进行分析。

要分析大华公司的2013年的偿债能力、营运能力和盈利能力，就需要计算各项能力的评价指标。具体计算过程如下。

(1) 偿债能力指标的计算如下。

2013年年初流动比率：12 500÷6150×100%＝203.25%

2013年年末流动比率：14 200÷7050×100%＝201.42%

该公司2013年年初和年末的流动比率均高于一般公认标准2，反映该公司具有较强的短期偿债能力。

2013年年初速动比率：(12 500－5800)÷6150×100%＝108.94%

2013年年末速动比率：(14 200－6900)÷7050×100%＝103.55%

通过速动比率可以看出，该公司2013年年末速动比率有所下降，但均超过一般公认标准1，公司实际短期偿债能力较强。

2013年年初资产负债率＝10 150÷31 900×100%＝31.82%

2013年年末资产负债率＝11 850÷35 650×100%＝33.24%

该公司2013年年初和年末资产负债率都不高，说明公司的长期偿债能力较强，这样有助于增强债权人对公司出借资金的信心。

2013年年初的产权比率：10 150÷21 750×100%＝46.67%

2013年年末的产权比率：11 850÷23 800×100%＝49.79%

该公司2013年年初和年末产权比率都不高，表明公司的长期偿债能力较强，债权人的保障程度较高。

2012年利息保障倍数：(4660＋390) ÷390＝12.95

2013年利息保障倍数：(4760＋450) ÷450＝11.58

该公司2012年和2013年利息保障倍数较高，有较强的偿付债务利息的能力。

(2) 营运能力指标的计算如下。

2013年营收账款周转率：31 500÷[(1700＋1800)÷2]＝18(次)

2013年应收账款周转天数：360÷18＝20(天)

2013 年存货周转率：20 400÷[(5800+6900)÷2]=3.21(次)
2013 年存货周转天数：360÷3.21=112(天)
2013 年流动资产周转率：31 500÷[(12 500+14 200)÷2]=2.36(次)
2013 年流动资产周转天数：360÷.36=152.54(天)
2013 年固定资产周转率：31 500÷[(18 000+20 000)÷2]=1.66(次)
2013 年固定资产周转天数：360÷1.66=216.87(天)
2013 年总资产周转率：31 500÷[(31 900+35 650)÷2]=0.93(次)
2013 年总资产周转天数：360÷0.93=387.10(天)
(3)盈利能力指标的计算如下。
2013 年资产报酬率为
资产平均总额=(31 900+35 650)÷2=33 775(万元)
资产报酬率=(3570÷33 750)×100%=10.57%
2013 年股东权益报酬率为
股东权益平均总额=(21 750+23 800)÷2=22 775(万元)
股东权益报酬率=(3570÷22 750)×100%=15.68%
2013 年销售净利率=(3570÷31 500)×100%=11.33%

第三节　财务综合分析

一、财务综合分析概述

(一) 财务综合分析的概念

我们已经介绍了公司偿债能力、营运能力和盈利能力等各种财务分析指标，但单独分析任何一项财务指标，就跟盲人摸象一样，都难以全面评价公司的经营与财务状况。要做全面的分析，必须采取适当的方法对公司财务进行综合分析与评价。所谓财务综合分析，就是将公司营运能力、偿债能力和盈利能力等方面的分析纳入一个有机的分析系统之中，全面地对公司财务状况、经营状况进行解剖和分析，从而对公司的经济效益做出较为准确的评价与判断。

(二) 财务综合分析的特点

一个健全有效的财务综合分析指标体系必须具有以下特点。

1. 评价指标要全面

设置的评价指标要尽可能涵盖偿债能力、营运能力和盈利能力等各方面的考核要求。

2. 主辅指标功能要匹配

在对公司进行综合财务分析中要做到以下两点：①要明确公司分析指标的主辅地位；②要能从不同侧面、不同层次反映公司财务状况，揭示公司经营业绩。

3. 满足各方面经济需求

设置的指标评价体系既要能满足公司内部管理者决策的需要，也要能满足外部投资者和政府管理机构决策及实施宏观调控的要求。

二、财务综合分析的方法

财务综合分析的方法主要有两种，即杜邦财务分析体系法和沃尔比重评分法。

（一）杜邦财务分析体系法

这种分析方法首先由美国杜邦公司的经理创立并首先在杜邦公司成功运用，称为杜邦系统，它是利用财务指标间的内在联系，对公司综合经营理财能力及经济效益进行系统地分析评价的方法。

在杜邦分析图中，净资产收益率反映所有者投入资本的获利能力，反映公司筹资、投资、资产运营等活动的效率，它是一个综合性最强、最具代表性的指标，是杜邦系统的核心，该指标的高低取决于总资产净利率与权益乘数，如图 10-1 所示。

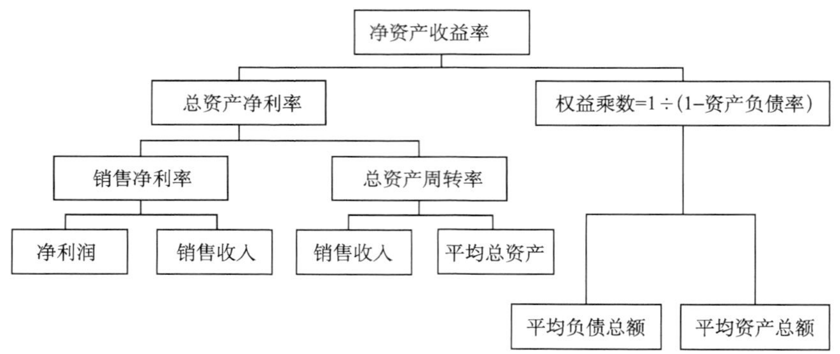

图 10-1　杜邦分析图

总资产净利率是净利润与总资产平均余额之比，它等于销售净利率与总资产周转率之积。

权益乘数是平均资产与平均权益之比，等于 1 减去资产负债率的倒数，用公式表示为

$$权益乘数=1\div(1-资产负债率)$$

式中，资产负债率是指全年平均资产负债率，它是公司全年平均负债总额与全年平均资产总额之比。

权益乘数主要受资产负债率的影响。负债比率大，权益乘数就大，说明公司有较高的负债程度，给公司带来了较多的杠杆利益，同时也给公司带来了较多的风险。公司既要充分有效地利用全部资产，提高资产利用效率，又要妥善安排资金结构。

销售净利率是净利润与销售收入之比，它是反映公司盈利能力的重要指标。提高这一比率的途径有扩大销售收入、降低成本费用等。

资产周转率是销售收入与资产平均总额之比，是反映公司运用资产以产生销售收入能力的指标。对资产周转率的分析除了对资产构成部分从总占有量上是否合理进行分析外，还可通过流动资产周转率、存货周转率、应收账款周转率等有关资产使用效率的分析，以判明影响资产周转的主要问题所在。

杜邦财务指标体系的作用在于解释指标变动的原因和变动趋势。

【例 10-3】 ABC 公司近三年的财务数据和财务比率如表 10-7 所示。

表 10-7 ABC 公司的财务数据和财务比率

项目	2011 年	2012 年	2013 年
销售额/万元	4000	4300	3800
总资产/万元	1430	1560	1695
普通股/万元	100	100	100
保留盈余/万元	500	550	550
所有者权益合计/万元	600	650	650
流动比率	1.19	1.25	1.20
平均收账期/天	18	22	27
存货周转率	8	7.5	5.5
长期债务或所有者权益/%	50	46	46
销售毛利率/%	20	16.3	13.2
销售净利率/%	7.5	4.7	2.6
总资产周转率/%	2.8	2.76	2.24
总资产净利率/%	21	13	6

要求：

(1) 运用杜邦财务分析原理，分析说明该公司运用资产盈利能力的变化及其原因。

(2) 说明该公司资产、负债、所有者权益的变化及其原因。

(3) 假设你是财务经理，应该从哪几个方面来改善公司财务状况和经营业绩?

具体分析如下。

(1) 从表 10-3 中可以看出，该公司的总资产净利率在逐年下降。从 2011 年的 21% 到 2012 年的 13%，再到 2013 年的 6%，说明该公司的盈利能力逐年下降。

公司盈利能力下降的原因分析如下：①总资产周转率下降，主要是因为平均收账期的延长和存货周转率的下降；②销售净利率下降，原因是销售毛利下降（可能是成本上升或售价降低），在此期间，期间费用也呈下降趋势。

(2) 公司资产、负债和所有者权益的变化趋势如下：①总资产在逐年增加，从 1430 万元到 1560 万元，再到 1695 万元。增加的原因是存货和应收账款的占用增加；总资产增加额为 265 万，增加的部分主要为流动资产（这也导致了周转率的下降）。②资产增加的筹资来源中，负债为主要来源，在 265 万元资产增加额中，所有者权益增加额为 50 万元，负债为 215 万元。由于长期债务与所有者权益的比率在下降，可以推测出流动负债的增量很大，也反映出公司的权益乘数在增大，财务风险增大。③所有者权益增加很少，原因是大部分盈余都用于发放股利。该公司三年的净利润总和为

$$1430\times21\%+1560\times13\%+1695\times6\%=604.8\text{（万元）}$$

式中，留存收益为 50 万元，说明其余的净利都用于发放股利了。

(3) 可以从以下几个方面来改善公司的财务状况和经营业绩：①努力开拓市场，扩大销售；②降低进货成本；③降低存货，降低应收账款；④增加留存收益，降低公司的财务风险。

(二) 沃尔比重评分法

亚历山大·沃尔在 20 世纪初出版的《信用晴雨表研究》和《财务报表比率分析》中提出了信用能力指数的概念。他选择了七个财务比率即流动比率、产权比率、固定资产比率、存货周转率、应收账款周转率、固定资产周转率和自有资金周转率，分别给定各指标的比重，然后确定标准比率（以行业平均数为基础），将实际比率与标准比率相比，得出相对比率，将此相对比率与各项指标比重相乘，得出总评分。

沃尔比重评分法有两个缺陷：一是选择的这七个比率及给定的比重缺乏说服力；二是如果某一个指标严重异常时，会对总评分产生不合逻辑的重大影响。

【案例分析】

武商集团财务分析案例

武汉武商集团股份有限公司（简称武商集团）的前身是武汉商场，创建于 1959 年，是全国十大百货商店之一。1986 年改造为股份公司，1992 年 11 月 20 日公司股票在深圳证券交易所上市。1999 年年末公司总股本为 507 248 590 股。公司是一家集商业零售、房地产、物业管理及餐饮服务的大型集团公司。该集团公司 1999 年和 2000 年年报资料如表 10-8 所示。

表 10-8 武商集团财务比率

分析内容		指标	1999.12.31	2000.6.30
资金结构状况	资产结构	流动资产率	0.2820	0.2926
		应收账款比率	0.4681	0.4386
		在建工程率	0.2715	0.1986
		存货比率	0.3300	0.3370
		长期投资率	0.0334	0.0313
	负债结构	资产负债率	0.5344	0.5554
		流动负债率	0.4607	0.4649
		产权比率	1.3331	1.4495
		负债经营率	0.0737	0.0906

续表

分析内容	指标	1999.12.31	2000.6.30
资金平衡状况	固定比率	1.4993	1.1978
	营运资金需求	4.6 亿元	5.1 亿元
	营运资本	—5.0 亿元	—5.2 亿元
	现金支付能力	—9.6 亿元	—10.3 亿元
偿债状况	流动比率	0.6121	0.6295
	资产负债率	0.5344	0.5554
	利息保障倍数	3.838	5.353
	速动比率	0.4064	0.4141
	负债经营率	0.0737	0.0906
盈利状况	主营业务利润率	1.89%	16.7%
	内部投资收益率	2.97%	2.56%
	净资产收益率	2.77%	3.02%
	成本费用净利率	1.89%	3.52%
	对外投资收益率	—12.1%	—2.89%
营运状况	存货周转天数	66 天	68 天
	总资产周转率	0.606	0.344
	固定资产周转率	1.007	0.687
	平均收账期	79 天	77 天
发展状况			

1. 偿债能力分析

(1) 现金支付能力分析。现金支付能力是指企业用现金、银行存款支付资金需求的能力，它是企业短期、长期偿债能力的具体和直接表现，也是判断企业应变力大小的根据。1999 年年底现金流动负债比率为 0.0738，2000 年上半年为 0.1061。尽管 2000 年上半年较上一年有所提高，但显然现金比率仍很低，公司几乎不具备用现金支付到期债务的能力。

(2) 短期偿债能力分析。从表 10-8 中资料可以看出，武商集团资产流动性比率远远低于合理值，表明当债务到期时，公司很难通过资产变现来偿还本息，取而代之的只能是营业收入和外部融资。

(3) 长期偿债能力分析。武商集团的偿债状况正陷于困境：一方面股东权益资本雄厚，长期偿债能力极有保障，1999 年年底，股本 5.1 亿股，长期负债不到 2 亿元；另一方面，一旦长期债务逐渐转化为流动负债，要求近期偿还时，企业却无力支付。这预示着企业资产的营运状况和盈利能力存在很大的隐患。

2. 营运能力分析

武商集团流动资产周转较快，固定资产周转较慢，流动资产中又以应收账款周转最慢，平均收账期近 2 个半月，作为商业企业，这种状况表明企业所处市场环境竞争较激烈，管理者对资产营运重视不够，资产闲置浪费严重，效益低下。一旦当年实现利润降低，企业财务状况就会急剧恶化，这也说明企业对利润变化敏感，产品获利能力差，经营杠杆效应强，因此加强企业资产管理、提升经营决策水平至关重要。

3. 盈利能力分析

企业盈利能力主要反映企业经营业务创造利润的能力，它一方面直接表现为企业实现利润的多少和利润的稳定程度，另一方面也通过企业投入资金的收益能力或企业资产周转和消耗的盈利能力等经济效益指标反映出来。2000 年上半年武商集团成本费用净利率较 1999 年年底大幅增加，表明企业获利能力大大增强，对成本费用的控制能力也增强。尽管企业主营业务利润率迅猛增长，但内部资产收益率仍较低。可见企业内部资产的管理运作上存在较大问题。如前所述的存货和应收账款周转缓慢，资产闲置浪费严重等都直接影响企业内部业务的盈利能力。

4. 资金结构分析

武商集团流动资产率虽属正常范围，但应收账款率极高。从存货比率看，2000 年上半年略有上升。武商集团应在加强存货管理、应收款管理上狠下工夫，努力提高流动资产的变现力，减少不良资产的发生。从长期投资率和在建工程率来看，均呈下降趋势，表明武商集团正在调整战略，压缩资产扩张规模，将重心转向企业内部存量资产的消化上。

5. 资金平衡分析

武商集团 1999 年年底和 2000 年上半年营运资本均为负值，分别为－5.0 亿元和－5.2 亿元。营运资本减少主要有两种可能：一是结构性资产投资增加；二是结构性负债筹资减少。结合武商集团资金结构分析可知，营运资本减少主要是由第二种情况，即结构性负债筹资不足，流动负债比重过大所致。武商集团可适当增加结构性负债比重，相应降低流动负债率，以填补过大的营运资金缺口。此外，2000 年上半年这种状况是在其账面盈利的基础上发生的，再次暴露出企业资产质量低的症结。

武商集团 1999 年和 2000 年上半年都存在正的营运资金需求，且数额相当大，但因为营运资本缺口巨大，迫使武商集团只能通过日常销售商品收入或借款来满足营运资金需求，增加了企业财务风险。解决办法只有加强资产管理，提高资产变现力，增强资产收益能力，以营运资本满足营运资金需求。

6. 企业发展能力分析

武商集团 1999 年年报和 2000 年中报可以看出，企业的自我发展能力已从－0.35 亿元上升到 0.70 亿元，说明企业应变能力和市场竞争能力都大大增强。从武商集团现有资金结构看，企业现金支付能力长期为负值，数额较大，现在正进行结构调整与经营重心转移，因此应进行长期筹资，以增加营运资本，充实企业的调整与发展能力。由于武商集团现有负债经营率很低，远远小于 1，而且企业利息保障倍数很高，超过 3，建议采用长期借款筹资方式，尽快扭转资金结构极不合理的失控发展态势，步入正常筹资发展轨道。

思考题：

财务分析在企业运营中起着重要的作用，我们应该充分认识财务分析的重要性，并要掌握财务分析的具体方法及其运用。

（1）结合所学知识，说明财务分析运用的主要指标。

（2）结合所学知识，分析在企业运营中应该如何运用财务分析的方法？

（3）结合本案例，分析本案例给你什么启示？

资料来源：边建文，2010. 财务管理教程. 北京：首都经济贸易大学出版社.

【课后练习】

一、单项选择题

1. 下列不能反映企业长期偿债能力的指标是（　　）。

A. 资产负债率　B. 产权比率　C. 权益乘数　D. 固定资产周转率

2. 权益乘数是（　　）。

A. 1÷（1－产权比率）　B. 1÷（1－资产负债率）

C. 1－资产负债率　D. 1－净资产收益率

3. 产权比率为 3/4 时，则权益乘数为（　　）。

A. 4/3　B. 7/4　C. 7/3　D. 3/4

4. 如果营运资金大于 0，则以下结论正确的有（　　）。

A. 速动比率大于 1　B. 现金比率大于 1

C. 流动比率大于 1　D. 短期偿债能力绝对有保障

5. （　　）指标不是评价公司短期偿债能力的指标。

A. 流动比率　B. 速动比率　C. 现金比率　D. 产权比率

6. （　　）是公司财务结构稳健与否的重要标志。

A. 资产负债率　B. 产权比率　C. 现金比率　D. 流动比率

7. 当公司流动比率大于 1 时，增加流动资金借款会使当期流动比率（　　）。

A. 降低　B. 不变　C. 提高　D. 不确定

8. 有形净值债务率中的有形净值是指（　　）。

A. 所有者权益　B. 有形资产总额减去负债总额

C. 有形资产总额　D. 固定资产净值

9. 下列分析法中，属于财务综合分析方法的是（　　）。

A. 因素分析法　B. 比率分析法

C. 趋势分析法　D. 沃尔比重分析法

10. （　　）指标是一个综合性最强的财务比率，也是杜邦财务分析体系的核心。

A. 销售利润率　B. 资产周转率　C. 权益乘数　D. 净资产收益率

二、多项选择题

1. 财务综合分析的方法有（　　）。

A. 因素分析法　B. 比率分析法

C. 杜邦财务分析体系法　D. 沃尔比重评分法

2. 在其他条件不变的情况下，会引起总资产周转率指标上升的经济业务是（　　）。

A. 用现金偿还负债　B. 借入一笔短期借款

C. 用银行存款购入一台设备　D. 用银行存款支付一年的电话费

3. 若流动比率大于1，则下列结论不一定成立的是（　　）。

A. 速动比率大于1　　B. 营运资金大于0

C. 资产负债率大于1　　D. 短期偿债能力绝对有保障

4. 财务分析的基本内容包括（　　）。

A. 现金流量分析　　B. 营运能力分析

C. 盈利能力分析　　D. 偿债能力分析

5. 衡量公司短期偿债能力的指标有（　　）。

A. 资产负债率　　B. 流动比率

C. 速动比率　　D. 现金比率

6. 应收账款周转率提高，意味着公司（　　）。

A. 短期偿债能力增强　　B. 盈利能力提高

C. 坏账成本下降　　D. 流动比率提高

7. 影响存货周转率的因素有（　　）。

A. 销售收入　　B. 销货成本

C. 存货计价方法　　D. 存货余额

8. 反映公司长期偿债能力的指标有（　　）。

A. 产权比率　　B. 资产负债率

C. 总资产周转率　　D. 利息保障倍数

9. 属于营运能力分析的指标有（　　）。

A. 存货周转率　　B. 应收账款周转率

C. 固定资产周转率　　D. 流动资产周转率

10. 公司盈利能力分析可以运用的指标有（　　）。

A. 股东权益净利率　　C. 成本利润率

C. 销售毛利率　　D. 总资产周转率

三、判断题

1. 相关比率反映部分与总体的关系。（　　）

2. 在采用因素分析法时，可任意颠倒顺序，其计算结果是相同的。（　　）

3. 盈利能力分析主要是分析公司各项资产的使用效果。（　　）

4. 存货周转率是销售收入与存货平均余额之比。（　　）

5. 资产负债率与产权比率的乘积等于1。（　　）

6. 分析企业盈利能力时，应当提出非常项目的影响。（　　）

7. 在杜邦分析体系中计算权益乘数时，资产负债率是用期末负债总额与期末资产总额来计算的。（　　）

8. 采用因素分析法可以分析引起变化的主要原因、变动性质，并可预测公司未来的发展前景。（　　）

9. 在总资产净利率不变的情况下，资产负债率越低，净资产收益率越高。（　　）

10. 产权比率高是低风险、低报酬的财务结构，表明债权人的利益因股东提供的资本所占比重较大而具有充分保障。（　　）

四、业务分析题

1. 胜利公司总资产期初数为800万元，期末数为1000万元，其中，存货期初数为180万元，期末数为240万元；期初流动负债为150万元，期末流动负债为225万元；期初速动比率为0.75，期末流动比率为1.6，本期总资产周转次数为1.2次。

要求：

（1）计算该公司流动资产的期初数与期末数。

（2）计算该公司本期销售收入。

（3）计算该公司本期流动资产平均余额和流动资产周转次数。

2. 某公司有关资料如表10-9所示。

表10-9 某公司相关资料

项目	年初数	年末数	本年数或平均数
存货/万元	5 400	7 200	
流动负债/万元	4 500	6 750	
速动比率	0.8		
流动比率		2.0	
总资产周转次数			2.0
总资产/万元			27 000

假定该公司流动资产等于流动资产加存货。

要求：

（1）计算该公司流动资产的年初数与年末数。

（2）计算该公司年初流动比率和年末速动比率。

3. 某公司2013年年末有关资料如下。

（1）货币资产为750万元，固定资产净值为6100万元，资产总额为16 200万元。

（2）应缴税费为50万元，实收资本为7500万元。

（3）存货周转率为6次，期初存货为1500万元，本期销售成本为14 700万元。

（4）流动比率为2.0，产权比率为0.7。

要求：计算表10-10中的未知项目，将该简要资产负债表填列完整。

表10-10 2013年12月31日某公司资产负债表 单位：万元

项目	金额	项目	金额
货币资产（1）		应付账款（6）	
应收账款（2）		应缴税费（7）	
存货（3）		长期负债（8）	
固定资产净值（4）		实收资本（9）	
资产合计（5）		未分配利润（10）	
		负债和所有者权益合计（11）	

参 考 文 献

边建文. 2010. 财务管理教程. 北京：首都经济贸易大学出版社.

财政部会计资格评价中心. 2012. 财务管理. 北京：经济科学出版社.

财政部注册会计师考试委员会办公室. 2006. 财务成本管理. 北京：经济科学出版社.

道格拉斯·R. 爱默瑞，约翰·D. 芬尼特. 2000. 公司财务管理（上）. 北京：中国人民大学出版社.

谷祺，刘淑莲. 2007. 财务管理. 大连：东北财经大学出版社.

韩东平. 2013. 财务管理学. 2版. 北京：科学出版社.

郝得鸿. 2013. 新编财务管理. 北京：科学出版社.

荆新，王化成，刘俊彦. 2009. 财务管理学. 5版. 北京：中国人民大学出版社.

廖丽娟. 2011. 财务管理魔法书. 北京：企业管理出版社.

刘秋平，郭子亭. 2012. 财务管理. 济南：山东大学出版社.

刘淑莲. 2003. 高级财务管理理论与实务. 大连：东北财经大学出版社.

隋静. 2009. 财务管理实务教程. 北京：清华大学出版社，北京交通大学出版社.

唐现杰，孙长江. 2013. 财务管理. 2版. 北京：科学出版社.

王化成. 2001. 财务管理教学案例. 北京：中国人民大学出版社.

王化成. 2004. 财务管理研究. 北京：中国金融出版社.

王化成. 2004. 高级财务学. 北京：中国人民大学出版社.

詹姆斯·C. 范霍恩. 2000. 财务管理与政策. 刘志远译. 大连：东北财经大学出版社.

张显国. 2006. 财务管理. 北京：机械工业出版社.

附　　录

附表 1　复利现值系数表

计算公式：$(P/F, i, n)=(1+i)^{-n}$

期数	1%	2%	3%	4%	5%	6%	7%	8%	9%	10%
1	0.9901	0.9804	0.9709	0.9615	0.9524	0.9434	0.9346	0.9259	0.9174	0.9091
2	0.9803	0.9612	0.9426	0.9246	0.9070	0.8900	0.8734	0.8573	0.8417	0.8264
3	0.9706	0.9423	0.9151	0.8890	0.8638	0.8396	0.8163	0.7938	0.7722	0.7513
4	0.9610	0.9238	0.8885	0.8548	0.8227	0.7921	0.7629	0.7350	0.7084	0.6830
5	0.9515	0.9057	0.8626	0.8219	0.7835	0.7473	0.7130	0.6806	0.6499	0.6209
6	0.9420	0.8880	0.8375	0.7903	0.7462	0.7050	0.6663	0.6302	0.5963	0.5645
7	0.9327	0.8706	0.8131	0.7599	0.7107	0.6651	0.6227	0.5835	0.5470	0.5132
8	0.9235	0.8535	0.7894	0.7307	0.6768	0.6274	0.5820	0.5403	0.5019	0.4665
9	0.9143	0.8368	0.7664	0.7026	0.6446	0.5919	0.5439	0.5002	0.4604	0.4241
10	0.9053	0.8203	0.7441	0.6756	0.6139	0.5584	0.5083	0.4632	0.4224	0.3855
11	0.8963	0.8043	0.7224	0.6496	0.5847	0.5268	0.4751	0.4289	0.3875	0.3505
12	0.8874	0.7885	0.7014	0.6246	0.5568	0.4970	0.4440	0.3971	0.3555	0.3186
13	0.8787	0.7730	0.6810	0.6006	0.5303	0.4688	0.4150	0.3677	0.3262	0.2897
14	0.8700	0.7579	0.6611	0.5775	0.5051	0.4423	0.3878	0.3405	0.2992	0.2633
15	0.8613	0.7430	0.6419	0.5553	0.4810	0.4173	0.3624	0.3152	0.2745	0.2394
16	0.8528	0.7284	0.6232	0.5339	0.4581	0.3936	0.3387	0.2919	0.2519	0.2176
17	0.8444	0.7142	0.6050	0.5134	0.4363	0.3714	0.3166	0.2703	0.2311	0.1978
18	0.8360	0.7002	0.5874	0.4936	0.4155	0.3503	0.2959	0.2502	0.2120	0.1799
19	0.8277	0.6864	0.5703	0.4746	0.3957	0.3305	0.2765	0.2317	0.1945	0.1635
20	0.8195	0.6730	0.5537	0.4564	0.3769	0.3118	0.2584	0.2145	0.1784	0.1486
21	0.8114	0.6598	0.5375	0.4388	0.3589	0.2942	0.2415	0.1987	0.1637	0.1351
22	0.8034	0.6468	0.5219	0.4220	0.3418	0.2775	0.2257	0.1839	0.1502	0.1228
23	0.7954	0.6342	0.5067	0.4057	0.3256	0.2618	0.2109	0.1703	0.1378	0.1117
24	0.7876	0.6217	0.4919	0.3901	0.3101	0.2470	0.1971	0.1577	0.1264	0.1015
25	0.7798	0.6095	0.4776	0.3751	0.2953	0.2330	0.1842	0.1460	0.1160	0.0923
26	0.7720	0.5976	0.4637	0.3607	0.2812	0.2198	0.1722	0.1352	0.1064	0.0839
27	0.7644	0.5859	0.4502	0.3468	0.2678	0.2074	0.1609	0.1252	0.0976	0.0763
28	0.7568	0.5744	0.4371	0.3335	0.2551	0.1956	0.1504	0.1159	0.0895	0.0693
29	0.7493	0.5631	0.4243	0.3207	0.2429	0.1846	0.1406	0.1073	0.0822	0.0630
30	0.7419	0.5521	0.4120	0.3083	0.2314	0.1741	0.1314	0.0994	0.0754	0.0573

续表

期数	11%	12%	13%	14%	15%	16%	17%	18%	19%	20%
1	0.9009	0.8929	0.8850	0.8772	0.8696	0.8621	0.8547	0.8475	0.8403	0.8333
2	0.8116	0.7972	0.7831	0.7695	0.7561	0.7432	0.7305	0.7182	0.7062	0.6944
3	0.7312	0.7118	0.6931	0.6750	0.6575	0.6407	0.6244	0.6086	0.5934	0.5787
4	0.6587	0.6355	0.6133	0.5921	0.5718	0.5523	0.5337	0.5158	0.4987	0.4823
5	0.5935	0.5674	0.5428	0.5194	0.4972	0.4761	0.4561	0.4371	0.4190	0.4019
6	0.5346	0.5066	0.4803	0.4556	0.4323	0.4104	0.3898	0.3704	0.3521	0.3349
7	0.4817	0.4523	0.4251	0.3996	0.3759	0.3538	0.3332	0.3139	0.2959	0.2791
8	0.4339	0.4039	0.3762	0.3506	0.3269	0.3050	0.2848	0.2660	0.2487	0.2326
9	0.3909	0.3606	0.3329	0.3075	0.2843	0.2630	0.2434	0.2255	0.2090	0.1938
10	0.3522	0.3220	0.2946	0.2697	0.2472	0.2267	0.2080	0.1911	0.1756	0.1615
11	0.3173	0.2875	0.2607	0.2366	0.2149	0.1954	0.1778	0.1619	0.1476	0.1346
12	0.2858	0.2567	0.2307	0.2076	0.1869	0.1685	0.1520	0.1372	0.1240	0.1122
13	0.2575	0.2292	0.2042	0.1821	0.1625	0.1452	0.1299	0.1163	0.1042	0.0935
14	0.2320	0.2046	0.1807	0.1597	0.1413	0.1252	0.1110	0.0985	0.0876	0.0779
15	0.2090	0.1827	0.1599	0.1401	0.1229	0.1079	0.0949	0.0835	0.0736	0.0649
16	0.1883	0.1631	0.1415	0.1229	0.1069	0.0930	0.0811	0.0708	0.0618	0.0541
17	0.1696	0.1456	0.1252	0.1078	0.0929	0.0802	0.0693	0.0600	0.0520	0.0451
18	0.1528	0.1300	0.1108	0.0946	0.0808	0.0691	0.0592	0.0508	0.0437	0.0376
19	0.1377	0.1161	0.0981	0.0829	0.0703	0.0596	0.0506	0.0431	0.0367	0.0313
20	0.1240	0.1037	0.0868	0.0728	0.0611	0.0514	0.0433	0.0365	0.0308	0.0261
21	0.1117	0.0926	0.0768	0.0638	0.0531	0.0443	0.0370	0.0309	0.0259	0.0217
22	0.1007	0.0826	0.0680	0.0560	0.0462	0.0382	0.0316	0.0262	0.0218	0.0181
23	0.0907	0.0738	0.0601	0.0491	0.0402	0.0329	0.0270	0.0222	0.0183	0.0151
24	0.0817	0.0659	0.0532	0.0431	0.0349	0.0284	0.0231	0.0188	0.0154	0.0126
25	0.0736	0.0588	0.0471	0.0378	0.0304	0.0245	0.0197	0.0160	0.0129	0.0105
26	0.0663	0.0525	0.0417	0.0331	0.0264	0.0211	0.0169	0.0135	0.0109	0.0087
27	0.0597	0.0469	0.0369	0.0291	0.0230	0.0182	0.0144	0.0115	0.0091	0.0073
28	0.0538	0.0419	0.0326	0.0255	0.0200	0.0157	0.0123	0.0097	0.0077	0.0061
29	0.0485	0.0374	0.0289	0.0224	0.0174	0.0135	0.0105	0.0082	0.0064	0.0051
30	0.0437	0.0334	0.0256	0.0196	0.0151	0.0116	0.0090	0.0070	0.0054	0.0042

续表

期数	21%	22%	23%	24%	25%	26%	27%	28%	29%	30%
1	0.8264	0.8197	0.8130	0.8065	0.8000	0.7937	0.7874	0.7813	0.7752	0.7692
2	0.6830	0.6719	0.6610	0.6504	0.6400	0.6299	0.6200	0.6104	0.6009	0.5917
3	0.5645	0.5507	0.5374	0.5245	0.5120	0.4999	0.4882	0.4768	0.4658	0.4552
4	0.4665	0.4514	0.4369	0.4230	0.4096	0.3968	0.3844	0.3725	0.3611	0.3501
5	0.3855	0.3700	0.3552	0.3411	0.3277	0.3149	0.3027	0.2910	0.2799	0.2693
6	0.3186	0.3033	0.2888	0.2751	0.2621	0.2499	0.2383	0.2274	0.2170	0.2072
7	0.2633	0.2486	0.2348	0.2218	0.2097	0.1983	0.1877	0.1776	0.1682	0.1594
8	0.2176	0.2038	0.1909	0.1789	0.1678	0.1574	0.1478	0.1388	0.1304	0.1226
9	0.1799	0.1670	0.1552	0.1443	0.1342	0.1249	0.1164	0.1084	0.1011	0.0943
10	0.1486	0.1369	0.1262	0.1164	0.1074	0.0992	0.0916	0.0847	0.0784	0.0725
11	0.1228	0.1122	0.1026	0.0938	0.0859	0.0787	0.0721	0.0662	0.0607	0.0558
12	0.1015	0.0920	0.0834	0.0757	0.0687	0.0625	0.0568	0.0517	0.0471	0.0429
13	0.0839	0.0754	0.0678	0.0610	0.0550	0.0496	0.0447	0.0404	0.0365	0.0330
14	0.0693	0.0618	0.0551	0.0492	0.0440	0.0393	0.0352	0.0316	0.0283	0.0254
15	0.0573	0.0507	0.0448	0.0397	0.0352	0.0312	0.0277	0.0247	0.0219	0.0195
16	0.0474	0.0415	0.0364	0.0320	0.0281	0.0248	0.0218	0.0193	0.0170	0.0150
17	0.0391	0.0340	0.0296	0.0258	0.0225	0.0197	0.0172	0.0150	0.0132	0.0116
18	0.0323	0.0279	0.0241	0.0208	0.0180	0.0156	0.0135	0.0118	0.0102	0.0089
19	0.0267	0.0229	0.0196	0.0168	0.0144	0.0124	0.0107	0.0092	0.0079	0.0068
20	0.0221	0.0187	0.0159	0.0135	0.0115	0.0098	0.0084	0.0072	0.0061	0.0053
21	0.0183	0.0154	0.0129	0.0109	0.0092	0.0078	0.0066	0.0056	0.0048	0.0040
22	0.0151	0.0126	0.0105	0.0088	0.0074	0.0062	0.0052	0.0044	0.0037	0.0031
23	0.0125	0.0103	0.0086	0.0071	0.0059	0.0049	0.0041	0.0034	0.0029	0.0024
24	0.0103	0.0085	0.0070	0.0057	0.0047	0.0039	0.0032	0.0027	0.0022	0.0018
25	0.0085	0.0069	0.0057	0.0046	0.0038	0.0031	0.0025	0.0021	0.0017	0.0014
26	0.0070	0.0057	0.0046	0.0037	0.0030	0.0025	0.0020	0.0016	0.0013	0.0011
27	0.0058	0.0047	0.0037	0.0030	0.0024	0.0019	0.0016	0.0013	0.0010	0.0008
28	0.0048	0.0038	0.0030	0.0024	0.0019	0.0015	0.0012	0.0010	0.0008	0.0006
29	0.0040	0.0031	0.0025	0.0020	0.0015	0.0012	0.0010	0.0008	0.0006	0.0005
30	0.0033	0.0026	0.0020	0.0016	0.0012	0.0010	0.0008	0.0006	0.0005	0.0004

附表 2　复利终值系数表

计算公式：$(F/P, i, n) = (1+i)^n$

期数	1%	2%	3%	4%	5%	6%	7%	8%	9%	10%
1	1.0100	1.0200	1.0300	1.0400	1.0500	1.0600	1.0700	1.0800	1.0900	1.1000
2	1.0201	1.0404	1.0609	1.0816	1.1025	1.1236	1.1449	1.1664	1.1881	1.2100
3	1.0303	1.0612	1.0927	1.1249	1.1576	1.1910	1.2250	1.2597	1.2950	1.3310
4	1.0406	1.0824	1.1255	1.1699	1.2155	1.2625	1.3108	1.3605	1.4116	1.4641
5	1.0510	1.1041	1.1593	1.2167	1.2763	1.3382	1.4026	1.4693	1.5386	1.6105
6	1.0615	1.1262	1.1941	1.2653	1.3401	1.4185	1.5007	1.5869	1.6771	1.7716
7	1.0721	1.1487	1.2299	1.3159	1.4071	1.5036	1.6058	1.7138	1.8280	1.9487
8	1.0829	1.1717	1.2668	1.3686	1.4775	1.5938	1.7182	1.8509	1.9926	2.1436
9	1.0937	1.1951	1.3048	1.4233	1.5513	1.6895	1.8385	1.9990	2.1719	2.3579
10	1.1046	1.2190	1.3439	1.4802	1.6289	1.7908	1.9672	2.1589	2.3674	2.5937
11	1.1157	1.2434	1.3842	1.5395	1.7103	1.8983	2.1049	2.3316	2.5804	2.8531
12	1.1268	1.2682	1.4258	1.6010	1.7959	2.0122	2.2522	2.5182	2.8127	3.1384
13	1.1381	1.2936	1.4685	1.6651	1.8856	2.1329	2.4098	2.7196	3.0658	3.4523
14	1.1495	1.3195	1.5126	1.7317	1.9799	2.2609	2.5785	2.9372	3.3417	3.7975
15	1.1610	1.3459	1.5580	1.8009	2.0789	2.3966	2.7590	3.1722	3.6425	4.1772
16	1.1726	1.3728	1.6047	1.8730	2.1829	2.5404	2.9522	3.4259	3.9703	4.5950
17	1.1843	1.4002	1.6528	1.9479	2.2920	2.6928	3.1588	3.7000	4.3276	5.0545
18	1.1961	1.4282	1.7024	2.0258	2.4066	2.8543	3.3799	3.9960	4.7171	5.5599
19	1.2081	1.4568	1.7535	2.1068	2.5270	3.0256	3.6165	4.3157	5.1417	6.1159
20	1.2202	1.4859	1.8061	2.1911	2.6533	3.2071	3.8697	4.6610	5.6044	6.7275
21	1.2324	1.5157	1.8603	2.2788	2.7860	3.3996	4.1406	5.0338	6.1088	7.4002
22	1.2447	1.5460	1.9161	2.3699	2.9253	3.6035	4.4304	5.4365	6.6586	8.1403
23	1.2572	1.5769	1.9736	2.4647	3.0715	3.8197	4.7405	5.8715	7.2579	8.9543
24	1.2697	1.6084	2.0328	2.5633	3.2251	4.0489	5.0724	6.3412	7.9111	9.8497
25	1.2824	1.6406	2.0938	2.6658	3.3864	4.2919	5.4274	6.8485	8.6231	10.8347
26	1.2953	1.6734	2.1566	2.7725	3.5557	4.5494	5.8074	7.3964	9.3992	11.9182
27	1.3082	1.7069	2.2213	2.8834	3.7335	4.8223	6.2139	7.9881	10.2451	13.1100
28	1.3213	1.7410	2.2879	2.9987	3.9201	5.1117	6.6488	8.6271	11.1671	14.4210
29	1.3345	1.7758	2.3566	3.1187	4.1161	5.4184	7.1143	9.3173	12.1722	15.8631
30	1.3478	1.8114	2.4273	3.2434	4.3219	5.7435	7.6123	10.0627	13.2677	17.4494

续表

期数	11%	12%	13%	14%	15%	16%	17%	18%	19%	20%
1	1.1100	1.1200	1.1300	1.1400	1.1500	1.1600	1.1700	1.1800	1.1900	1.2000
2	1.2321	1.2544	1.2769	1.2996	1.3225	1.3456	1.3689	1.3924	1.4161	1.4400
3	1.3676	1.4049	1.4429	1.4815	1.5209	1.5609	1.6016	1.6430	1.6852	1.7280
4	1.5181	1.5735	1.6305	1.6890	1.7490	1.8106	1.8739	1.9388	2.0053	2.0736
5	1.6851	1.7623	1.8424	1.9254	2.0114	2.1003	2.1924	2.2878	2.3864	2.4883
6	1.8704	1.9738	2.0820	2.1950	2.3131	2.4364	2.5652	2.6996	2.8398	2.9860
7	2.0762	2.2107	2.3526	2.5023	2.6600	2.8262	3.0012	3.1855	3.3793	3.5832
8	2.3045	2.4760	2.6584	2.8526	3.0590	3.2784	3.5115	3.7589	4.0214	4.2998
9	2.5580	2.7731	3.0040	3.2519	3.5179	3.8030	4.1084	4.4355	4.7854	5.1598
10	2.8394	3.1058	3.3946	3.7072	4.0456	4.4114	4.8068	5.2338	5.6947	6.1917
11	3.1518	3.4786	3.8359	4.2262	4.6524	5.1173	5.6240	6.1759	6.7767	7.4301
12	3.4985	3.8960	4.3345	4.8179	5.3503	5.9360	6.5801	7.2876	8.0642	8.9161
13	3.8833	4.3635	4.8980	5.4924	6.1528	6.8858	7.6987	8.5994	9.5964	10.6993
14	4.3104	4.8871	5.5348	6.2613	7.0757	7.9875	9.0075	10.1472	11.4198	12.8392
15	4.7846	5.4736	6.2543	7.1379	8.1371	9.2655	10.5387	11.9737	13.5895	15.4070
16	5.3109	6.1304	7.0673	8.1372	9.3576	10.7480	12.3303	14.1290	16.1715	18.4884
17	5.8951	6.8660	7.9861	9.2765	10.7613	12.4677	14.4265	16.6722	19.2441	22.1861
18	6.5436	7.6900	9.0243	10.5752	12.3755	14.4625	16.8790	19.6733	22.9005	26.6233
19	7.2633	8.6128	10.1974	12.0557	14.2318	16.7765	19.7484	23.2144	27.2516	31.9480
20	8.0623	9.6463	11.5231	13.7435	16.3665	19.4608	23.1056	27.3930	32.4294	38.3376
21	8.9492	10.8038	13.0211	15.6676	18.8215	22.5745	27.0336	32.3238	38.5910	46.0051
22	9.9336	12.1003	14.7138	17.8610	21.6447	26.1864	31.6293	38.1421	45.9233	55.2061
23	11.0263	13.5523	16.6266	20.3616	24.8915	30.3762	37.0062	45.0076	54.6487	66.2474
24	12.2392	15.1786	18.7881	23.2122	28.6252	35.2364	43.2973	53.1090	65.0320	79.4968
25	13.5855	17.0001	21.2305	26.4619	32.9190	40.8742	50.6578	62.6686	77.3881	95.3962
26	15.0799	19.0401	23.9905	30.1666	37.8568	47.4141	59.2697	73.9490	92.0918	114.4755
27	16.7387	21.3249	27.1093	34.3899	43.5353	55.0004	69.3455	87.2598	109.5893	137.3706
28	18.5799	23.8839	30.6335	39.2045	50.0656	63.8004	81.1342	102.9666	130.4112	164.8447
29	20.6237	26.7499	34.6158	44.6931	57.5755	74.0085	94.9271	121.5005	155.1893	197.8136
30	22.8923	29.9599	39.1159	50.9502	66.2118	85.8499	111.0647	143.3706	184.6753	237.3763

续表

期数	21%	22%	23%	24%	25%	26%	27%	28%	29%	30%
1	1.2100	1.2200	1.2300	1.2400	1.2500	1.2600	1.2700	1.2800	1.2900	1.3000
2	1.4641	1.4884	1.5129	1.5376	1.5625	1.5876	1.6129	1.6384	1.6641	1.6900
3	1.7716	1.8158	1.8609	1.9066	1.9531	2.0004	2.0484	2.0972	2.1467	2.1970
4	2.1436	2.2153	2.2889	2.3642	2.4414	2.5205	2.6014	2.6844	2.7692	2.8561
5	2.5937	2.7027	2.8153	2.9316	3.0518	3.1758	3.3038	3.4360	3.5723	3.7129
6	3.1384	3.2973	3.4628	3.6352	3.8147	4.0015	4.1959	4.3980	4.6083	4.8268
7	3.7975	4.0227	4.2593	4.5077	4.7684	5.0419	5.3288	5.6295	5.9447	6.2749
8	4.5950	4.9077	5.2389	5.5895	5.9605	6.3528	6.7675	7.2058	7.6686	8.1573
9	5.5599	5.9874	6.4439	6.9310	7.4506	8.0045	8.5948	9.2234	9.8925	10.6045
10	6.7275	7.3046	7.9259	8.5944	9.3132	10.0857	10.9153	11.8059	12.7614	13.7858
11	8.1403	8.9117	9.7489	10.6571	11.6415	12.7080	13.8625	15.1116	16.4622	17.9216
12	9.8497	10.8722	11.9912	13.2148	14.5519	16.0120	17.6053	19.3428	21.2362	23.2981
13	11.9182	13.2641	14.7491	16.3863	18.1899	20.1752	22.3588	24.7588	27.3947	30.2875
14	14.4210	16.1822	18.1414	20.3191	22.7374	25.4207	28.3957	31.6913	35.3391	39.3738
15	17.4494	19.7423	22.3140	25.1956	28.4217	32.0301	36.0625	40.5648	45.5875	51.1859
16	21.1138	24.0856	27.4462	31.2426	35.5271	40.3579	45.7994	51.9230	58.8079	66.5417
17	25.5477	29.3844	33.7588	38.7408	44.4089	50.8510	58.1652	66.4614	75.8621	86.5042
18	30.9127	35.8490	41.5233	48.0386	55.5112	64.0722	73.8698	85.0706	97.8622	112.4554
19	37.4043	43.7358	51.0737	59.5679	69.3889	80.7310	93.8147	108.8904	126.2422	146.1920
20	45.2593	53.3576	62.8206	73.8641	86.7362	101.7211	119.1446	139.3797	162.8524	190.0496
21	54.7637	65.0963	77.2694	91.5915	108.4202	128.1685	151.3137	178.4060	210.0796	247.0645
22	66.2641	79.4175	95.0413	113.5735	135.5253	161.4924	192.1683	228.3596	271.0027	321.1839
23	80.1795	96.8894	116.9008	140.8312	169.4066	203.4804	244.0538	292.3003	349.5935	417.5391
24	97.0172	118.2050	143.7880	174.6306	211.7582	256.3853	309.9483	374.1444	450.9756	542.8008
25	117.3909	144.2101	176.8593	216.5420	264.6978	323.0454	393.6344	478.9049	581.7585	705.6410
26	142.0429	175.9364	217.5369	268.5121	330.8722	407.0373	499.9157	612.9982	750.4685	917.3333
27	171.8719	214.6424	267.5704	332.9550	413.5903	512.8670	634.8929	784.6377	968.1044	1192.5333
28	207.9651	261.8637	329.1115	412.8642	516.9879	646.2124	806.3140	1004.3363	1248.8546	1550.2933
29	251.6377	319.4737	404.8072	511.9516	646.2349	814.2276	1024.0187	1285.5504	1611.0225	2015.3813
30	304.4816	389.7579	497.9129	634.8199	807.7936	1025.9267	1300.5038	1645.5046	2078.2190	2619.9956

附表 3 年金现值系数表

计算公式：$(P/A, i, n) = \frac{1-(1+i)^{-n}}{i}$

期数	1%	2%	3%	4%	5%	6%	7%	8%	9%	10%
1	0.9901	0.9804	0.9709	0.9615	0.9524	0.9434	0.9346	0.9259	0.9174	0.9091
2	1.9704	1.9416	1.9135	1.8861	1.8594	1.8334	1.8080	1.7833	1.7591	1.7355
3	2.9410	2.8839	2.8286	2.7751	2.7232	2.6730	2.6243	2.5771	2.5313	2.4869
4	3.9020	3.8077	3.7171	3.6299	3.5460	3.4651	3.3872	3.3121	3.2397	3.1699
5	4.8534	4.7135	4.5797	4.4518	4.3295	4.2124	4.1002	3.9927	3.8897	3.7908
6	5.7955	5.6014	5.4172	5.2421	5.0757	4.9173	4.7665	4.6229	4.4859	4.3553
7	6.7282	6.4720	6.2303	6.0021	5.7864	5.5824	5.3893	5.2064	5.0330	4.8684
8	7.6517	7.3255	7.0197	6.7327	6.4632	6.2098	5.9713	5.7466	5.5348	5.3349
9	8.5660	8.1622	7.7861	7.4353	7.1078	6.8017	6.5152	6.2469	5.9952	5.7590
10	9.4713	8.9826	8.5302	8.1109	7.7217	7.3601	7.0236	6.7101	6.4177	6.1446
11	10.3676	9.7868	9.2526	8.7605	8.3064	7.8869	7.4987	7.1390	6.8052	6.4951
12	11.2551	10.5753	9.9540	9.3851	8.8633	8.3838	7.9427	7.5361	7.1607	6.8137
13	12.1337	11.3484	10.6350	9.9856	9.3936	8.8527	8.3577	7.9038	7.4869	7.1034
14	13.0037	12.1062	11.2961	10.5631	9.8986	9.2950	8.7455	8.2442	7.7862	7.3667
15	13.8651	12.8493	11.9379	11.1184	10.3797	9.7122	9.1079	8.5595	8.0607	7.6061
16	14.7179	13.5777	12.5611	11.6523	10.8378	10.1059	9.4466	8.8514	8.3126	7.8237
17	15.5623	14.2919	13.1661	12.1657	11.2741	10.4773	9.7632	9.1216	8.5436	8.0216
18	16.3983	14.9920	13.7535	12.6593	11.6896	10.8276	10.0591	9.3719	8.7556	8.2014
19	17.2260	15.6785	14.3238	13.1339	12.0853	11.1581	10.3356	9.6036	8.9501	8.3649
20	18.0456	16.3514	14.8775	13.5903	12.4622	11.4699	10.5940	9.8181	9.1285	8.5136
21	18.8570	17.0112	15.4150	14.0292	12.8212	11.7641	10.8355	10.0168	9.2922	8.6487
22	19.6604	17.6580	15.9369	14.4511	13.1630	12.0416	11.0612	10.2007	9.4424	8.7715
23	20.4558	18.2922	16.4436	14.8568	13.4886	12.3034	11.2722	10.3711	9.5802	8.8832
24	21.2434	18.9139	16.9355	15.2470	13.7986	12.5504	11.4693	10.5288	9.7066	8.9847
25	22.0232	19.5235	17.4131	15.6221	14.0939	12.7834	11.6536	10.6748	9.8226	9.0770
26	22.7952	20.1210	17.8768	15.9828	14.3752	13.0032	11.8258	10.8100	9.9290	9.1609
27	23.5596	20.7069	18.3270	16.3296	14.6430	13.2105	11.9867	10.9352	10.0266	9.2372
28	24.3164	21.2813	18.7641	16.6631	14.8981	13.4062	12.1371	11.0511	10.1161	9.3066
29	25.0658	21.8444	19.1885	16.9837	15.1411	13.5907	12.2777	11.1584	10.1983	9.3696
30	25.8077	22.3965	19.6004	17.2920	15.3725	13.7648	12.4090	11.2578	10.2737	9.4269

续表

期数	11%	12%	13%	14%	15%	16%	17%	18%	19%	20%
1	0.9009	0.8929	0.8850	0.8772	0.8696	0.8621	0.8547	0.8475	0.8403	0.8333
2	1.7125	1.6901	1.6681	1.6467	1.6257	1.6052	1.5852	1.5656	1.5465	1.5278
3	2.4437	2.4018	2.3612	2.3216	2.2832	2.2459	2.2096	2.1743	2.1399	2.1065
4	3.1024	3.0373	2.9745	2.9137	2.8550	2.7982	2.7432	2.6901	2.6386	2.5887
5	3.6959	3.6048	3.5172	3.4331	3.3522	3.2743	3.1993	3.1272	3.0576	2.9906
6	4.2305	4.1114	3.9975	3.8887	3.7845	3.6847	3.5892	3.4976	3.4098	3.3255
7	4.7122	4.5638	4.4226	4.2883	4.1604	4.0386	3.9224	3.8115	3.7057	3.6046
8	5.1461	4.9676	4.7988	4.6389	4.4873	4.3436	4.2072	4.0776	3.9544	3.8372
9	5.5370	5.3282	5.1317	4.9464	4.7716	4.6065	4.4506	4.3030	4.1633	4.0310
10	5.8892	5.6502	5.4262	5.2161	5.0188	4.8332	4.6586	4.4941	4.3389	4.1925
11	6.2065	5.9377	5.6869	5.4527	5.2337	5.0286	4.8364	4.6560	4.4865	4.3271
12	6.4924	6.1944	5.9176	5.6603	5.4206	5.1971	4.9884	4.7932	4.6105	4.4392
13	6.7499	6.4235	6.1218	5.8424	5.5831	5.3423	5.1183	4.9095	4.7147	4.5327
14	6.9819	6.6282	6.3025	6.0021	5.7245	5.4675	5.2293	5.0081	4.8023	4.6106
15	7.1909	6.8109	6.4624	6.1422	5.8474	5.5755	5.3242	5.0916	4.8759	4.6755
16	7.3792	6.9740	6.6039	6.2651	5.9542	5.6685	5.4053	5.1624	4.9377	4.7296
17	7.5488	7.1196	6.7291	6.3729	6.0472	5.7487	5.4746	5.2223	4.9897	4.7746
18	7.7016	7.2497	6.8399	6.4674	6.1280	5.8178	5.5339	5.2732	5.0333	4.8122
19	7.8393	7.3658	6.9380	6.5504	6.1982	5.8775	5.5845	5.3162	5.0700	4.8435
20	7.9633	7.4694	7.0248	6.6231	6.2593	5.9288	5.6278	5.3527	5.1009	4.8696
21	8.0751	7.5620	7.1016	6.6870	6.3125	5.9731	5.6648	5.3837	5.1268	4.8913
22	8.1757	7.6446	7.1695	6.7429	6.3587	6.0113	5.6964	5.4099	5.1486	4.9094
23	8.2664	7.7184	7.2297	6.7921	6.3988	6.0442	5.7234	5.4321	5.1668	4.9245
24	8.3481	7.7843	7.2829	6.8351	6.4338	6.0726	5.7465	5.4509	5.1822	4.9371
25	8.4217	7.8431	7.3300	6.8729	6.4641	6.0971	5.7662	5.4669	5.1951	4.9476
26	8.4881	7.8957	7.3717	6.9061	6.4906	6.1182	5.7831	5.4804	5.2060	4.9563
27	8.5478	7.9426	7.4086	6.9352	6.5135	6.1364	5.7975	5.4919	5.2151	4.9636
28	8.6016	7.9844	7.4412	6.9607	6.5335	6.1520	5.8099	5.5016	5.2228	4.9697
29	8.6501	8.0218	7.4701	6.9830	6.5509	6.1656	5.8204	5.5098	5.2292	4.9747
30	8.6938	8.0552	7.4957	7.0027	6.5660	6.1772	5.8294	5.5168	5.2347	4.9789

续表

期数	21%	22%	23%	24%	25%	26%	27%	28%	29%	30%
1	0.8264	0.8197	0.8130	0.8065	0.8000	0.7937	0.7874	0.7813	0.7752	0.7692
2	1.5095	1.4915	1.4740	1.4568	1.4400	1.4235	1.4074	1.3916	1.3761	1.3609
3	2.0739	2.0422	2.0114	1.9813	1.9520	1.9234	1.8956	1.8684	1.8420	1.8161
4	2.5404	2.4936	2.4483	2.4043	2.3616	2.3202	2.2800	2.2410	2.2031	2.1662
5	2.9260	2.8636	2.8035	2.7454	2.6893	2.6351	2.5827	2.5320	2.4830	2.4356
6	3.2446	3.1669	3.0923	3.0205	2.9514	2.8850	2.8210	2.7594	2.7000	2.6427
7	3.5079	3.4155	3.3270	3.2423	3.1611	3.0833	3.0087	2.9370	2.8682	2.8021
8	3.7256	3.6193	3.5179	3.4212	3.3289	3.2407	3.1564	3.0758	2.9986	2.9247
9	3.9054	3.7863	3.6731	3.5655	3.4631	3.3657	3.2728	3.1842	3.0997	3.0190
10	4.0541	3.9232	3.7993	3.6819	3.5705	3.4648	3.3644	3.2689	3.1781	3.0915
11	4.1769	4.0354	3.9018	3.7757	3.6564	3.5435	3.4365	3.3351	3.2388	3.1473
12	4.2784	4.1274	3.9852	3.8514	3.7251	3.6059	3.4933	3.3868	3.2859	3.1903
13	4.3624	4.2028	4.0530	3.9124	3.7801	3.6555	3.5381	3.4272	3.3224	3.2233
14	4.4317	4.2646	4.1082	3.9616	3.8241	3.6949	3.5733	3.4587	3.3507	3.2487
15	4.4890	4.3152	4.1530	4.0013	3.8593	3.7261	3.6010	3.4834	3.3726	3.2682
16	4.5364	4.3567	4.1894	4.0333	3.8874	3.7509	3.6228	3.5026	3.3896	3.2832
17	4.5755	4.3908	4.2190	4.0591	3.9099	3.7705	3.6400	3.5177	3.4028	3.2948
18	4.6079	4.4187	4.2431	4.0799	3.9279	3.7861	3.6536	3.5294	3.4130	3.3037
19	4.6346	4.4415	4.2627	4.0967	3.9424	3.7985	3.6642	3.5386	3.4210	3.3105
20	4.6567	4.4603	4.2786	4.1103	3.9539	3.8083	3.6726	3.5458	3.4271	3.3158
21	4.6750	4.4756	4.2916	4.1212	3.9631	3.8161	3.6792	3.5514	3.4319	3.3198
22	4.6900	4.4882	4.3021	4.1300	3.9705	3.8223	3.6844	3.5558	3.4356	3.3230
23	4.7025	4.4985	4.3106	4.1371	3.9764	3.8273	3.6885	3.5592	3.4384	3.3254
24	4.7128	4.5070	4.3176	4.1428	3.9811	3.8312	3.6918	3.5619	3.4406	3.3272
25	4.7213	4.5139	4.3232	4.1474	3.9849	3.8342	3.6943	3.5640	3.4423	3.3286
26	4.7284	4.5196	4.3278	4.1511	3.9879	3.8367	3.6963	3.5656	3.4437	3.3297
27	4.7342	4.5243	4.3316	4.1542	3.9903	3.8387	3.6979	3.5669	3.4447	3.3305
28	4.7390	4.5281	4.3346	4.1566	3.9923	3.8402	3.6991	3.5679	3.4455	3.3312
29	4.7430	4.5312	4.3371	4.1585	3.9938	3.8414	3.7001	3.5687	3.4461	3.3317
30	4.7463	4.5338	4.3391	4.1601	3.9950	3.8424	3.7009	3.5693	3.4466	3.3321

附表 4　年金终值系数表

计算公式：$(F/A, i, n)=\frac{(1+i)^n-1}{i}$

期数	1%	2%	3%	4%	5%	6%	7%	8%	9%	10%
1	1.0000	1.0000	1.0000	1.0000	1.0000	1.0000	1.0000	1.0000	1.0000	1.0000
2	2.0100	2.0200	2.0300	2.0400	2.0500	2.0600	2.0700	2.0800	2.0900	2.1000
3	3.0301	3.0604	3.0909	3.1216	3.1525	3.1836	3.2149	3.2464	3.2781	3.3100
4	4.0604	4.1216	4.1836	4.2465	4.3101	4.3746	4.4399	4.5061	4.5731	4.6410
5	5.1010	5.2040	5.3091	5.4163	5.5256	5.6371	5.7507	5.8666	5.9847	6.1051
6	6.1520	6.3081	6.4684	6.6330	6.8019	6.9753	7.1533	7.3359	7.5233	7.7156
7	7.2135	7.4343	7.6625	7.8983	8.1420	8.3938	8.6540	8.9228	9.2004	9.4872
8	8.2857	8.5830	8.8923	9.2142	9.5491	9.8975	10.2598	10.6366	11.0285	11.4359
9	9.3685	9.7546	10.1591	10.5828	11.0266	11.4913	11.9780	12.4876	13.0210	13.5795
10	10.4622	10.9497	11.4639	12.0061	12.5779	13.1808	13.8164	14.4866	15.1929	15.9374
11	11.5668	12.1687	12.8078	13.4864	14.2068	14.9716	15.7836	16.6455	17.5603	18.5312
12	12.6825	13.4121	14.1920	15.0258	15.9171	16.8699	17.8885	18.9771	20.1407	21.3843
13	13.8093	14.6803	15.6178	16.6268	17.7130	18.8821	20.1406	21.4953	22.9534	24.5227
14	14.9474	15.9739	17.0863	18.2919	19.5986	21.0151	22.5505	24.2149	26.0192	27.9750
15	16.0969	17.2934	18.5989	20.0236	21.5786	23.2760	25.1290	27.1521	29.3609	31.7725
16	17.2579	18.6393	20.1569	21.8245	23.6575	25.6725	27.8881	30.3243	33.0034	35.9497
17	18.4304	20.0121	21.7616	23.6975	25.8404	28.2129	30.8402	33.7502	36.9737	40.5447
18	19.6147	21.4123	23.4144	25.6454	28.1324	30.9057	33.9990	37.4502	41.3013	45.5992
19	20.8109	22.8406	25.1169	27.6712	30.5390	33.7600	37.3790	41.4463	46.0185	51.1591
20	22.0190	24.2974	26.8704	29.7781	33.0660	36.7856	40.9955	45.7620	51.1601	57.2750
21	23.2392	25.7833	28.6765	31.9692	35.7193	39.9927	44.8652	50.4229	56.7645	64.0025
22	24.4716	27.2990	30.5368	34.2480	38.5052	43.3923	49.0057	55.4568	62.8733	71.4027
23	25.7163	28.8450	32.4529	36.6179	41.4305	46.9958	53.4361	60.8933	69.5319	79.5430
24	26.9735	30.4219	34.4265	39.0826	44.5020	50.8156	58.1767	66.7648	76.7898	88.4973
25	28.2432	32.0303	36.4593	41.6459	47.7271	54.8645	63.2490	73.1059	84.7009	98.3471
26	29.5256	33.6709	38.5530	44.3117	51.1135	59.1564	68.6765	79.9544	93.3240	109.1818
27	30.8209	35.3443	40.7096	47.0842	54.6691	63.7058	74.4838	87.3508	102.7231	121.0999
28	32.1291	37.0512	42.9309	49.9676	58.4026	68.5281	80.6977	95.3388	112.9682	134.2099
29	33.4504	38.7922	45.2189	52.9663	62.3227	73.6398	87.3465	103.9659	124.1354	148.6309
30	34.7849	40.5681	47.5754	56.0849	66.4388	79.0582	94.4608	113.2832	136.3075	164.4940

续表

期数	11%	12%	13%	14%	15%	16%	17%	18%	19%	20%
1	1.0000	1.0000	1.0000	1.0000	1.0000	1.0000	1.0000	1.0000	1.0000	1.0000
2	2.1100	2.1200	2.1300	2.1400	2.1500	2.1600	2.1700	2.1800	2.1900	2.2000
3	3.3421	3.3744	3.4069	3.4396	3.4725	3.5056	3.5389	3.5724	3.6061	3.6400
4	4.7097	4.7793	4.8498	4.9211	4.9934	5.0665	5.1405	5.2154	5.2913	5.3680
5	6.2278	6.3528	6.4803	6.6101	6.7424	6.8771	7.0144	7.1542	7.2966	7.4416
6	7.9129	8.1152	8.3227	8.5355	8.7537	8.9775	9.2068	9.4420	9.6830	9.9299
7	9.7833	10.0890	10.4047	10.7305	11.0668	11.4139	11.7720	12.1415	12.5227	12.9159
8	11.8594	12.2997	12.7573	13.2328	13.7268	14.2401	14.7733	15.3270	15.9020	16.4991
9	14.1640	14.7757	15.4157	16.0853	16.7858	17.5185	18.2847	19.0859	19.9234	20.7989
10	16.7220	17.5487	18.4197	19.3373	20.3037	21.3215	22.3931	23.5213	24.7089	25.9587
11	19.5614	20.6546	21.8143	23.0445	24.3493	25.7329	27.1999	28.7551	30.4035	32.1504
12	22.7132	24.1331	25.6502	27.2707	29.0017	30.8502	32.8239	34.9311	37.1802	39.5805
13	26.2116	28.0291	29.9847	32.0887	34.3519	36.7862	39.4040	42.2187	45.2445	48.4966
14	30.0949	32.3926	34.8827	37.5811	40.5047	43.6720	47.1027	50.8180	54.8409	59.1959
15	34.4054	37.2797	40.4175	43.8424	47.5804	51.6595	56.1101	60.9653	66.2607	72.0351
16	39.1899	42.7533	46.6717	50.9804	55.7175	60.9250	66.6488	72.9390	79.8502	87.4421
17	44.5008	48.8837	53.7391	59.1176	65.0751	71.6730	78.9792	87.0680	96.0218	105.9306
18	50.3959	55.7497	61.7251	68.3941	75.8364	84.1407	93.4056	103.7403	115.2659	128.1167
19	56.9395	63.4397	70.7494	78.9692	88.2118	98.6032	110.2846	123.4135	138.1664	154.7400
20	64.2028	72.0524	80.9468	91.0249	102.4436	115.3797	130.0329	146.6280	165.4180	186.6880
21	72.2651	81.6987	92.4699	104.7684	118.8101	134.8405	153.1385	174.0210	197.8474	225.0256
22	81.2143	92.5026	105.4910	120.4360	137.6316	157.4150	180.1721	206.3448	236.4385	271.0307
23	91.1479	104.6029	120.2048	138.2970	159.2764	183.6014	211.8013	244.4868	282.3618	326.2369
24	102.1742	118.1552	136.8315	158.6586	184.1678	213.9776	248.8076	289.4945	337.0105	392.4842
25	114.4133	133.3339	155.6196	181.8708	212.7930	249.2140	292.1049	342.6035	402.0425	471.9811
26	127.9988	150.3339	176.8501	208.3327	245.7120	290.0883	342.7627	405.2721	479.4306	567.3773
27	143.0786	169.3740	200.8406	238.4993	283.5688	337.5024	402.0323	479.2211	571.5224	681.8528
28	159.8173	190.6989	227.9499	272.8892	327.1041	392.5028	471.3778	566.4809	681.1116	819.2233
29	178.3972	214.5828	258.5834	312.0937	377.1697	456.3032	552.5121	669.4475	811.5228	984.0680
30	199.0209	241.3327	293.1992	356.7868	434.7451	530.3117	647.4391	790.9480	966.7122	1181.8816

续表

期数	21%	22%	23%	24%	25%	26%	27%	28%	29%	30%
1	1.0000	1.0000	1.0000	1.0000	1.0000	1.0000	1.0000	1.0000	1.0000	1.0000
2	2.2100	2.2200	2.2300	2.2400	2.2500	2.2600	2.2700	2.2800	2.2900	2.3000
3	3.6741	3.7084	3.7429	3.7776	3.8125	3.8476	3.8829	3.9184	3.9541	3.9900
4	5.4457	5.5242	5.6038	5.6842	5.7656	5.8480	5.9313	6.0156	6.1008	6.1870
5	7.5892	7.7396	7.8926	8.0484	8.2070	8.3684	8.5327	8.6999	8.8700	9.0431
6	10.1830	10.4423	10.7079	10.9801	11.2588	11.5442	11.8366	12.1359	12.4423	12.7560
7	13.3214	13.7396	14.1708	14.6153	15.0735	15.5458	16.0324	16.5339	17.0506	17.5828
8	17.1189	17.7623	18.4300	19.1229	19.8419	20.5876	21.3612	22.1634	22.9953	23.8577
9	21.7139	22.6700	23.6690	24.7125	25.8023	26.9404	28.1287	29.3692	30.6639	32.0150
10	27.2738	28.6574	30.1128	31.6434	33.2529	34.9449	36.7235	38.5926	40.5564	42.6195
11	34.0013	35.9620	38.0388	40.2379	42.5661	45.0306	47.6388	50.3985	53.3178	56.4053
12	42.1416	44.8737	47.7877	50.8950	54.2077	57.7386	61.5013	65.5100	69.7800	74.3270
13	51.9913	55.7459	59.7788	64.1097	68.7596	73.7506	79.1066	84.8529	91.0161	97.6250
14	63.9095	69.0100	74.5280	80.4961	86.9495	93.9258	101.4654	109.6117	118.4108	127.9125
15	78.3305	85.1922	92.6694	100.8151	109.6868	119.3465	129.8611	141.3029	153.7500	167.2863
16	95.7799	104.9345	114.9834	126.0108	138.1085	151.3766	165.9236	181.8677	199.3374	218.4722
17	116.8937	129.0201	142.4295	157.2534	173.6357	191.7345	211.7230	233.7907	258.1453	285.0139
18	142.4413	158.4045	176.1883	195.9942	218.0446	242.5855	269.8882	300.2521	334.0074	371.5180
19	173.3540	194.2535	217.7116	244.0328	273.5558	306.6577	343.7580	385.3227	431.8696	483.9734
20	210.7584	237.9893	268.7853	303.6006	342.9447	387.3887	437.5726	494.2131	558.1118	630.1655
21	256.0176	291.3469	331.6059	377.4648	429.6809	489.1098	556.7173	633.5927	720.9642	820.2151
22	310.7813	356.4432	408.8753	469.0563	538.1011	617.2783	708.0309	811.9987	931.0438	
23	377.0454	435.8607	503.9166	582.6298	673.6264	778.7707	900.1993			
24	457.2249	532.7501	620.8174	723.4610	843.0329	982.2511				
25	554.2422	650.9551	764.6054	898.0916						
26	671.6330	795.1653	941.4647							
27	813.6759	971.1016								
28	985.5479									
29										
30										